Nicola Schmidt

artgerecht

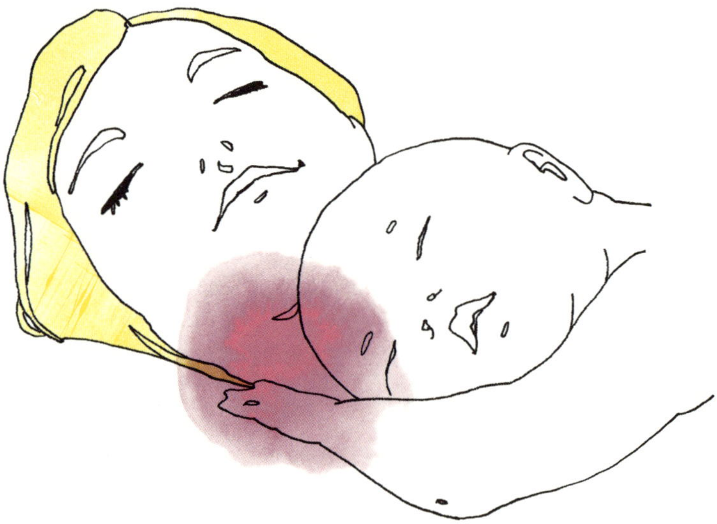

Nicola Schmidt

artgerecht

Das andere Baby-Buch

Natürliche Bedürfnisse stillen.
Gesunde Entwicklung fördern.
Naturnah erziehen.

Aktualisierte und
erweiterte Neuausgabe

KÖSEL

Inhalt

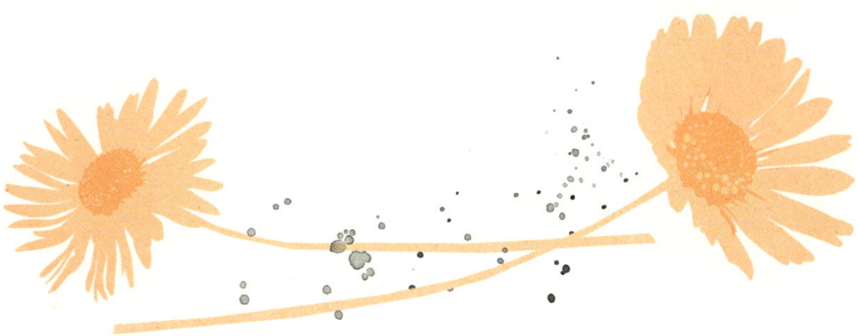

Wir sind auf dem besten Weg, unseren Planeten zu zerstören.
Das ist doof – es ist der einzige mit Schokolade.
Ich denke: Es ist noch nicht zu spät. Aber wir brauchen starke und kreative Menschen. Und wir finden sie direkt in unseren Armen.
Wenn unsere Kinder lernen, dass die Welt ein wunderbarer, freundlicher Ort ist, werden sie alles dafür tun, um sie zu schützen.
Die Blauwale können nicht noch mal 300 Jahre warten.
Deshalb ist es Zeit für ein artgerecht-Baby-Buch. Es ist an der Zeit, etwas zu verändern: Schritt für Schritt, Baby für Baby.

Vorwort zur Neuausgabe

»Hätte ich das doch vorher gewusst!«

Seit fast zehn Jahren höre ich diesen Satz in jedem meiner Seminare, in jedem Ausbildungskurs, in jedem Camp und nach jedem meiner Vorträge – und auch mir selbst geht es heute noch so, wenn ich in so manche wissenschaftliche Studie schaue und denke, verflixt, das hätte ich vor zehn Jahren mal wissen sollen! Seitdem ich 2015 als junge Mutter und Wissenschaftsjournalistin voller Elan »artgerecht – Das andere Baby-Buch« geschrieben habe, hat sich viel verändert in der Welt – und daher wurde es Zeit für eine Neuausgabe.

Als Erstes mussten meine Lektorin Silke Foos und ich alle Klischees aus dem Buch rausbürsten – und davon hatte ich im Überschwang des ersten Manuskriptes einige aufgeboten! Dazu gehört auch, dass das Baby-Buch jetzt konsequent alle einschließt. Neben cis-hetero Familien haben wir den Text geöffnet für BIPoc-Eltern, transgender und nicht-binäre Eltern, gleichgeschlechtliche Paare, alleinerziehende Eltern und Großfamilien.

Das Geburtskapitel hat eine revolutionäre Neuerung erfahren, weil wir in Deutschland endlich eine wissenschaftsbasierte Empfehlung zum Verlauf der Geburt haben. Wir haben diese Leitlinie hinterfragt, eingebaut und eingeordnet, sodass Eltern jetzt absolut aktuelle Informationen rund um die Geburt finden. Auch beim Tragen hat sich einiges getan und endlich sind auch Informationen zu Beikost, Pflegekindern und dem achtsamen Füttern mit der Flasche mit dabei.

Und wie kommt eine Frau, die weder Pädagogin noch Psychologin ist, dazu, ein Baby-Buch zu schreiben? Diese Frage will ich gerne beantworten:

Vor der Geburt meines ersten Kindes war ich leidenschaftliche IT-Sicherheits-Expertin. Als Wissenschaftsjournalistin erklärte ich für Fachzeitschriften alles rund um große Serverfarmen, Firewalls und Verschlüsselungssoftware: Themen, die mit dem normalen Leben der meisten Menschen wenig zu tun haben.

2008 wurde auf einen Schlag alles anders: Unser Sohn kam ein wenig früher als geplant auf die Welt und im Vergleich zu vielen anderen Eltern waren wir zu dem Zeitpunkt noch ziemlich unvorbereitet. Die Geburt war schnell und unkompliziert, doch zu Hause hatten wir nicht mal ein Paket Windeln.

Also mussten wir die ersten Tage ohne das »Baby-Rundum-Sorglos-Paket« meistern. Wir trugen ihn Haut an Haut, ich stillte ihn nach Bedarf, er schlief bei seinen Eltern und gedieh prächtig. Wir kauften dann nach und nach nur das, was wir wirklich brauchten, und machten einfach so weiter – ich hatte definitiv keine Lust, mich mit einem Neugeborenen in den Einkaufswahnsinn nach irgendwelchen Erstausstattungslisten zu stürzen und tausend Verpackungen aufzureißen.

Obwohl auf allen Listen stand, dass wir ohne Babybett, Kinderwagen, Flasche und Babyfon nicht überleben könnten, stellten wir fest: Doch, wir können! Und es ist sogar gut: Wir haben viel weniger Zeug in der Wohnung herumstehen, produzieren viel weniger Müll, haben weniger Kosten und vor allem haben wir überraschenderweise ein völlig zufriedenes Baby!

Doch je älter unser Sohn wurde, desto nervöser wurde unsere Umgebung. Für Freunde und Bekannte machten wir alles falsch. Unsere Kinderärztin hingegen war bei jeder Vorsorge-Untersuchung begeistert, wie wach, klug, gesund und gut entwickelt unser Kind ist. Ich wollte wissen, warum – und forschte nach. Als Wissenschaftsjournalistin suchte ich mir die passenden Primärquellen, wissenschaftliche Grundlagenbücher, Reviews, Langzeitstudien … mit der Erkenntnis: Für ein gesundes Baby braucht man nicht viel. Heute würde ich jeder Familie sagen: Vergessen Sie die langen Erstausstattungslisten. Denn Ihr Baby braucht nachweislich in erster Linie Wärme, feinfühlige, umgehende Reaktionen und ganz viel Nähe zu seinen Bezugspersonen. Und darüber muss man gar nicht streiten.

Es gibt Erkenntnisse jenseits aller Erziehungsmoden, die für alle gelten. Eine Basis, die »artgerecht« für kleine Menschenkinder ist. Die Ergebnisse finden Sie hier in diesem Buch. »artgerecht – Das andere Baby-Buch« ist zu meiner großen Freude ein kleines Standardwerk geworden und wird besonders von Hebammen gerne empfohlen. Auch Kinderärzte und -ärztinnen, medizinisches und pädagogisches Fachpersonal machen sich mit mir auf die Suche zur Frage: Was ist »artgerecht« für kleine Menschenkinder? Und ich danke jedem Einzelnen von ihnen für ihr Vertrauen.

Willkommen bei *artgerecht!*

Sie suchen ein Buch, um Ihr Baby zu verstehen? Dann sind Sie hier genau richtig.

Als ich Nicola Schmidt 2010 traf, stellten wir schnell fest, dass wir uns nicht nur per Mail und am Telefon mochten, sondern dass es auch menschlich zwischen uns stimmte. Nicola ist klug, empfindsam, aufrichtig und achtsam in ihrem Umgang mit ihren und allen anderen Kindern.

Aus dem wissenschaftlichen Informationswust filtert Nicola für Eltern klare Informationen und gibt Schritt-für-Schritt-Anleitungen, denen jeder folgen kann. Sie werden überrascht sein, wie einfach das Leben mit Baby sein kann. Sie werden feststellen, dass viele Ihrer Sorgen unnötig sind. Und viele Ihrer Anschaffungen gleich mit!

Die Wissenschaft rät genau zu dem Umgang mit Babys, der sich am besten anfühlt und den auch wir beim *artgerecht*-Projekt vertreten. An vielen Stellen werden Sie beim Lesen wahrscheinlich erleichtert aufseufzen und sagen: »Hätte ich das doch vorher gewusst!«

Was die *artgerecht*-Idee von allen anderen unterscheidet: Sie bietet und will mehr als bindungsorientierte Erziehung. Als eine der Ersten vertritt Nicola in Deutschland öffentlich die Meinung, dass zu einer funktionierenden Eltern-Kind-Beziehung auch ein funktionierendes Netz unterstützender Menschen gehört. In Anlehnung an unsere Jäger-und-Sammler-Vergangenheit nennt sie dieses Netz »Clan«.

Haben Sie das schon erlebt? Mit mehreren Familien zusammen im Urlaub ist plötzlich alles einfacher. Nicola bietet Camps an, in denen Familien dieses Clangefühl leben und lieben lernen, und sie zeigt unermüdlich immer wieder Möglichkeiten, sich auch im Alltag einen eigenen Clan aufzubauen.

Schon als ihr Sohn klein war, veranstaltete sie Treffen, um andere Eltern kennenzulernen, die wie sie und ich mit ihren Kindern *artgerecht* umgehen wollten. Der Bedarf nach diesen Treffen und nach Beratungen war größer, als sie oder auch wir beide zusammen je gedacht hätten; und so kamen wir auf die Idee, gemeinsam Kursleiter auszubilden.

Doch Sie müssen keinen unserer Kurse besuchen, um in den Genuss von Nicolas erfrischender Art und ihres enormen Wissensschatzes zu kommen. Sie können ganz einfach dieses Buch lesen. Ich verspreche Ihnen, dass es Ihnen dabei helfen wird, Ihr Baby noch besser zu verstehen und sich das gemeinsame Leben noch schöner zu machen – ohne Patentrezepte, sondern genau so, wie es zu Ihnen und Ihrem Leben passt.

Genießen Sie die Zeit mit Ihrem Baby. Nicolas Buch gibt Ihnen viele gute Anregungen dafür.

Julia Dibbern,
Autorin und Mitbegründerin
des *artgerecht*-Projekts

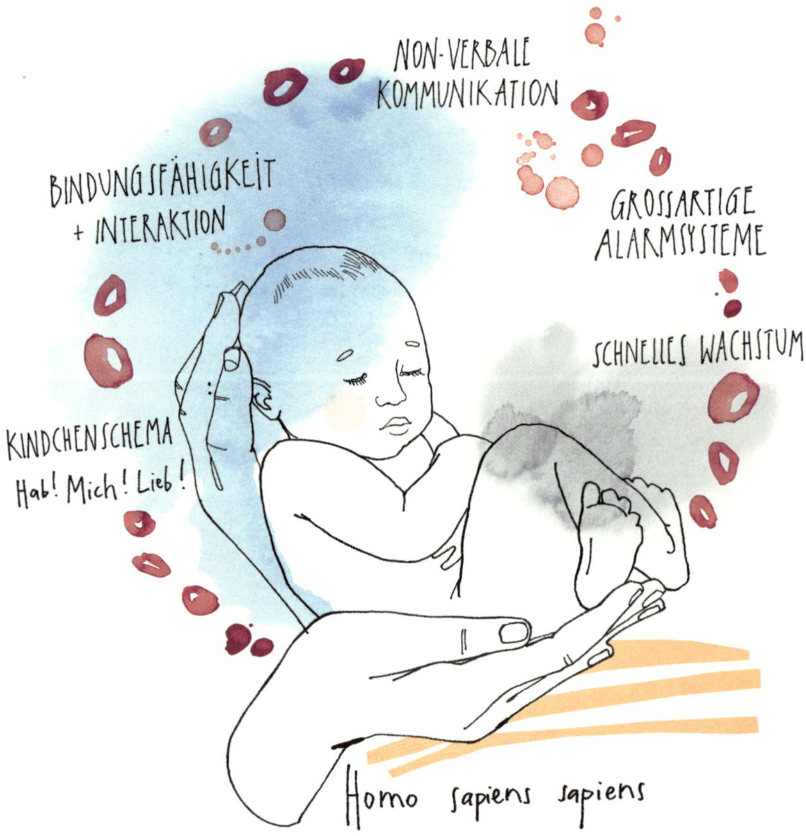
NON-VERBALE KOMMUNIKATION
BINDUNGSFÄHIGKEIT + INTERAKTION
GROSSARTIGE ALARMSYSTEME
SCHNELLES WACHSTUM
KINDCHENSCHEMA
Hab! Mich! Lieb!
Homo sapiens sapiens

Artgerecht?!

Es braucht ein Dorf,
um ein Kind zu erziehen.

AFRIKANISCHES SPRICHWORT

Wir hören von artgerecht zu haltenden Katzen, Hühnern und Seelöwen – aber was ist eigentlich mit unseren Babys? Was ist artgerecht für kleine Menschenkinder? Forscher berichten von Naturvölkern, dass die

- Babys praktisch überhaupt nicht weinen,
- Babys viel früher krabbeln und laufen als bei uns,
- Kleinkinder viel früher selbstständig und
- die Menschen insgesamt glücklicher, zufriedener und gesünder sind.

Unser erstes eigenes Kind ist häufig das erste Neugeborene in unserem Leben, das wir im Arm halten. Der Moment ist überwältigend schön, und gleichzeitig fehlt uns oft jegliche Erfahrung, was jetzt zu tun ist. Wir sind mit diesem neuen Baby in unseren Dreizimmerwohnungen vor allem abends und nachts so allein wie nie zuvor: Es braucht ein Dorf, um ein Kind zu erziehen, heißt es im eingangs zitierten Sprichwort – aber wo ist es hin, unser Dorf?

Wenn Sie verstehen, was artgerecht für Menschenkinder ist, sehen Sie Ihr Baby mit neuen Augen. Plötzlich verstehen Sie, warum es weint, was es braucht, was Sie jetzt tun können.

Das Baby verstehen – das heißt konkret: Das Baby schläft besser ein und weint weniger, wir selbst bekommen mehr Schlaf und haben mehr Spaß mit unserem Kind, Stillen wird zu einer praktischen Sache, Tragen sorgt für freie Hände, der Haushalt geht leichter von der Hand, wir verlieren unsere Schwangerschaftspfunde, gewinnen neue Freunde – und wir fragen uns, warum wir das nicht schon vorher so gemacht haben. Einfacher, glücklicher, gesünder. Wir können im Zeitalter der digitalen Revolution genauso freudig unsere Tage mit Baby durchleben, als wären wir im Dschungel Amazoniens – ich zeige Ihnen auf den nächsten Seiten Schritt für Schritt, wie das geht:

- Schritt 1: Verstehen Sie, wie unsere kleinen »Steinzeitbabys« ticken.
- Schritt 2: Lernen Sie, wie wir das im Alltag praktisch umsetzen können.
- Schritt 3: Passen Sie das Konzept radikal an Ihre persönliche Lebenssituation an.

Schritt 3 ist der wichtigste. Wenn Sie in ein Café gehen – bestellen Sie dort einfach das, was als Empfehlung ganz oben auf der Karte steht? Oder möchten Sie gern selbst entscheiden, ob Sie Ihren Latte Macchiato mit einem oder zwei Espresso, Kuhmilch, Sojamilch oder laktosefreier Milch, mit Zimt, Mokkastreuseln oder Kakao haben wollen? So ist es auch mit unserem Familienleben – entscheiden Sie selbst, was für Sie am besten passt! Genießen Sie Ihr Double-Espresso-Sojamilch-Zimthauben-Familienleben so, wie Sie es möchten. Und wenn die Mischung irgendwann nicht mehr passt? Probieren Sie etwas Neues aus!

Deshalb gibt es in diesem Buch keine Rezepte, keine Uhrzeiten und keine Vorschriften. Sie kennen Ihr Baby besser als alle Experten da draußen. Werden Sie sofort hellhörig, wenn Ihnen jemand mit einem Rezept kommt, das mit »vier Stunden«, »drei Minuten« oder »110-Grad-Winkeln« operiert. Jedes Kind ist anders und viele dieser Standardmaßnahmen sind längst überholt. Sie kennen sich selbst. Sie und Ihr Baby entscheiden, was zu Ihnen passt. Dieses Buch wird Ihnen erklären, woher Ihr Baby stammesgeschichtlich kommt und was man alles ausprobieren kann. Aber es wird Ihnen nicht sagen, um welche Uhrzeit es abends schlafen muss, wann es essen oder stillen sollte (ich verwende bewusst die aktive Wendung – das Baby ist schließlich ein aktives Wesen) und wie man ihm am einfachsten den Schneeanzug anzieht. Das wissen nur Sie und Ihr Baby – und es wird sich immer genau dann wieder ändern, wenn Sie glauben, dass Sie es *jetzt* endlich herausgefunden haben …

Ammenmärchen

Schreien stärkt die Lunge

Babys ist es egal, wer sie versorgt

Die wollen Grenzen testen

Familie ist nun mal anstrengend

Babys spüren keinen Schmerz

Was ich gern vorher gewusst hätte …

NANNI Im Nachhinein finde ich die Info sehr wichtig, dass unsere Babys physiologische Frühgeburten sind und warum und was das für unseren Umgang mit unseren Babys vor allem die ersten drei Monate bedeutet. Dass es normal und überlebenswichtig ist, dass sich Babys nicht ablegen und irgendwo parken lassen.

Dieses und alle gleich aussehenden Zitate haben mir wunderbare, engagierte Eltern via Facebook geschenkt, als ich fragte »Was hättet ihr wirklich gerne vorher über eure Babys gewusst …?« – vielen herzlichen Dank an dieser Stelle ihnen allen für ihre Zeit, ihre Kommentare und dass wir sie hier verwenden dürfen.

Der Eltern-Energie-Erhaltungssatz

Es ist keine Frage: Artgerechtes Familienleben ist am Anfang etwas aufwendiger als nicht artgerechtes. Wir tragen unsere Babys, verbringen viel Zeit mit Stillen und achten auf ihre Ausscheidungsbedürfnisse – die unser Baby gern genau dann anmeldet, wenn wir gerade zur Tür hinauswollen, um den Bus zu kriegen. In Anlehnung an Karl Valentin kann man sagen: »Kinder sind schön, machen aber viel Arbeit.« Doch wozu der ganze Aufwand?

In der Beratung von Eltern über Jahre hinweg stellte sich heraus, dass wir die Wahl haben. Und zwar die Wahl, *wann* wir uns die Arbeit machen! Ich nenne es den »Eltern-Energie-Erhaltungssatz«: Wir investieren immer die etwa gleiche Menge Energie in ein Kind, bis es glücklich und gesund auf eigenen Füßen steht. Der Trick ist: Wir können entscheiden, wann wir diese Energie investieren! Es gilt: Je früher wir es tun, desto leichter fällt es uns.

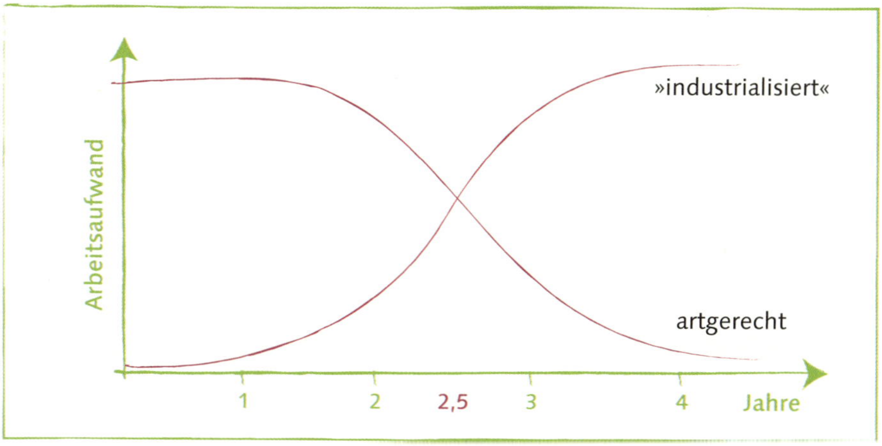

Denn die Erfahrung zeigt, dass Babys, deren Bedürfnisse früh erfüllt werden, in der Regel *später weniger »Arbeit«* machen:

- Gestillte Babys haben 40 bis 70 Prozent weniger Infektionen als ungestillte und später weniger Gewichtsprobleme.
- Babys haben weniger Probleme mit Sprachentwicklung und Kieferfehlstellungen, wenn sie ohne Nuckel aufwachsen oder wenn dieser nur ab und an als »Nothelfer« eingesetzt wird und auch nicht länger als etwa bis zum achten Monat (zwei Drittel aller Kieferfehlstellungen kommen vom Schnuller).[1]
- Kinder zu tragen beugt motorischen Entwicklungsverzögerungen vor.[2]
- Familienbettkinder finden leichter Freunde, sind sozial stabiler und schlafen als Erwachsene besser.[3]
- Windelfrei-Kinder sind in der Regel mit 24 Monaten trocken, während Vollzeitwickelkinder zunehmend bis ins vierte und fünfte Lebensjahr Windeln tragen.

Wir sparen uns mit dem aufwendigen artgerechten Ansatz also unter Umständen viele Kinderarztbesuche, Hunderte von Windeln, die Ergotherapie, den Kieferorthopäden, die Logopädie und bei einigen sogar im Erwachsenenalter den Therapeuten.

Das Gegenmodell, das wir hier mal vereinfacht das »industrialisierte« Modell nennen, sieht so aus: Wir lassen unser Baby an sieben Tagen pro Woche 24 Stunden in Windeln, füttern von Anfang an ausschließlich mit der Flasche, nutzen den Schnuller auch noch nach dem achten Monat als Dauerlösung zur Beruhigung, legen es so oft wie möglich im Kinderwagen ab und lassen es allein schlafen. Es scheint auf den ersten Blick alles leichter, aber wir handeln uns je nach Veranlagung unseres Kindes später eine Menge Arbeit ein: Wir müssen ihm die Windeln und den Schnuller – oft mit viel Mühe und nervenaufreibenden Aktionen – wieder abgewöhnen, es ist öfter krank, es bekommt womöglich einen platten Hinterkopf und braucht unter Umständen einen Helm, es kommt auch als Schulkind noch nachts ins Elternbett, kurz: Es entwickelt sich nicht optimal, und wir müssen ständig »nachbessern«. Das passiert zwar nicht immer. Doch wenn man sich die Zahlen[4] und die Aufrufe[5] der Kinderarztpraxen ansieht, kann man sagen: Es passiert immer öfter.

Wenn die Energie aber immer gleich bleibt und ich auch später die Arbeit investieren kann, wo ist dann das Problem? Das Problem ist: Wenn das Baby klein ist und wir ohnehin den ganzen Tag mit ihm beschäftigt sind, fällt es vielen Eltern leichter, auch entsprechend Energie zu investieren – darauf sind wir Eltern schon rein hormonell durch den vielen Körperkontakt gepolt. Außerdem sind die Kleinen zum Fressen süß.

Wenn das Kind bereits drei oder gar vier Jahre alt ist, den Schnuller nicht hergeben will, nicht trocken wird und zur Logopädie gefahren werden muss, sind viele Eltern eher genervt – hatten sie doch zu Recht erwartet, dass das Kind jetzt »aus dem Gröbsten heraus« sei, und vielleicht ist sogar schon ein Geschwisterchen unterwegs.

Daher ist es gut, sich frühzeitig zu entscheiden: Wann wollen wir Energie in dieses Baby investieren? Jetzt oder später? Früh, wenn es noch einfach ist, oder spät, wenn wir uns überwinden müssen und möglicherweise noch andere Kinder da sind? Die Menge an Energie, die Sie in ein gesundes, gut entwickeltes Kind investieren müssen, bleibt die gleiche. Das Wie und Wann entscheiden Sie als Eltern – jeden Tag.

Menschenbabys verstehen in drei Schritten

*»So etwas wie den Säugling gibt es nicht …
wenn wir von einem Säugling sprechen,
sprechen wir immer von einem Säugling
und jemandem.«*

DONALD WINNICOTT

Das perfekte Baby wäre doch eigentlich dieses: Es will etwa viermal am Tag essen, acht Stunden pro Nacht tief schlafen, immer friedlich im Kinderwagen liegen, es kann Bescheid sagen, wenn es mal muss, sieht ansonsten süß aus und entwickelt sich prächtig.

Manche Babys tun das. Aber die allermeisten verhalten sich völlig anders: Sie wollen anfänglich zehn- bis zwölfmal am Tag stillen und dauernd auf den Arm, schlafen unregelmäßig und leicht, lassen sich ungern ablegen, wollen nachts essen und machen die Windeln voll. Warum ist das so?

Schritt 1: Perfekte Steinzeitbabys

Der erste Schritt, um unsere Babys zu verstehen, führte mich zu unserer Stammesgeschichte. Genauer gesagt: in das Wohnzimmer der quirligen Anthropologin Meredith Small nach New Jersey. Wir saßen auf ihrem grünen Sofa unter bunten Masken aus aller Welt, und sie sagte mir klipp und klar: »Wir *haben* ein perfektes Baby. Unsere Probleme kommen nur daher, dass wir ein recht einfaches biologisches System – ein abhängiges Baby und ein Mensch, der für das Baby da ist – genommen und da Kultur drübergepackt haben. Es ist sehr klar, dass Babys erwarten, getragen zu werden, gefüttert zu werden und ein enges Band mit einer Bezugsperson aufzubauen.«

Dieses System stammt aus einem Erdzeitalter namens Pleistozän. Das war vor etwa zwei Millionen Jahren, und das ist schon wirklich lange her! Aber unsere Babys sind immer noch so gebaut, als würden sie mit uns in einer kleinen Gemeinschaft als Jäger und Sammler durch die Savanne ziehen. Alle ihre Überlebenssysteme sind für diesen Fall eingerichtet: Sie suchen den ständigen Kontakt zu einem großen Menschen, damit sie nicht gefressen werden, nicht auskühlen oder überhitzen, damit sie immer genug Milch haben und damit sie beim Weiterziehen niemand vergisst. Sie wollen ständig gestillt werden, damit sich Körper und Gehirn gut entwickeln können, so als wären sie noch eine Weile in Mamas Bauch. »Babys sind evolutionär für eine bestimmte Art von Kontakt gebaut«, erklärte mir Meredith, »und wenn sie den nicht bekommen, weinen sie.«

Schritt 2: Perfekte Frühgeburten

Aber wenn unsere Babys für das angeblich so harte Leben in der Savanne eingerichtet sind – wieso sehen sie kaum etwas, können nicht reden, ihre Körpertemperatur nicht regulieren, sich nicht selbst an ihrer Mutter festhalten und sich nicht fortbewegen? Das ergibt doch keinen Sinn!

Schritt zwei, um unsere Babys zu verstehen: Das »Unfertige« an ihnen ergibt sehr wohl Sinn. Beziehungsweise man erkennt den Sinn, wenn man weiß, dass es von Mutter Natur ursprünglich mal ganz anders geplant war.

Verglichen mit Menschen- sind Affenbabys fast fertige Miniaturausgaben ihrer Eltern. Eine Affengeburt ist ein Kinderspiel: Der Kopf passt prima durch den Geburtskanal, und heraus kommt ein kompetenter kleiner Affe.

Warum ist es bei uns so kompliziert? Die Wissenschaftler haben dafür eine Erklärung: Als Menschen anfingen, aufrecht zu gehen, musste sich unser Körper an den neuen Gang anpassen. Aber Mutter Natur erfindet selten etwas neu, sie nimmt das, was da ist, und baut es um. Unser Vierfüßlerbecken bekam also ein extrem starkes Muskelgeflecht – den Beckenboden –, damit wir unseren Oberkörper gut tragen konnten. Und der Knochen verengte sich im Inneren, um noch mehr Stabilität zu haben. So weit alles prima. Doch gleichzeitig – oder später – entwickelten wir unsere Großhirnrinde, unser Denkzentrum. Aus dem kleinen Affenhirn wurde das große Organ, das wir heute alle hinter der Stirn tragen. Es brauchte mehr Platz. Unsere Köpfe – und damit die Köpfe unserer Neugeborenen – wurden immer größer.

Aufrechter Gang, Becken kleiner, Köpfe größer – blöd gelaufen! Während Schimpansenkinder immer noch auf einer geräumigen und geraden Route bequem in die Welt rutschen, zwängten unsere Babys sich schon bald mit ihren großen Köpfen durch einen verwinkelten und sehr engen Geburtskanal.

Die Lösung des Problems: Wir bekamen unsere Babys immer früher. Dann sind sie zwar nicht »fertig«, aber sie passen noch durch! Und so kommt es, dass unsere Menschenbabys physiologisch gesehen echte Frühgeburten sind, auch wenn sie nach unseren Maßstäben »reif« geboren werden. Unsere kleinen Frühgeburten müssten eigentlich noch einige Monate im Bauch heranreifen – die Schätzungen schwanken zwischen drei und neun Monaten, die sie zu früh kommen.

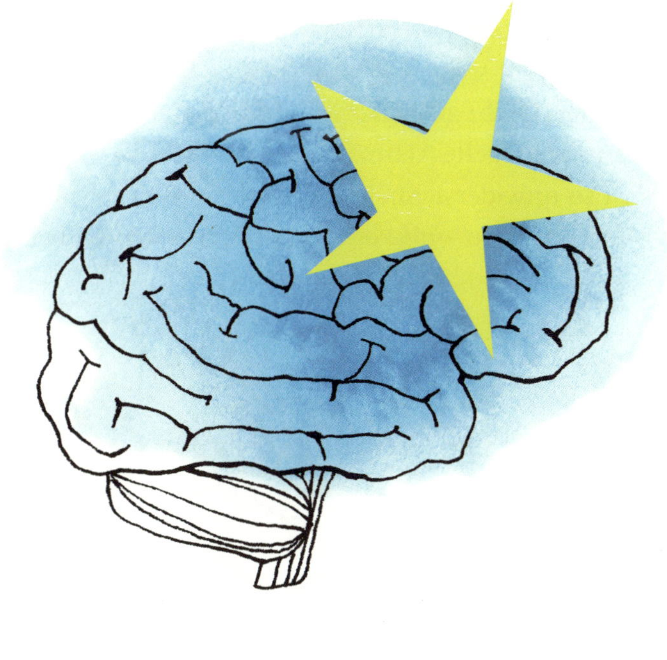

Selbst zu diesem frühen Zeitpunkt ist es ein Kraftakt, diesen großen Kopf durch das enge Becken zu kriegen. Unsere Babys lassen sich dafür die Schädeldecke zusammenpressen, werden von riesigen Muskeln nach unten gedrückt und vollführen akrobatische Drehungen, um sich durch die längs- und querovalen Öffnungen in unserem Unterleib zu fädeln. Und wenn sie nach dieser Tour das Licht der Welt erblicken, atmen wir zwar erst einmal auf. Aber unsere Babys müssen gleich zu ihrer nächsten lebenswichtigen Aufgabe übergehen.

Schritt 3: Perfekte kleine Netzwerker

Meredith erklärt: »Man kann kein so abhängiges Baby haben ohne eine erwachsene Person, die auf seine Bedürfnisse eingestimmt ist.« Unsere Babys kommen zur Welt und wissen das – nach einer natürlichen Geburt sind sie wach, schauen uns mit großen Augen an und knüpfen so ein erstes Band zu ihrer Mutter. Dann suchen sie die Brust, fangen an zu trinken und informieren so die Milchdrüsen darüber, dass sie jetzt da sind und Nahrung brauchen. Ihr Körper kuschelt sich an uns, und wir baden in Glücks- und Bindungshormonen – und das ist erst der Anfang!

Jedes Baby webt sofort ein unsichtbares Band zu seinen Eltern, es hat einen direkten Draht zu seiner Milchbar und sichert sich durch jahrtausendealte ausgeklügelte Alarmsysteme ab, damit es optimal versorgt wird. Und es ist so unwiderstehlich süß, dass wir alles tun werden, bis es sich selbst versorgen kann – und das kann noch locker 16 bis 22 Jahre dauern.

Die renommierte Anthropologin Sarah Blaffer Hrdy pflegt zu sagen, Menschen hätten »das kostspieligste aller Primatenbabys«. Was sie meint: Wir werden viel Zeit, Energie und Kalorien (!) in dieses Baby investieren, bis es eines Tages aus eigener Kraft überlebensfähig ist. Und wir werden es mit Freude tun. Und je mehr Unterstützung wir haben, desto leichter geht es uns von der Hand.

Dies ist der dritte Schritt, um unsere Babys zu verstehen: Es war niemals so gedacht, dass wir diese kleine Frühgeburt allein aufziehen. Wir haben unsere Kinder immer in der Gruppe großgezogen. Und Babys erfüllen ihren Part dabei extrem gut: Sie lächeln anfangs alle und jeden an, der sie auf den Arm nimmt. Sie suchen sich zwar eine primäre Bezugsperson, bauen aber locker noch zu einer Handvoll anderer Menschen enge Bindungen auf. Sie wissen, dass das eine Lebensversicherung ist.

Menschen sind eine »kooperativ aufziehende Art«, wie Sarah Blaffer Hrdy sagt.[6] Unsere Babys sind also perfekt darauf vorbereitet. Wir übrigens auch: Wir können uns problemlos die persönlichen Daten, Vorlieben, Namen und Gerüche von etwa 25 bis 30 Leuten[7] merken und 150 lockere soziale Beziehungen unterhalten, wir können uns in andere hineinfühlen, mit anderen kooperieren, und wir haben ein sehr mächtiges Werkzeug entwickelt, um Dinge miteinander zu planen, zu klären und gemeinsam zu tun: die Sprache.

Während eine Katzenmutter ihren Wurf allein versorgt und genau weiß, was zu tun ist, sind wir Menschen von Anfang an darauf angewiesen, dass andere den Job mit uns teilen und ihre Erfahrungen mit uns austauschen. Wir sind da sehr flexibel, und unser tolles Großhirn lernt schnell und effektiv. Es gibt nämlich, anders als bei vielen anderen Säugetieren, kein festes Programm, nach dem wir unsere Jungen versorgen, keinen »Instinkt«, wie man es »richtig« macht. Das hätte auch nicht funktioniert. Denn da wir nicht wissen, ob unsere Babys in der Kälte eines Polargebiets oder in der Hitze der Wüste zur Welt kommen, gab es seit jeher unendlich viele Möglichkeiten, es »richtig« zu machen.

Steinzeitbabys im Internetzeitalter – so geht's

Im Stamm der Lakota war jeder gern bereit, Kinder zu betreuen. Ein Kind gehörte nicht nur einer bestimmten Familie an, sondern der großen Gemeinschaft der Sippe. Sobald es gehen konnte, war es im ganzen Lager daheim, denn jeder fühlte sich als sein Verwandter.
Meine Mutter erzählte mir, dass ich als Kind oft von Zelt zu Zelt getragen wurde und sie mich an manchen Tagen nur hie und da zu Gesicht bekam.

HÄUPTLING LUTHER STANDING BEAR

Dieses Buch wird also erklären, wie wir jetzt und hier in unseren Städten, Wohnungen und Autos des Internetzeitalters unsere perfekten süßen kleinen Steinzeitbabys optimal versorgen. Und dabei glücklich sind. Es wird erklären, wie wir ihnen und uns eine möglichst artgerechte Umwelt erschaffen und warum es vor allem sehr, sehr artgerecht ist, dabei selig und entspannt zu sein! Wir müssen dafür nicht zurück in den Dschungel oder die Savanne ziehen. Es reicht, wenn wir uns klarmachen, für welches Leben wir Menschen ursprünglich mal gebaut waren.

Babys sind wunderbar – Eltern sind oft ganz verliebt und selig, manche platzen schier vor Glück (das sind diese herrlichen Glücks- und Bindungshormone, von denen noch die Rede sein wird). Aber Eltern sind auch mal verzweifelt, erschöpft und von ihrem heiß geliebten Wunschkind total genervt. Das ist normal. Mit einem schreienden Säugling allein zu sein ist mehr, als man Homo-sapiens-Eltern zumuten kann. Dafür sind wir nicht gemacht. Suchen Sie sich deshalb kompromisslos von Anfang an so viel Unterstützung, wie Sie kriegen können! Wir sind wie gesagt eine kooperativ aufziehende Art – artgerecht ist, es gemeinsam zu tun.

Die massiven Veränderungen unserer Lebenswelt in den letzten hundert Jahren haben sich nämlich in unserer Biologie nur sehr begrenzt niedergeschlagen. Unsere Babys, Kleinkinder und auch wir sind gar nicht darauf vorbereitet, in »Kern- oder Kleinfamilien« zu leben, die mit einer Reihe von massiven Stressoren konfrontiert sind – Lärm, Zeitdruck, lange Arbeitszeiten, Alleinsein. Selbst die Menschen der letzten Eiszeit haben wahrscheinlich nicht mehr als drei bis vier Stunden am Tag gearbeitet. Und da war der Supermarkt nicht um die Ecke!

Wir modernen Menschen müssen oft ein Pensum bewältigen, auf das unsere Biologie nicht eingerichtet ist. Wir merken es daran, dass unser Alltag mit Kindern sehr anstrengend sein kann. Das liegt nicht an den Kindern. Es liegt an unserem Alltag. Wir schaffen das, weil wir Menschen extrem flexibel und belastbar sind. Und weil wir gelernt haben, unsere Bedürfnisse nach Schlaf, Spiel, Bewegung, Muße, Bindung und Kommunikation zu steuern. Häufig auch zu unterdrücken.

Babys und Kleinkinder aber können das nicht. Die amerikanische Psychotherapeutin Jean Liedloff schreibt in ihrem Buch *Auf der Suche nach dem verlorenen Glück*[8], dass Babys nicht wissen können, dass Mama gleich wieder da sein wird. Ihre Welt ist *jetzt*. Die Umstände sind entweder *richtig* oder *nicht richtig*. Und Babys kommunizieren das im Idealfall sofort. Viele auch lautstark.

Das ist ein großes Geschenk. Unsere Babys erinnern uns kompromisslos daran, was artgerecht ist – für sie und für uns. Vielen Eltern hilft ihr Baby, noch mal genau hinzuschauen und zu prüfen, ob das Leben noch zu ihnen passt. Oder ob sie an einem Punkt in ihrem Leben sind, an dem sie andere Prioritäten setzen als bisher.

Jedes Kind ist anders: Es gibt keine »Knöpfe«

Bei alldem werden Sie an Ihrem eigenen Exemplar schnell feststellen: Menschen sind unglaublich unterschiedlich. Auch wenn man sich als Mutter in der zehnten Nacht mit zu wenig Schlaf gern ein Rezept wünscht – es gibt keins, das bei jedem Baby gleich gut gelingen würde. Es gibt keine »Knöpfe«, die man an einem Baby drücken könnte und wonach alles einen vorhersehbaren Lauf nähme. Wir sind es in unserem Leben gewöhnt, dass Dinge funktionieren: Wenn uns kalt ist, drehen wir die Heizung hoch, wenn wir Hunger haben, öffnen wir den Kühlschrank, wenn wir Kopfschmerzen haben, nehmen wir eine Tablette. Aber so funktionieren Babys nicht. Sie funktionieren überhaupt nicht. Kontrollverlust und Hilflosigkeit gehören dazu. Und die meisten »Du-musst-das-einfach-so-machen«-Rezepte passen nicht oder kommen uns später teuer zu stehen (darüber redet dann nur keiner).

Der meistgelesene Artikel in meinem ersten Blog trägt den Titel: »Attachment Parenting funktioniert nicht!« Es geht darum, zu akzeptieren, dass wir noch so viel stillen, tragen und auf Windelfrei machen können, es gibt keine Garantie für ein glückliches, zufriedenes Kind. Es ist eher wie Kuchenbacken: Wenn im Rezept steht: »Nehmen Sie Milch, Eier und Mehl«, macht doch jeder einen anderen Kuchen. Nehmen wir Kuhmilch oder Sojamilch, kleine oder große Eier, Weißmehl oder Vollkornmehl? So ist es auch bei Babys.

Dennoch: Wenn unsere Babys abhängig und hilflos sein dürfen und wir ihnen alles geben, was sie jetzt so dringend brauchen, werden sie später stärker, glücklicher und – so zeigt es die Wissenschaft – unabhängiger. Statt ewig nachholen zu müssen, was ihnen als Baby gefehlt hat, ziehen sie selbstbewusst und mit einer festen Basis in die Welt – ein Geschenk von Herz zu Herz, das nur wir ihnen machen können und das ihnen ein Leben lang niemand mehr nehmen kann.

Dieses Buch wird Ihnen zeigen, dass es für jedes Problem eine Lösung gibt. Wenn Sie als Eltern wissen, woher Ihr Baby stammesgeschichtlich kommt, was es braucht und was andere Eltern schon versucht haben, kommen Sie eher darauf, was davon Ihnen jetzt hilft. All das verlangt Geduld und Kraft, es reißt uns aus unserer Komfortzone und treibt uns über unsere Grenzen. Aber fragen Sie mal andere Eltern, das Ergebnis ist immer dasselbe: Wir wachsen daran. So wie all die Generationen unserer Urahnen an der Eiszeit, der großen Dürre und den Säbelzahntigern gewachsen sind. Und dies wiederum ist ausgesprochen artgerecht! Wir wachsen an unseren Herausforderungen, in allen Familienformen, die wir für uns gewählt haben – denn auch das ist menschlich. Wir können eine Großfamilie oder eine Kleinfamilie sein, eine Regenbogenfamilie, alleinerziehend, Eltern für ein Pflegekind, wir können das Kind einer Leihmutter und natürlich auch unsere Kinder in einer WG großziehen. Unser Kind kann ein Wunschkind sein oder ein »Unfall«, geplant oder ungeplant – es ist immer ein kleines biologisches Wunder und nicht selbstverständlich, dass wir ein lebensfähiges kleines Menschlein in unseren Armen halten! Wie auch immer unser Kind jedoch zu uns kommt – all das beginnt mit einer Schwangerschaft. Artgerechterweise mit einer Schwangerschaft ohne Stress.

97% aller Babys sind gesund
auf den Bauch hören
jetzt Geburtsort ansehen
gesund essen
Belastung JA – solange es guttut!

Artgerecht schwanger

Ein Weib, das ein Kind erwartet,
sollte sein wie eine Siegerin.

LILY BRAUN

Die eine Frau ruft: »Juchhu – schwanger!«, die andere: »O nein – schwanger!«. Beides ist menschlich und war zu allen Zeiten so. Ob wir eine Schwangerschaft freudig oder erschreckt bemerken, hängt vor allem von den Umständen ab. Im größten Teil der Menschheitsgeschichte waren das vor allem die Ernährungslage und das Alter der schon vorhandenen Kinder. Ebenso wichtig war und ist, wie viel Unterstützung wir während der Schwangerschaft und nach der Geburt zu erwarten haben.

In jedem Fall beginnt jetzt das Wunder des Lebens: In den nächsten neun Monaten wächst ein kleiner Mensch heran und surft dabei durch alle Stadien, die die Evolution so zu bieten hat. Oft gliedert sich die Schwangerschaft dabei in drei Teile: Im ersten Drittel stellt sich der Körper der Mutter komplett auf die Schwangerschaft um, und zahlreiche Schwangere sind entsprechend dauermüde und völlig erschöpft. Im zweiten Drittel bersten viele Schwangere vor Energie, und dies ist der richtige Moment, um noch mal alles zu erledigen, was auf der Agenda steht. Oft kommen jetzt die Komplimente: »Du siehst so gut aus! Du strahlst so!« Das liegt auch daran, dass die Haare nicht mehr ausfallen und voller werden und die Haut besser durchblutet wird und Fett einlagert, sodass Falten verschwinden. Im letzten Drittel merkt manche Schwangere, dass der dicke Bauch beschwerlich wird und sie sich zurückziehen wollen, während andere auch jetzt noch immer fidel durch die Gegend hüpfen.

Arbeiten oder nicht?

Gesunde Belastung schadet dem ungeborenen Kind nicht. Wenn aus Belastung Stress wird, vor allem psychischer Stress, erhöht dies das Risiko einer Frühgeburt[9] und belastet das Immunsystem des Ungeborenen. Es gilt also wie immer: achtsam mit sich selbst sein, im Zweifelsfall lieber weniger tun. Sie müssen niemandem beweisen, dass auch eine Schwangere noch »volle Leistung« bringen kann.

Schwangere sind wunderschön und überglücklich
Schwangere dürfen sich nicht anstrengen
Ammenmärchen
Schwangere müssen sich schonen
Ein Frauenarzt muss die Schwangerschaft begleiten
Sport ist in der Schwangerschaft verboten
Schwangere dürfen sich nicht erschrecken
Stress in der Schwangerschaft macht ein Schreibaby
Schwangere sollen für zwei essen
Niemals heiß baden!

Ebenso unterschiedlich wie die einzelnen Frauen geht man in verschiedenen Kulturen mit der Schwangerschaft um. In manchen wird die Schwangere geschont, in anderen nicht. Letztlich gilt für Sie auch hier: Hören Sie auf Ihren Bauch. Wenn Ihnen nach Ruhe ist, folgen Sie diesem Bedürfnis. Wenn Sie vor Energie fast platzen – wunderbar, tun Sie etwas! Fest steht: Wer ein Kind austrägt, sollte sich ausgewogen ernähren, viel an der frischen Luft sein, keinen negativen Dauerstress haben und weder rauchen noch Alkohol trinken. So weit, so gut. So in etwa war es in den vergangenen 100 000 Jahren wahrscheinlich auch.

Was ich gern vorher gewusst hätte

NADINE NATASCHA … dass man vorher noch ins kino und theater gehen sollte, dazu kommt man dann erst mal nicht. dass es viel zu viel blödsinn gibt, den man nicht braucht! und dass man vieles einfach nicht lesen sollte, um sich nicht zu verunsichern, und einfach aus dem bauch heraus entscheiden sollte.

PETTY FRÁ JÖRÐINNI Keinen Stress in der Schwangerschaft machen, nichts planen. Das Baby braucht in erster Linie die Mama, alles andere ist erst mal überflüssig. Auf das Baby hören. Stress lässt sich vermeiden, wenn man die eigenen Bedürfnisse zurückstellen kann und sich komplett auf das Baby einlässt. Das nimmt innerliche Anspannung. Die Kleinen werden so schnell groß. Also, jeden Moment genießen. Duschen, Haushalt ... kann warten. Alles kommt, wie es kommen soll, und definitiv nicht wie erwartet. Kopf ausschalten, sich auf die Natur verlassen.

So geht's: Drei Schritte zu einer Schwangerschaft ohne Stress

Schritt 1: Vorsorge ohne Stress

Nach dem positiven Schwangerschaftstest bestätigt in unserer modernen Welt häufig ein Arzt oder eine Ärztin die Vermutung durch einen ersten Ultraschall. Wir bekommen einen Mutterpass und mit ihm eine Liste an Vorsorgemaßnahmen. Die Untersuchungen sollen Gesundheitsfachleuten und Schwangeren mehr Sicherheit geben. Hier stellt sich schon die erste Frage: Welche Vorsorge passt zu uns?

Suchtest Nackenfaltenmessung

Routinemäßig durchgeführte Ultraschalluntersuchungen sowie pränataldiagnostische Maßnahmen wie die Fruchtwasseruntersuchung zur Entdeckung von erblich bedingten Krankheiten sind ein heißes Eisen. Umfragen und Studien kommen immer wieder zu dem Schluss, dass Schwangere und ihre Partner vor solchen Maßnahmen zu wenig beraten werden. Das hat gravierende Folgen: Eine Nackenfaltenmessung ist schnell gemacht, allerdings sollten die werdenden Eltern sich ganz klar darüber sein, was das Ergebnis für sie bedeuten könnte. Wäre das Risiko, ein behindertes Kind zu bekommen, ein Abtreibungsgrund? Wenn nicht, ist die Untersuchung überflüssig und erzeugt unter Umständen – oft unnötige! – Sorgen.

Denn die Messung der Nackentransparenz oder -falte gibt nur einen statistischen Wert an. Die Messung sagt vielleicht: »Mit einer Wahrscheinlichkeit von 1 zu 2000 haben Sie ein behindertes Kind.« Oder: »Mit einer

Wahrscheinlichkeit von 1 zu 10 000.« Für viele Eltern heißt das im Klartext nicht mehr als: »Es kann sein. Kann aber auch nicht sein.«

Gewissheit verschaffen erst ein zusätzlicher Bluttest und eine Fruchtwasserpunktion. Doch diese bringen neue Sorgen mit sich: Sie steigern das Risiko, dass es zu einer Fehlgeburt – eines in jedem Fall lebensfähigen Kindes! – kommt. Das Screening ist zudem ein reiner Suchtest, der keinerlei therapeutische Effekte hat, denn ein Downsyndrom ist im Prinzip für Mutter und Kind ungefährlich.

Eltern müssen sich ganz klar darüber sein: Es gibt auch heutzutage keine hundertprozentigen Sicherheiten. Keine Pränataldiagnostik kann absolut sichere Informationen darüber geben, ob Sie ein gesundes Baby zur Welt bringen werden. Während es eine nennenswerte Rate von fälschlicherweise positiven Ergebnissen gibt, werden gleichzeitig andere Behinderungen trotz aller Suchtests gar nicht erkannt.

Informieren, drüber schlafen, entscheiden

Die Autoren der internationalen Cochrane-Gemeinschaft haben im Jahr 2000 ein Buch mit dem Titel *A Guide of Effective Care in Pregnancy and Childbirth*[10] herausgebracht und ließen damit eine Bombe platzen. Ihr Ergebnis: Viele Routineuntersuchungen während der Schwangerschaft haben keine wissenschaftliche Absicherung.[11] Es konnten zum Beispiel weder das routinemäßige Tasten des Muttermundes noch häufige Ultraschalluntersuchungen nachweislich die Gesundheit von Mutter und Kind verbessern. Forschende halten vaginales Tasten des Muttermundes im Übrigen sowieso für überholt: »Es ist überraschend, dass diese Intervention ohne zuverlässigen Nachweis der Wirksamkeit so weit verbreitet ist, insbesondere angesichts der Sensibilität des Verfahrens für die Frauen, die es erhalten, und des Potenzials für nachteilige Folgen in einigen Situationen.«[12] Dennoch gehört beides zur Frauenarztpraxis.

Informieren Sie sich daher genau, welche Vorsorge Sie persönlich wirklich wollen. Sie können Vorsorgemaßnahmen auch ablehnen und schlicht »guter Hoffnung« sein. Wer alle Maßnahmen wahrnimmt, merkt bald, dass eine Schwangerschaft wie ein kleiner Nebenjob ist. Erst monatlich, dann zweiwöchentlich, schließlich bis zu täglich Vorsorgetermine, zusätzlich dreimal zum Ultraschall, immer wieder messen, wiegen, Blut abnehmen.

Die ersten Blutuntersuchungen testen die Grundlagen der Schwangerschaft: Der Antikörpersuchtest prüft, ob die Mutter Antikörper gegen das Ungeborene bildet, weil die Rhesusfaktoren unterschiedlich sind. Rötelnantikörper werden überprüft, da eine Rötelninfektion während der Schwangerschaft schwere Folgen für das Ungeborene haben kann. Auch auf Syphilis wird getestet und mit der ausdrücklichen Einwilligung der Schwangeren auf HIV, um eine Ansteckung des Kindes zu verhindern oder die Wahrscheinlichkeit dafür zu verringern.

Schritt 2: Essen ohne Stress

Was sollte ich essen und wie viel? Viele Schwangere werden regelmäßig gewogen und müssen Rechenschaft über ihr Gewicht ablegen. Klar ist: Niemand muss für zwei essen. Zusätzliche Kalorien brauchen wir erst in der Stillzeit.

Die Ökotrophologin Dr. Eva-Maria Schröder schreibt im »Familienhandbuch«[13], eine Gewichtszunahme von 10 bis 12 Kilogramm sei ideal. Der Berufsverband der Frauenärzte »erlaubt« immerhin 12 bis 16 Kilogramm. Unbestritten ist, dass eine zu starke Gewichtszunahme Mutter und Kind unnötig belastet. Was beide nur am Rande erwähnen: Wie viel eine Frau während der Schwangerschaft zunimmt, kommt auch sehr auf ihr Ausgangsgewicht an. Zudem macht es einen großen Unterschied, ob sie Wasser einlagert oder nicht. Daher die Empfehlung: einfach gesund essen! Denn »es gibt keine Evidenz dafür, dass eine Nahrungseinschränkung irgendeine Art Vorteile für Mutter oder Kind mit sich bringt«[14]. Auch hier gilt: Wer nicht möchte, muss sich nicht wiegen und messen lassen. Andererseits ist auch klar, dass wir in unseren Breiten heute ein Nahrungsüberangebot und einen Bewegungsmangel haben, der stammesgeschichtlich absolut neu ist. Finden Sie Ihren gesunden Mittelweg.

Der Mittelweg: Die informierte Entscheidung
Was aber soll man nun konkret machen mit der Vorsorge? Wie immer liegt der Mittelweg zwischen Technikgläubigkeit und totaler Verweigerung darin, sich zu informieren und dann eine eigene Entscheidung zu treffen. Schwangere müssen wissen, warum welche Tests durchgeführt werden und vor welche Entscheidungen die Ergebnisse sie stellen können. Dann sollten sie frei und ruhig entscheiden, welche Maßnahmen für sie persönlich wichtig und richtig sind.

Eisenwert und Gewicht

In der Schwangerschaft brauchen wir viel Eisen, weil die Plazenta und der Fötus mit Eisen versorgt werden müssen. Der Körper nutzt dafür Eisen aus der Nahrung und Eisenspeicher der Mutter.

Bei der Blutuntersuchung wird der Hb-(Hämoglobin-)Wert bestimmt. Ziel ist es, erschöpfte Eisenreserven rechtzeitig zu erkennen (im Hämoglobin ist Eisen enthalten, das Sauerstoff binden kann). Der offizielle Hb-Wert liegt bei 12 Gramm pro Deziliter (g/dl) für Frauen als untere Grenze. Sinkt der Hb-Wert unter 10,5 g/dl ab, verschreibt der Arzt Eisenpräparate. Diese Gaben sind mittlerweile umstritten. In Form von Tabletten führen sie häufig zu Magen-Darm-Problemen wie Verstopfung. Verstopfung kann zu weiteren unangenehmen Nebenwirkungen führen, zum Beispiel Hämorrhoiden. Zudem sind viele Frauen verunsichert, wenn ihre Hb-Werte »zu niedrig« sind, und machen sich große Sorgen um ihr Ungeborenes. Sie werden häufig nicht darüber informiert, dass durch das angestiegene Flüssigkeitsvolumen das Blut regelrecht verdünnt wird und eine Absenkung normal ist.

Wissenschaftler weisen überdies immer wieder darauf hin, dass auch der Eisenwert relativ ist. Wer schon vor der Schwangerschaft einen niedrigen Eisenwert hatte, wird auch mit noch so viel Eisengabe nur schwer auf die Normwerte kommen, häufig aber auch keinerlei Beschwerden haben. Eisenmangel zeigt sich an entzündeten Mundwinkeln, trockener Haut, schlechten Nägeln, und eine Anämie führt zu Blässe und Müdigkeit – ist die Frau trotz niedriger Hb-Werte gesund und putzmunter, lohnt sich eine Zweitmeinung oder ein Gespräch mit dem Arzt.

Vitamine oder nicht?

Bei einer ausgewogenen gesunden Ernährung haben Nahrungsergänzungsmittel in der Schwangerschaft keinen zusätzlichen positiven Effekt, zu diesem Schluss kommen verschiedene Studien der renommierten Cochrane-Gesellschaft.[15] Nur Folsäure habe sich bewährt, allerdings am besten schon vor der Empfängnis.[16]

Ansonsten hat sich kein Zusatzpräparat flächendeckend als positiv erwiesen, sondern immer nur für spezielle Risikogruppen, zum Beispiel Calciumgaben für Frauen, die ein hohes Risiko für das Bluthochdruckproblem bei einer Präeklampsie haben. (Die Präeklampsie [vom griechischen *eklámpein* für »aufleuchten«] ist eine Erkrankung, die in der Schwangerschaft auftreten kann und die durch erhöhten Blutdruck [Hypertonie] mit vermehrter Eiweißausscheidung im Urin [Proteinurie] und Wassereinlagerungen [Ödemen] gekennzeichnet ist.)

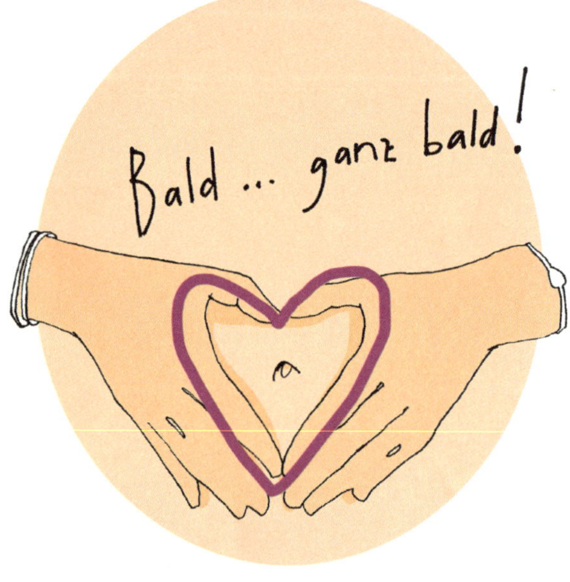

Zehn Tipps zur Schwangerschaft

- Am besten vorher, spätestens aber jetzt tun, was man schon immer tun wollte: noch mal ins Kino oder ins Theater, noch mal reisen, noch eine Weiterbildung?
- Hilfe und Rat einholen über Geburt, Stillen, Elterngeld usw.
- Zeit statt Zeug – statt Erstlingslisten abzuarbeiten, lieber gute Bücher kaufen und feststellen, was ein artgerechtes Baby alles nicht braucht.
- Am besten vorher Sport machen – sonst spätestens jetzt sanft damit anfangen. Jeder trainierte Muskel ist ein Geburtshelfer!
- Entspannungstechniken lernen – eine gute Hilfe für eine ruhige, entspannte Schwangerschaft, eine gute Geburt und die nächsten zwanzig Jahre mit dem kleinen Wesen.
- Aufräumen, ausmisten – auch seelisch: Mit dem eigenen Kind kommt oft die eigene Kindheit noch mal zutage. Jetzt ist der Moment, Muster zu entdecken und sich bewusst für oder gegen alte Zöpfe zu entscheiden – auch mit der Hilfe von Profis.
- Geburtsort und Begleitpersonen finden, die uns sympathisch sind – in Zeiten des Hebammenmangels können wir gar nicht früh genug anfangen, uns um gute Rahmenbedingungen zu kümmern.
- Andere Mütter mit Babys finden, in Stillgruppen gehen und aufmerksam zusehen – Menschen lernen durch Nachahmen.
- Keinen Stress machen, nichts planen, denn Schwangere sind häufig sehr erschöpft. Negativer Dauerstress ist unbedingt zu vermeiden, er ist nachweislich schädlich. Dazu können auch gehören: Hausbau, Stress in der Partnerschaft, unverarbeitete Ängste – alles, was die Schwangere unter Druck setzt.
- Gefühle kommen und gehen lassen – das Baby lernt so die breite Palette menschlichen Lebens und kann dies geborgen in Mamas Bauch schon mal miterleben.

Schritt 3: Einfach schwanger

Eine Schwangerschaft kann von einer Hebamme wunderbar betreut werden. Sie wird Ihren Bauch tasten, Ihnen zuhören und Tipps geben, die grundlegenden Werte messen und Sie und Ihr Baby kennenlernen. Sie können zusätzlich zu ärztlichem Fachpersonal für Gynäkologie gehen, müssen das aber nicht. Es gibt keine Evidenz, dass bei einem normalen Verlauf Ultraschalltermine oder Pränataldiagnostik hilfreich sind.

Schwangere dürfen sich selbstverständlich bewegen wie vorher, dürfen Wäsche aufhängen und schwimmen – was immer sich gut anfühlt! Wir modernen Frauen sitzen zu viel auf Stühlen (statt in der Hocke auf dem Boden) und in Autos und arbeiten zu wenig körperlich. Besonders gegen Ende der Schwangerschaft gilt: Hocken Sie lieber auf dem Boden, als auf dem Sofa zu liegen, machen Sie Yoga, gehen Sie zu Fuß, setzen Sie sich ans Feuer – all das wirkt sich positiv auf die Lage des Kindes aus und damit auf die Geburt.

Stress in Maßen während der Schwangerschaft schadet dem Ungeborenen nicht, sondern bereitet es auf das Leben da draußen vor, nur un-artgerechten, negativen Dauerstress sollten Sie vermeiden – nicht nur in der Schwangerschaft übrigens! Negativer Stress kann zu einem verfrühten Geburtstermin führen. Schwangere sollen sich gesund ernähren und normal essen.

Kein Stress vor Zahnarztterminen – welche Medikamente in der Schwangerschaft erlaubt sind, verrät die Website www.embryotox.de. Und ja, es kann sein, dass das Ungeborene auf einen aufregenden Kinofilm mit Tritten und Protest reagiert – hier haben Sie die Möglichkeit, mit Ihrem Baby in Kontakt zu sein, auf seine Bitten zu hören und das Kino zu verlassen.

95 Prozent gesunde Babys

Viele Frauen in Deutschland entscheiden sich erst jenseits der 35 für ein Kind und gehen damit eine »Risikoschwangerschaft« ein. Dies gilt auch für Mehrlingsschwangerschaften, Mütter unter 18 Jahren, eine Schwangerschaft nach vorherigem Kaiserschnitt, nach Komplikationen bei vorherigen Schwangerschaften, Steißlage, Bluthochdruck, Diabetes und für Raucherinnen – etwa 70 Prozent aller Schwangeren in Deutschland fallen unter eines oder sogar mehrere der Risikokriterien.[17]

Andererseits haben wir viel weniger Grund zur Sorge, als wir oft glauben: Aus Sicht der WHO müssten in Deutschland 60 bis 80 Prozent der Frauen gesunde Schwangere sein mit einer normalen, komplikationslosen Schwangerschaft. Und es kommen tatsächlich 95 Prozent aller Kinder hierzulande gesund auf die Welt.

VERTRAUTE MENSCHEN
RUHE
Säugetiergehirn weiß, wie es geht!
Schmerz als Helfer zulassen
BEKANNTE UMGEBUNG
Geburt ist Teamarbeit von Mutter und Kind

Artgerecht zur Welt kommen

Geboren wird nicht nur das Kind durch die Mutter, sondern auch die Mutter durch das Kind.

GERTRUD VON LE FORT

Bei Naturvölkern gibt es höchst unterschiedliche Geburtspraktiken. Es geistern immer noch die Geschichten herum von Frauen, die ihre Kinder mal eben so nebenbei auf dem Feld zur Welt bringen. Das dürfte, vor allem beim ersten Kind, ausgemachter Blödsinn sein. Im Gegenteil: Genauso wie Delfine und Elefanten haben Menschen in der Regel Hebammen, die bei der Geburt helfen.

Gerade bei uns Menschen ist das auch nötig. Durch unseren aufrechten Gang und die großen Köpfe unserer Kinder ist die Geburt ein akrobatischer Akt: Das Baby muss sich durch das große und kleine Becken zwängen, zweimal rotieren und sich dann mit dem Nacken abstoßen, damit es hinauskommt. Die Mutter muss diesen Weg begleiten, mitschieben, Platz machen (Muskeln, Organe und Steißbein sind im Weg) und für Sauerstoff sorgen.

Und wie bei anderen sozialen Tieren kommt es nicht nur darauf an, wie wir gebären, sondern vor allem auch, wo und mit wem.

Mit der Wahl des Geburtsortes sind viele Familien weniger beschäftigt als mit der Entscheidung für ein neues Auto. Was sie nicht wissen: Wenn wir nicht selbst dafür sorgen, dass wir unsere Triple-Hot-Chocolate-Schlagsahne-mit-Extrastreuseln-Geburt bekommen, kriegen wir halt das, was gerade im Angebot ist. Und das macht unter Umständen ein Leben lang für uns und unser Kind einen riesigen Unterschied.

Das Bedürfnis nach einer für uns passenden Geburt ist absolut legitim. Wer einfach an den nächstliegenden Geburtsort geht und dort sein Kind zur Welt bringt, wird es so zur Welt bringen, wie das dort ansässige Fachpersonal es für richtig hält. Wenn die Mutter Glück hat, deckt sich das mit ihren Vorstellungen. Viel wahrscheinlicher ist es aber, dass sie hinterher sagt: »Ich wusste gar nicht, dass man Neugeborenen routinemäßig schmerzhafte Antibiotika in die Augen träufelt! Wieso hat mich keiner nach meiner Zustimmung gefragt?« Oder: »Den Apgar-Test [siehe weiter unten] kann man auch auf dem Bauch der Mutter machen? Das wäre ja viel schöner gewesen!«

Wenn Sie im Café den falschen Kaffee kriegen, können Sie ihn zurückgeben. Bei einer Geburt ist das etwas anderes – daher lohnt es sich, vorher dafür zu sorgen, dass Sie die beste medizinische und emotionale Versorgung bekommen. Und zwar genau so, wie Sie persönlich sie brauchen. Dafür ist es wichtig, das exakt zu wissen und allen Beteiligten mitzuteilen, wie Sie Ihr Kind zur Welt bringen möchten.

Was ich gern vorher gewusst hätte …

SILKE Ich hätte gerne gewusst, was ein selbstbestimmter Geburtsverlauf für mich und mein Kind und unser Leben bedeutet und wie ich mehr Selbstbestimmung und Würde um die Geburt herum einfordern kann. Ich hätte gerne gewusst, welche Grenzen, Unterstützung und Verständnis ich nach der Geburt brauche und wann und wie ich das bekommen kann. Erst beim vierten Kind war ich mir über all diese Dinge und deren Relevanz und Selbstverständlichkeit im Klaren.

ZITA

- dass das Baby wochenlang auf mir leben würde
- dass selbst ein Beistellbett noch zu weit weg ist von Mama
- dass ich nicht nur alle 3 Stunden stillen darf, sondern wann immer das Baby danach verlangt …

SARA Dass Besuch Essen mitbringen soll, zubereitet und mikrowellenfertig!

Kaiserschnittbabys kann man nicht stillen
Moderne Frauen können nicht mehr natürlich gebären
Auf PDA folgt immer ein Kaiserschnitt
PDAs machen eine schmerzfreie, angenehme Geburt
Babys müssen gewaschen werden
Ammenmärchen
Hausgeburt ist gefährlicher als Krankenhausgeburt
Kaiserschnitt ist die emanzipierte Geburtsform
Kaiserschnittbabys haben eine schlechtere Bindung
Babys brauchen Hilfe beim ersten Anlegen

So geht's: Die besten Wege für einen guten Start

Gestern war ich klug,
sodass ich die Welt verändern wollte.
Heute bin ich weise,
sodass ich mich verändern möchte.

RUMI

Bei kaum einer Spezies ist die Geburt ein so gefährliches Unterfangen wie beim modernen Menschen. Der Homo sapiens sapiens unterscheidet sich nach derzeitiger Forschungsmeinung in etwa zwei Prozent seines Erbgutes von seinen nächsten Verwandten, den Primaten. Aber diese zwei Prozent machen bei der Geburt eine Menge Aufwand. Die Forscher streiten noch, ob wir erst aufrecht gingen oder erst unsere Gehirne wuchsen, Fakt ist jedoch, dass beides sich extrem auf unsere Geburten auswirkte. Der menschliche Geburtsweg ist ein doppelt verdrehter, kurviger Kanal statt wie bei den Affen eine gerade Strecke. Unsere Babys müssen sich drehen und wenden, um es hinauszuschaffen – das erfordert Teamwork.

Aber unsere wunderbaren Babys sind auf diese Geburten spezialisiert. Die artgerechte Geburt wird vom Baby eingeleitet – nicht von den Fachleuten. Wenn das Baby so weit ist, sorgt es für die Ausschüttung der entsprechenden Hormone bei der Mutter, um anzukündigen: Es kann losgehen. Ich komme jetzt!

Nach meinen Recherchen ist die Geburt eine der ersten und prägenden Selbstwirksamkeitserfahrungen eines Menschen. Das Baby erfährt: *Ich kann den Zeitpunkt meiner Geburt selbst bestimmen und die Geburt mit Mama gemeinsam steuern. Wir sind ein Team.* Babys werden nicht »passiv« geboren, sondern sie helfen aktiv mit. Aber dazu braucht es einen Kommunikationskanal zwischen Mutter und Kind.

Wenn die Wehen beginnen, haben die wenigsten Mütter den Impuls, sich in die Mitte eines Einkaufszentrums zu stellen. Eine artgerechte Säugetiergeburt findet in Ruhe und in vertrauter Umgebung statt. Das heißt: in ruhiger Atmosphäre bei gedämpftem Licht, umgeben von vertrauten Menschen, geborgen, versorgt und sicher, gleichzeitig unbeobachtet, ohne harsche Anweisungen, ohne routinemäßig verabreichte Medikamente, verordnete Einläufe oder Infusionen. Und vor allem: Die Gebärende muss sich gut fühlen – was immer das im Detail für sie persönlich heißt. Eine Geburt hängt stark von der inneren Ausrichtung der Mutter ab. Das Spektrum geht hier vom natürlichen Mindset bis zum medizinischen Mindset. Das heißt zum Beispiel: Wenn eine Gebärende ein »medizinisches Mindset« hat, wird sie Interventionen eher als gegeben hinnehmen oder auch als hilfreich empfinden.

Wenn eine Gebärende hingegen ein »natürliches Mindset« hat und ihr Kind ohne medizinische Hilfe zur Welt bringen will, ihre Geburt jedoch mit vielen Interventionen endet, ist das für sie eher belastend. Allerdings ist es schwierig, genau zu definieren: Was ist eine Intervention? Daher ist es umso wichtiger, dass wir uns vorher überlegen und kommunizieren, wer wir sind, wie wir ticken und was wir brauchen. Und schlussendlich müssen wir damit leben, dass jede Geburt eine Wundertüte ist und wir nie wissen, was wir kriegen.

Der renommierte Arzt und Geburtshelfer Michel Odent schreibt in seinem Buch *Geburt und Stillen*:

»Als ›erfahren‹ bezeichne ich eine Hebamme, die mit Frauen vertraut ist, deren Geburten nicht ›geleitet‹ werden müssen, die keine Hemmungen haben, laut zu sein, zu atmen, wie sie gerade wollen, und jede mögliche Körperhaltung einzunehmen, die ihnen bequem erscheint. Allein vom Zuhören wird die Hebamme mehr über den Geburtsverlauf erfahren, als sie beim Eindringen mit ihren Fingern herausfinden könnte.«[18]

Grundsätzlich müssen wir das Gebären eigentlich nicht erlernen – unser Säugetiergehirn weiß genau, wie eine Geburt ablaufen soll. Wenn wir uns in einer idealen Umgebung vollkommen hingeben können, kann es uns sogar sagen, wie wir uns bewegen, verhalten oder äußern sollten. Die schwierige Aufgabe liegt darin, das Hormonorchester in unserem Körper optimal spielen zu lassen. Dazu müssen wir im Idealfall aufhören zu »denken«. Hormone nämlich werden in einem sehr alten Hirnteil gesteuert. Dort sind Abläufe und Erfahrungen von Jahrmillionen gespeichert, das »neue« Hirn, der bei uns sonst so dominante, denkende Neokortex, kann uns da nur wenig helfen und sollte möglichst schweigen.

Geburt – Teamwork zwischen Mama und Baby

Am Anfang der Geburt steht das Baby. Es sorgt dafür, dass Mamas Hypothalamus, eine wichtige Steuerzentrale im Zwischenhirn, Oxytozin ausschüttet und die Wehen beginnen. Oxytozin gilt als das »schüchterne« Hormon. Es kann für schöne, starke Wehen sorgen, aber sobald irgendeine Form von Stress einsetzt, verzieht es sich wieder. Das ist am Anfang der Geburt auch durchaus sinnvoll: In einer Gefahrensituation wollten wir in den vergangenen Jahrtausenden auf keinen Fall niederkommen. Also brach der Körper die Aktion lieber ab und verschob sie auf später. Heute kann alles die Geburt stören, was die Mutter unter Stress setzt – und das ist höchst individuell. Die eine Gebärende fühlt sich vielleicht sicher, wenn sie gleich einen intravenösen Zugang für alle Fälle gelegt bekommt, viele andere haben Angst vor Nadeln oder empfinden es als übergriffig. Sie geraten schon in der ersten halben Stunde am Geburtsort vollkommen aus ihrem (Wehen-)Takt, weil ihr Gehirn ihnen Gefahr signalisiert.

Wenn die Geburt ungestört weiter verlaufen kann, schüttet der Körper jedoch immer höhere Dosen Oxytozin aus, um die Wehen immer stärker werden zu lassen. Damit wir das überhaupt aushalten, wechselt er immer mal wieder mit Adrenalin ab. Dieses Stresshormon sorgt dafür, dass es auch Wehenpausen gibt, in denen wir uns erholen können. Die Schmerzen wiederum kurbeln die Endorphine und Beta-Endorphine an, die dem Körper helfen, ebendiesen Schmerz gut zu verarbeiten.

Das Baby wird von den großen Muskeln der Gebärmutter nach unten massiert. Es muss sich durch unseren engen, verschachtelten Geburtskanal schrauben – und das ist wörtlich gemeint. Der Kopf des Kindes muss sich einmal in diese, einmal in jene Richtung drehen, damit er durch die verschiedenen Öffnungen im Beckenknochen durchkommt. Die Schmerzen sagen der Mutter dazu, wie sie sich bewegen muss, um dem Kind an den richtigen Stellen Platz zu machen auf seinem engen Weg. So arbeiten beide zusammen, damit es gut klappt.

So verläuft eine artgerechte Geburt. Ob dabei Hypnobirthing, Hocken, Tönen oder Singen genutzt wird, Ziel und Effekt sind immer die gleichen: den Körper seine Hormonkaskade abfahren zu lassen, wie er es seit Jahrtausenden tut, und die Frau spüren zu lassen, was ihr ganz persönlicher Weg der Geburt ist.

Das wichtigste Dokument nach dem ersten Ultraschallbild

Es klingt etwas trocken, aber eigentlich ist es eine Sensation: Seit Januar 2021 gibt es erstmals eine wissenschaftlich fundierte Empfehlung, wie medizinisches Personal eine vaginale Geburt begleiten soll – und diese Empfehlung stärkt die Rechte von Eltern enorm und räumt mit vielen Routine-Maßnahmen von Krankenhäusern auf. Das Schriftstück heißt offiziell »S3-Leitlinie Vaginale Geburt am Termin«.

Die gute Nachricht ist: »S3« bedeutet, dass die Leitlinie den höchsten wissenschaftlichen Anforderungen genügt, also nicht einfach die Erfahrung des gynäkologischen und geburtshilflichen Personals zusammenfasst, sondern Ergebnis einer umfangreichen Studienrecherche ist.[19] Was diese Leitlinie so besonders macht? Die Gebärende rückt erstmals ins Zentrum der Geburtshilfe – sie soll eine auf ihre Bedürfnisse abgestimmte, selbstbestimmte Geburt erleben.

Die Empfehlungen in der aktuellen S3-Leitlinie »Vaginale Geburt am Termin« beziehen sich auf Gebärende und deren Kinder, die zwischen der 38. und 42. Schwangerschaftswoche als Einling aus Schädellage, also »mit dem Kopf voran«, geboren werden.

Die wichtigsten Punkte für Eltern:

- **Respekt, bitte!** Gebärende haben ein Recht auf eine respektvolle Behandlung.
- **Wir zählen.** Es sollen die Bedürfnisse von Schwangeren, Gebärenden und Neugeborenen berücksichtigt werden.
- **Menschen statt Technik.** Eine durchgehende Eins-zu-eins-Betreuung

und regelmäßiges Abhören der Schwangeren mit Dopton oder Hörrohr machen eine Geburt sicherer als ein Dauer-CTG.

- **Freie Geburtsortwahl.** Gebärende sollen selbst entscheiden dürfen, wo sie ihr Baby bekommen, und müssen dazu »objektiv und ohne persönliche Sichtweisen und Urteile der Fachperson« beraten werden (beeinflussende Kommentare wie »Geburtshaus? Na, Ihnen ist Ihr Kind ja nicht sehr wichtig …« sind also nicht zulässig).
- **Individuelle Schmerzverarbeitung.** Gebärende sollen darin unterstützt werden, den Geburtsschmerz nach ihren Wünschen und anhand einer Bandbreite unterschiedlicher Maßnahmen zu bewältigen.
- **Sofortiger Hautkontakt.** Direkt nach der Geburt sollen Gebärende und Neugeborenes Hautkontakt haben.
- **Spätes Abnabeln.** Wissenschaftlich erwiesen ist, dass mit dem Durchtrennen der Nabelschnur nach der Geburt des Kindes länger als die üblichen 60 Sekunden gewartet werden soll, fünf Minuten oder mehr sind besser.
- **Vaginale Untersuchungen?** »Wie weit sind wir denn schon?« – das Cervix-Tasten hat keine Aussagekraft und wird ausdrücklich nicht empfohlen, es gibt keine wissenschaftliche Grundlage dafür.
- **Kristellern (Fundusdruck)?** Der Druck auf den Uterus am Ende der Geburt ist potenziell gefährlich für Mutter und Kind und sollte daher unterbleiben.
- **Dammschnitte?** Routinemäßige Dammschnitte sind zu vermeiden. Einige Forschende sprechen sich komplett gegen diese veraltete Praxis aus, da sie die Gebärende schwer verletzen kann.

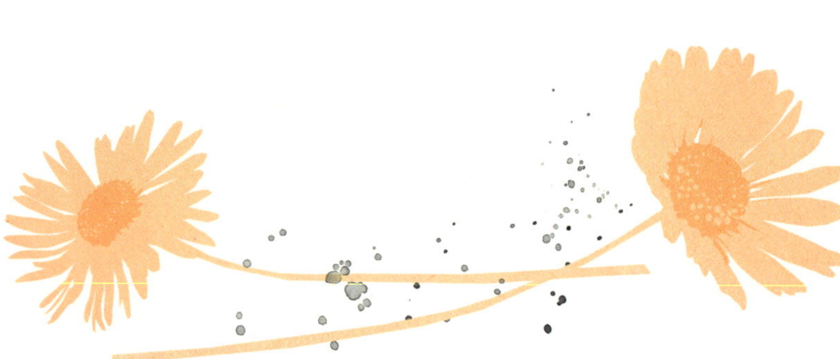

Phasen der Geburt

Latenzphase: Die Latenzphase ist die frühe Eröffnungsphase – und sie wurde bisher oft völlig falsch verstanden. Die Gebärende hat Wehen, aber nicht kontinuierlich. Und schon gar nicht wirken sie sich in einem vorhersagbaren Tempo auf die Erweiterung des Muttermundes aus, wie man früher dachte. Atemübungen, ein Bad oder eine Massage können jetzt die Schmerzen reduzieren.

Eröffnungsphase: In der Eröffnungsphase geht es los mit regelmäßigen Wehen, die den Muttermund vollständig eröffnen sollen – die eigentliche Geburt beginnt. Die Frau kann dies selbst tasten – wenn sie das Köpfchen fühlt und nur noch eine dünne Rollkragenkante vom Muttermund zu spüren ist, hat sie diese Phase geschafft.

Übergangsphase: In der Übergangsphase öffnen sich die letzten zwei Zentimeter, die Wehen werden sehr kräftig, das Köpfchen muss sich jetzt richtig im Becken einstellen. Probieren Sie aus, ob Sie Ihrem Kind dabei helfen können, indem Sie die Haltung verändern oder sich bewegen, tönen oder singen. Es kann sich beängstigend anfühlen, diese letzte Öffnung kann einige Wehen lang dauern oder ganz schnell gehen – alles ist möglich. Am Ende dieser Phase kommt die Mutter oft in einen Erschöpfungszustand und glaubt, es nicht zu schaffen. Viele Frauen haben plötzlich das Gefühl: »Ich kann nicht mehr! Ich schaffe das nicht!« – aber das ist völlig normal. Nun ist das Baby gleich da! Wenn die Frau in diesem Moment unterstützt wird (oder um diesen Moment weiß), dann geht sie gestärkt über diese Schwelle.

Austrittsphase: Jetzt arbeiten Mutter und Kind gemeinsam am letzten Schritt. Das Köpfchen ist am Beckenboden angekommen und drückt dort nach unten. Es kann sein, dass die Frau nun einen großen Druck auf dem Beckenknochen spürt oder denkt, dass sie noch mal dringend aufs Klo muss – nicht verwirren lassen, das ist das Kind! Die Mutter schüttet ein letztes Mal einen gewaltigen Stoß Adrenalin aus, der ihr hilft, das Kind hinauszuschieben. Traditionelle Kulturen nutzen diesen Effekt sogar bei einem Geburtsstillstand in der letzten Phase, indem sie Frauen gezielt erschrecken, damit es weitergeht. Manche Mütter werden an diesem Punkt aggressiv, wütend, weinen, fluchen, schlagen oder schreien – je nachdem, wie die Frau auf Stress reagiert. Durch den »Stress« hat die Mutter manchmal eine kurze Wehenpause. Dann jagt noch einmal der Oxytozin-Level hoch und ruft die starken Austreibungswehen hervor, Endorphine fluten das Blut, das Kind kommt – und die Mutter hat es geschafft!

Nachgeburtsphase: Das Kind ist da, alle atmen durch, die Mutter vergisst im Idealfall alle Schmerzen, badet im Endorphinrausch und begrüßt wach und »angeschaltet« (wie meine Freundin Julia Dibbern sagt[20]) ihr neugeborenes, von Mamas Adrenalinrausch ebenfalls hellwaches Kind. In der nächsten halben Stunde wird meist die Plazenta geboren. Das Kind liegt auf dem Bauch der Mutter, kann erst einmal ankommen, es sollte nicht sofort abgenabelt werden, damit es noch eine Ladung Sauerstoff und Eisen über die Plazenta bekommt und der kleine Körper sich in Ruhe auf selbstständige Atmung umstellen kann. Wenn Sie genäht werden müssen – keine Hektik, das kann noch eine oder zwei Stunden warten, bis Sie sich begrüßt und etwas erholt haben. Selbst hartgesottene wissenschaftliche Fachleute sprechen von der ersten »magischen Stunde« nach der Geburt. Wenn es die Umstände nur irgendwie zulassen, sollten Mutter und Baby hier nicht gestört werden.

Heute haben wir jedoch leider oft Umstände, die diesen optimalen Ablauf verhindern: Schon die Fahrt ins Krankenhaus, grelles Licht, eine gestresste Person am Empfang oder die Aufforderung »Ihre Krankenkassenkarte, bitte!« können das für den Beginn der Geburt so wichtige Oxytozin zum Verschwinden bringen. Alles, was wir denken müssen, aktiviert den Neokortex, sorgt eventuell sogar für die Ausschüttung von (echten) Stresshormonen, und zack! hören die Wehen auf. Der Klassiker: Die Frau hat zu Hause schöne, starke, regelmäßige Wehen, fährt damit ins Krankenhaus, wird untersucht, verkabelt und bekommt einen Zugang gelegt (das tut weh!), und schwups! sind die Wehen schwach oder weg. Dann heißt es: »Oh, eine Wehenschwäche, wie gut, dass Sie im Krankenhaus sind!«

Wenn man berücksichtigt, dass Wehen Oxytozin brauchen und dass Oxytozin Ruhe, Sicherheit und eine vertraute Umgebung erfordert, wissen wir, welche Umstände helfen – und welche nicht. Dabei gibt es einiges zu beachten: Die Latenzphase kann bei jedem Menschen und bei jedem Baby völlig anders ablaufen und unterschiedlich lange dauern – von wenigen Stunden bis zu Tagen. Forschende sprechen von einer »schwer messbaren Zeitspanne«, die andauert, bis der Muttermund 6 cm eröffnet ist. Viele Eltern fahren leider in der Latenzphase schon ins Krankenhaus – was viel zu früh ist. Die Forschung zeigt, dass die Interventionsrate steigt, wenn Gebärende jetzt bereits der Krankenhausroutine unterworfen werden. Daher kann es sinnvoll sein, erst mal die Hebamme anzurufen oder einen Hausbesuch zu vereinbaren, um zu klären, ob die eigentliche Geburt überhaupt schon begonnen hat.

Auch die Frage, »wie weit schon eröffnet ist«, kann zu Stress werden – wenn nämlich Fachpersonen zur Kontrolle den Muttermund tasten möchten. Viele Frauen berichten, ihnen hätten unter der Geburt mehr verschiedene Menschen in den Intimbereich gegriffen als in ihrem ganzen Leben vorher. Dabei gibt es keine Belege dafür, dass häufiges Tasten des Muttermundes die Geburt für Mutter oder Kind verbessert oder sicherer macht.

Wenn sie es dennoch wissen möchte, kann jede Gebärende selbst die Eröffnung ihres Muttermundes mit zwei Fingern prüfen. Es gibt keinen Grund, dass Fremde in die Intimsphäre der Gebärenden greifen, was vor allem die Gefahr der Keimübertragung erhöht. Forschende halten vaginales Tasten des Muttermundes im Übrigen sowieso für überholt: »Es ist überraschend, dass diese Intervention ohne zuverlässigen Nachweis der Wirksamkeit so weit verbreitet ist, insbesondere angesichts der Sensibilität des Verfahrens für die Frauen, die es erhalten, und des Potenzials für nachteilige Folgen.«[21]

Auch das Tempo, mit dem sich der Muttermund öffnet, wird in Kliniken oft unnötig beschleunigt. Oft gilt die Faustregel, in der Eröffnungsphase müsse sich der Muttermund mit 1 cm pro Stunde öffnen – ist die Gebärende langsamer, wird interveniert. Dafür gibt es keine Belege: Wie schnell sich ein Muttermund öffnet, ist von Frau zu Frau völlig unterschiedlich und kann auch in der Eröffnungsphase noch bis zu 18 Stunden und mehr dauern, ohne dass es ungewöhnlich wäre.[22]

Was tun bei einem Blasensprung?
Bei vorzeitigem Blasensprung muss keine Gebärende mehr liegend mit dem Rettungswagen ins Krankenhaus – diese Empfehlung ist mittlerweile überholt. Etwa eine von zehn Geburten geht mit einem vorzeitigen Blasensprung los, es ist also ein häufiger Vorgang. Die Sorge war früher, dass die Nabelschnur vorfallen (also vor das Kind rutschen und dann eingeklemmt werden) könnte. Daher sollten Eltern im Falle eines Blasensprunges ohne Wehen prüfen lassen, ob das Kind nicht doch mit dem Kopf schon ins Becken gerutscht ist – dann kann ohnehin nichts mehr passieren.

Die S3-Leitlinie empfiehlt in jedem Falle weder sofortige Fahrten ins Krankenhaus noch Blutabnahme noch wie früher routinemäßig Antibiotika gegen eindringende Keime. Die Gebärende kann zu Hause bleiben, sollte bei sich in aller Ruhe alle 2 bis 4 Stunden Fieber messen und nur vorzeitig in die Klinik gehen, falls sie Fieber bekommt. Bleibt alles normal, kann sie bis zu 96 Stunden warten, sie darf baden und duschen. In der Regel setzen die Wehen nach 24 Stunden von selbst ein, ohne dass eingeleitet werden muss.

Wichtig ist, dass auch hier möglichst keine vaginalen Untersuchungen gemacht werden, damit keine Keime zum Kind gelangen. Die Gebärende kann angeben, ob sich das Kind weiterhin gut bewegt, ein Ultraschall ist nur notwendig, wenn sie dazu keine Angaben machen kann. Denn Fakt ist: Nach einem vorzeitigen Blasensprung bekommen etwa 60 Prozent der Mütter innerhalb von 24 Stunden Wehen. Ist dies nicht der Fall, kann eine Einleitung angeboten werden, allerdings kann auch bis zu 96 Stunden (vier Tage!) gewartet werden, dass die Wehen einsetzen – nach Studienlage macht das keinen signifikanten Unterschied.

Schmerz als »Helfer«

Schmerz ist ein Sicherheitsmechanismus des Körpers – er sorgt dafür, dass wir die Hand von der heißen Herdplatte nehmen, bevor sie verbrennt. Auch der Wehenschmerz ist ein Alarm; er zeigt uns, dass gerade etwas sehr Großes, sehr Wichtiges passiert, und er hält uns davon ab, irgendetwas anderes zu tun. Wäre es nicht so, dann würden wohl wesentlich mehr Babys aus Versehen im Arbeitszimmer zur Welt kommen, während Mama »nur noch mal schnell« ihre Mails checkt.

Der Geburtsschmerz hat aber noch eine Menge andere Aufgaben: Er bringt die Frau dazu, sich zu bewegen, um dem Schmerz auszuweichen. Ihre Laute und Bewegungen helfen dem Baby durch den Geburtskanal, denn wenn wir den Mund öffnen, öffnet sich auch der Beckenboden eher. Wenn die Gebärende die Position wechselt, dann macht sie oft dem Baby Platz, damit es besser durchpasst. Geburt ist Teamwork. Schmerz ist ein Weg, der Mutter zu sagen, was sie tun soll. Während der hohen Schmerzgrade schüttet der Körper viel vom Bindungshormon Oxytozin und viel vom schmerzstillenden Endorphin aus, beide führen zu Glücks- und Hochgefühlen, sobald das Baby da ist, und zu einer festen Bindung zwischen Mutter und Kind (im Idealfall zu dem »Ich-will-dich-einfach-nur-ansehen-Verliebtsein«). Der außergewöhnlich hohe Oxytozinspiegel während der Wehen baut außerdem die Stress- und Oxytozinrezeptoren im Gehirn der Mutter um – und zwar dauerhaft.

Wichtig: Geburtsschmerz ist kein Wundschmerz, sondern eine Empfindung, die von Hormonen, neurologischen Botenstoffen und Anspannung stark beeinflusst wird. Geburtsschmerz lässt sich ganz anders wahrnehmen und verarbeiten als andere Schmerzen. Bei manchen Frauen ist er stärker, andere können ihn wegatmen oder -singen – aber in jedem Fall haben diese starken Empfindungen einen wichtigen Platz im Geburtsteam. Sie sind eine Landkarte. Schmerz, stark oder weniger stark, ist vielleicht einer der am meisten unterschätzten Geburtshelfer überhaupt.

»Stellen Sie sich nicht so an!«

Es gibt Geburtspersonal, das der Gebärenden sagt, sie möge sich »nicht so anstellen bei den ersten Wehen«, weil das ja »erst der Anfang sei« … Hier gibt es eine gute Nachricht: Es stimmt nicht, dass Geburtsschmerz zuverlässig immer schlimmer wird. Manche Babys kommen nur sehr schwer an der Symphyse (Schambeinfuge) der Gebärenden vorbei, bevor sie ins Becken rutschen, und das kann sehr schmerzhaft sein. Sobald das Kind sich aber danach dreht und ins Becken vordringt, lassen die Schmerzen deutlich nach oder verändern sich und lassen sich viel besser aushalten.

Der Satz »Wie soll das denn etwas werden, wenn Sie sich jetzt schon so anstellen!« entspricht weder dem respektvollen Umgang, den die Leitlinie fordert, noch der Wirklichkeit. Der Anfang kann der schwierigste und schmerzhafteste Teil der Geburt sein – danach wird es besser! Daher steht in der Leitlinie auch: »Alle Gesundheitsfachpersonen sollen jederzeit dafür sorgen, dass Frauen eine individuelle und respektvolle Betreuung erhalten, dass sie mit Wertschätzung und Achtung behandelt werden und dass sie selbst informiert entscheiden können.« Denn nur diese Gebärende weiß, wie sich ihr Körper gerade anfühlt, und kann abschätzen, welchen Schmerz sie wann aushalten kann.

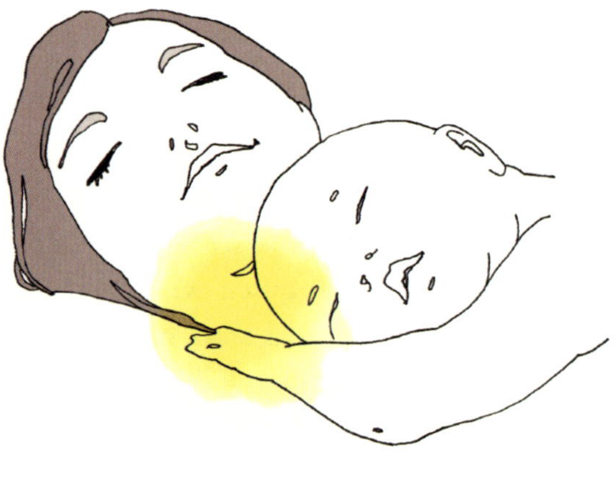

Ein zu großes Baby?

»Ihr Baby ist zu groß für eine natürliche Geburt« – wenn wir solche Aussagen hören, sollten wir als Eltern immer Ruhe bewahren und nachfragen. In Deutschland geht man davon aus, dass ab einem Geburtsgewicht von 4500 Gramm häufiger Komplikationen zu erwarten sind, obwohl dies in aktuellen Studien nicht bestätigt werden konnte.[23] Die internationale Forschung spricht von einem erhöhten Risiko ab 5000 Gramm.[24] Aber was sagt uns das?

Ja, Studien belegen mehr Komplikationen.[25] Was aus diesen Studien *nicht* hervorgeht: Was ist Ursache und was ist Wirkung? Gibt es mehr Komplikationen, weil das Baby groß ist? Oder weil das Team genau solche befürchtet und deshalb eingreift? Auch hier könnte die Erwartungshaltung der Beteiligten ein wichtiger Faktor sein. Nachfragen lohnt sich – denn möglicherweise entstehen bei einem zuversichtlichen Geburtsteam weniger Komplikationen, als wenn die Fachleute vordergründig von Sorge geleitet sind.

Bei uns bringen etwa 10 Prozent der Gebärenden ein »großes Baby« über 4000 Gramm zur Welt, nur 0,1 Prozent tatsächlich ein Baby mit über 5000 Gramm Geburtsgewicht. Doch woher wissen wir, wie groß das Baby wird? Laut Studien gibt es selbst bei einem Ultraschall kurz vor der Geburt immer eine Ungenauigkeit von mindestens 10 Prozent – was bei einem Kind mit 4500 Gramm geschätztem Gewicht also heißen kann, dass es »nur« 4059 Gramm wiegt oder »schon« 4950 – ein enormer Unterschied.

Forschende fassen zusammen: »Der Unterschied zwischen Schätzgewicht und Geburtsgewicht ist oft beträchtlich.« Daher sollten wir einbeziehen, wie schwer zum Beispiel die Eltern bei der Geburt waren, welche Statur die Mutter hat und wie alt sie ist. Außerdem kommen Jungen eher mit mehr Gewicht auf die Welt als Mädchen. All diese Faktoren sollten berücksichtigt werden, bevor eine Entscheidung für oder gegen eine vaginale Geburt getroffen wird.

Muttermundtasten ist offiziell OUT

Viele Gebärende kennen den unter der Geburt routinemäßig wiederholten Satz: »Wir tasten mal den Muttermund (die Cervix), um zu sehen, wie weit Sie sind.« Die aktuelle Leitlinie und auch die Studienlage sagen hier interessanterweise etwas völlig anderes: »Die vaginale Untersuchung kann für die Gebärende sehr unangenehm sein«, und daher soll berücksichtigt werden, dass diese möglichst unterbleibt oder nur gemacht wird, wenn es absolut nötig ist.

Dennoch schreibt das Protokoll einiger Kliniken das Prüfen der Cervix noch routinemäßig alle zwei Stunden, alle vier Stunden oder bei Schicht- und Personalwechsel vor – als Standard, egal, ob es notwendig ist oder nicht. Diese Praxis sollten Eltern immer hinterfragen, denn diese Prozedur ist häufig sehr unangenehm oder sogar schmerzhaft für die Gebärende. Und wenn jemand wissen will, wie weit die Cervix offen ist, kann die Frau das auch selbst tasten, das muss kein Fremder tun!

Zusätzlich glauben manche Fachleute in der Geburtshilfe, dass man die »richtige, wahre Öffnung« des Muttermundes nur unter einer Wehe spüren kann – und das ist noch schmerzhafter.

Interessanterweise sagt die Öffnung der Cervix wenig bis gar nichts darüber, »wie weit« eine Geburt schon fortgeschritten ist. Wie lange eine Geburt dauert, ist extrem individuell. Es gibt Gebärende, die »erst« 5 cm »eröffnet« sind, und trotzdem geht es ab jetzt ganz schnell. Und es gibt Gebärende, bei denen dauert es auch später noch viel länger. In vielen Geburtsorten gilt noch der Standard, der Muttermund müsste sich mit 1 cm pro Stunde öffnen – ein willkürlicher Mittelwert aus einer uralten Studie.[26] Für diese Routine gibt es keine wissenschaftliche Evidenz, daher dürfen Eltern hier freundlich dankend ablehnen.

Die Periduralanästhesie (PDA)

Die Periduralanästhesie ist eigentlich eine Periduralanalgesie, da es heute nicht mehr darum geht, den Schmerz komplett zu betäuben, sondern ihn eher zu dämpfen. So wird die Gebärende nicht von ihm überwältigt, kann aber noch aktiv bei der Geburt mithelfen. Die PDA gilt als »Goldstandard«, um eine Geburt zu erleichtern, wird aber von den Frauen im Nachhinein häufig nicht mehr so positiv bewertet.

Um eine PDA zu legen, braucht das Team etwa 30 Minuten, inklusive der gesamten Vorbereitung. In einigen Fällen bekommen die Frauen einen Wehenhemmer – sie müssen ja zumindest kurz stillhalten können. Dann müssen sie sitzen oder liegen, einen »Katzenbuckel« machen und bekommen eine Nadel in den Epiduralraum der Wirbelsäule gesetzt. Durch diese wird ein Betäubungsmittel geleitet, das die Schmerzen dämpfen soll.

»Liegt« die PDA richtig, kann die Gebärende sich anschließend trotzdem weiterhin aufrecht bewegen und an manchen Geburtsorten über eine Handpumpe selbst »nachsteuern«, wie viel Schmerzmittel sie möchte – es gelangt über einen kleinen Schlauch aus flexiblem Material in den Periduralraum. Sollte nur eine Seite betäubt sein oder die Gebärende taube Beine haben, ist es klug, noch mal mit dem Anästhesie-Personal zu sprechen. Solche Missempfindungen legen sich nicht, da muss noch mal jemand nachkontrollieren.

Falls die Wehen für das Legen der PDA gehemmt werden mussten, bekommt die Gebärende jetzt wiederum einen Wehentropf. Es handelt sich also trotz aller Aussagen von Fachpersonal zum Thema »Goldstandard« um einen massiven Eingriff in den natürlichen Geburtsablauf. Auch die Frage, inwiefern sich eine PDA auf das Kind auswirkt, ist heiß umstritten. Grundsätzlich bekommt das Baby über den Körper der Mutter immer alles mit, aber wie stark es beeinträchtigt wird, scheint unklar.

Die Gebärenden haben in der Austreibungsphase oft nicht so viel »Kraft« wie ohne PDA. Beta-Endorphine sind die Hormone, die den veränderten Bewusstseinszustand der Gebärenden bewirken und dafür sorgen, dass sie »auf einem anderen Planeten« sein und sich ganz der Geburt überlassen kann. Diese werden durch eine PDA reduziert. Auch der letzte starke Ausstoß von Stresshormonen wird unterdrückt, weswegen viele Frauen unter PDA Probleme haben, ihr Kind schlussendlich aus eigener Kraft herauszupressen, was das Risiko für eine Saugglocken- oder Zangengeburt verdoppelt. Auch die Euphorie und das Verliebtsein ins Baby sind nach der Geburt nicht so stark, wie sie sein könnten, weil die Endorphine auf Schmerz und Oxytozin als »Plattform« angewiesen sind.

Um Risiken und Nebenwirkungen wie längere Geburtsdauer, Blutdruckabfall, Schüttelfrost, Übelkeit und Fieber zu erkennen oder zu umgehen, kommen zur PDA meistens eine Flüssigkeitsinfusion, ein Wehentropf, ein EKG, eine Kardiotokografie, ein Urinkatheter und eine Sauerstoffmessung, eventuell mit Sauerstoffgabe, hinzu. All diese Maßnahmen können den (Sauerstoffmangel-)Stress für Mutter und Kind erhöhen.

Wann kann eine PDA helfen?

Eine PDA kann unter der Geburt helfen, wenn eine Gebärende einen sehr straffen Beckenboden hat und es nicht schafft, ihn zu entspannen. Auch nach sexuellen Traumata kann das »Abschalten« der Empfindungen eine vaginale Geburt erst möglich machen. Frauen mit sehr langen Geburten, extremen Schmerzen oder starker Erschöpfung bekommen durch eine PDA eine Pause und können vielleicht sogar noch einmal schlafen, um dann vaginal zu entbinden.

Wichtig ist, dass die PDA richtig liegt, dass die Frau sich entweder noch selbst bewegen kann und es auch tut oder von außen mobilisiert wird (etwa durch Umlagern), damit sie im Becken Platz für das Baby schafft. Die PDA kappt oft die Kommunikation zwischen Mutter und Kind, sodass die Frauen nicht mehr spüren, wo sie »Platz machen« müssen. Hier kann das Geburtsteam unterstützen.

Synthetisches Oxytozin

Synthetisches Oxytozin, wie es im sogenannten »Wehentropf« verabreicht wird, löst sehr harte, kurze Wehen aus, die viele Frauen als unaushaltbar beschreiben. Dies führt oft dazu, dass sie zusätzlich eine PDA brauchen oder schnell körperlich sehr erschöpft sind. Außerdem erreicht das synthetische Oxytozin das Gehirn nicht und trägt nicht zum Hochgefühl nach der Geburt bei.

Kristellern – eine veraltete, gefährliche Technik

Der Kristeller-Handgriff, auch Fundusdruck genannt, wird erstaunlicherweise noch immer von Fachleuten in der Geburtshilfe oftmals als angebracht und hilfreich angesehen – völlig im Gegensatz zur aktuellen Leitlinie in der Geburtshilfe und zu den wissenschaftlichen Ergebnissen.

Als »Kristeller-Handgriff« bezeichnet man den Versuch, in der sogenannten Austreibungsphase die Geburt des Kindes zu beschleunigen, indem wehensynchroner, starker Druck auf den Bauch der Gebärenden ausgeübt wird.

Die Gebärenden empfinden das oft als sehr unangenehm bis gewaltsam. Die Weltgesundheitsorganisation WHO empfiehlt die Anwendung des Kristeller-Handgriffs auch aus Sicherheitsgründen nicht, denn Mutter und Baby können ernsthaft zu Schaden kommen.[27] Es gibt mehr Dammrisse, Rippenbrüche der Frau sowie Verletzungen der Gebärmutter. Den Ungeborenen drohen im schlimmsten Fall Hirnschäden und Armlähmungen. Vom Kongress der Deutschen Gesellschaft für Gynäkologie und Geburtshilfe in 2010 berichtet die Frankfurter Allgemeine Zeitung: »Angesichts der Tatsache, dass Erfolg und Nebenwirkungen des Kristellerns wissenschaftlich zu wenig geprüft sind, hat die Maßnahme bei einer sich immer schwieriger gestaltenden Geburt dann eher den Charakter einer hektischen Verzweiflungstat.«[28]

Dazu passend sagt auch die aktuelle Leitlinie zur vaginalen Geburt: Fundusdruck soll möglichst nicht ausgeübt werden. Falls das Geburtsteam es dennoch versuchen möchte, muss und darf die Gebärende entscheiden, ob sie das will. Sie und Ihre Begleitpersonen müssen dazu ruhig und ausreichend über die Risiken aufgeklärt werden. Die Gebärende muss ausdrücklich ihr Einverständnis geben und jederzeit »Stopp!« sagen und die Prozedur beenden können.

Vorsicht mit Dammschnitten

Forschende sprechen sich ganz klar gegen routinemäßige Episiotomien (Dammschnitte) aus. Sollte sich das Geburtspersonal doch für einen Dammschnitt entscheiden, empfiehlt die aktuelle Leitlinie eine bestimmte Schnittführung – ohne dass dies von der Wissenschaft ausreichend gedeckt ist. Elternvereine, wie zum Beispiel *Mother Hood e.V.* lehnen diese Empfehlung gemeinsam mit dem *Arbeitskreis Frauengesundheit* (AKF) ab, denn: Es gibt keinen nachgewiesenen Nutzen für Mutter und Kind. Das Gegenteil ist der Fall – ein Dammschnitt birgt die Gefahr, die weibliche Klitoris zu verletzen, und das heißt konkret: »Die sexuelle Gesundheit der Frau kann auch Jahre später deutlich beeinträchtigt sein. Bei einem Dammschnitt handelt es sich um einen massiven Eingriff am Körper der Frau, der großen Schaden anrichten kann. Ihn dennoch durchzuführen, ohne dass es eine wissenschaftliche Evidenz für den Nutzen gibt, halten wir für hoch problematisch.«

Eltern sollten und dürfen hier also deutlich Einspruch erheben, wenn sie diesen Eingriff nicht möchten. Zudem gibt es Anzeichen dafür, dass ein Damm, der natürlich reißt, besser verheilen kann.

Ist nur eine interventionsfreie Geburt artgerecht?

Eine Geburt ist dann »richtig«, wenn sie für Gebärende und Kind gut abgelaufen ist. Was das heißt, kann sehr unterschiedlich sein. Es fängt schon mit der Frage an: »Was ist eine Intervention?«. Medizinische Interventionen führen statistisch betrachtet eher zu einem negativen Geburtserlebnis, aber das hängt am Ende für die einzelne Gebärende stark von ihrem Mindset ab (siehe nächster größerer Abschnitt). Wichtig ist vielmehr eine andere Information: Auch eine natürliche, spontane Geburt mit einer gesunden Mutter und gesundem Baby kann so ein heftiges Ereignis sein, dass es aufgearbeitet werden muss – und zwar für die ganze Familie. Daher sollten Eltern sich immer Hilfe holen, wenn sie mit jemandem über das Erlebte reden möchten.

Besser spät abnabeln

Wissenschaftlich erwiesen ist, dass mit dem Durchtrennen der Nabelschnur nach der Geburt des Kindes einige Zeit gewartet werden soll. Die Leitlinie empfiehlt, spätestens nach 5 Minuten abzunabeln – allerdings nicht, weil man nach 5 Minuten abnabeln muss, sondern weil einfach in Kliniken und damit in Studien noch nie jemand länger gewartet hat. Daher weiß einfach niemand, ob 6, 8 oder 30 Minuten nicht noch besser sind. In Großbritannien gibt es die Kampagne »Wait for White« – weil es viele Vorteile zu haben scheint, so lange zu warten, bis die Nabelschnur komplett auspulsiert hat und dann »weiß« ist. Daher gilt: Die Entscheidung der Eltern, länger zu warten, soll vom Geburtspersonal respektiert werden und das ist jetzt auch von der Leitlinie gedeckt.

In manchen Kreißsälen gibt es nach wie vor festgelegte Standards, nach denen innerhalb der ersten Minute abgenabelt wird – insofern ist das eine sehr wichtige Empfehlung für Gebärende und Kind. Gerade wenn Kinder Anpassungsschwierigkeiten haben, könnte spätes Abnabeln ihnen enorm helfen. Babys können bei intakter Nabelschnur sogar reanimiert werden, mit offenbar besseren Ergebnissen für ihre Gesundheit. Dass Blut »zurücklaufen« könnte, ist ein Ammenmärchen, dies ist in Studien getestet worden und es hat sich gezeigt, dass die Nabelschnur kein Schlauch, sondern ein selbstregulierendes Gewebe ist, in dem nicht einfach Flüssigkeiten hin- und herlaufen.

Eine Stunde Zeit für die Nachgeburt

In vielen Kliniken bekommen Gebärende nach der Geburt routinemäßig künstliches Oxytozin, also Wehenmittel, damit die Nachgeburt, die Plazenta, schnell geboren wird. Das kann sinnvoll sein, wenn die Geburt eingeleitet wurde oder schon vorher viel künstliches Oxytozin als Wehenmittel gegeben wurde, denn dann reicht das körpereigene Oxytozin eventuell wirklich nicht aus. Aber grundsätzlich ist der Körper jeder Gebärenden darauf ausgerichtet, die Plazenta selbstbestimmt und im eigenen Tempo zu gebären, und zwar aus eigener Kraft.

So wird die künstliche Hilfe zwar in der Leitlinie empfohlen, aber eine Gebärende hat natürlich das Recht, diese Intervention abzulehnen und zu warten. Je ungestörter die Geburt war, desto geringer ist das Risiko. Wichtig ist hier der Zeitraum, denn die Leitlinie sagt ganz klar, dass man bis zu einer Stunde abwarten kann, ob der Körper es selbst schafft – ein Zeitraum, den nur die wenigsten Geburtshilfeteams dem Körper der Gebärenden von sich aus einräumen.

Das Mindset zählt

Neueste Forschungen[29] haben ergeben, dass wir alle ein Mindset mit in die Geburt bringen – sozusagen ein inneres Arbeitsmodell davon, wie eine Geburt zu sein hat. Dieses Arbeitsmodell suchen wir uns nicht aus. Es hat viel damit zu tun, wie wir selbst geboren wurden und was für Geschichten man uns über Geburten erzählt hat. Es ist keine bewusste Vorstellung, sondern eher eine innere Haltung, die zu einer sich selbst erfüllenden Prophezeiung werden kann.

Praktisch heißt das: Manche Eltern gehen davon aus, dass die Geburt ein natürlicher Vorgang ist, der von der Gebärenden bewältigt werden kann. Das andere Extrem sind Eltern, die eine Geburt als medizinische Prozedur sehen, die ärztlicher Interventionen bedarf, um sicher zu verlaufen.

Wie wir über die Geburt denken, hat vorhersagbar Auswirkungen auf unseren Geburtsverlauf. Wenn Eltern in den Studien ein eher medizinisch geprägtes Mindset hatten, dann erlebten sie unter der Geburt mehr Interventionen – und zwar unabhängig davon, ob sie vorher ein medizinisches

Risiko für mögliche Komplikationen hatten. Eltern mit einem natürlich geprägten Mindset erfuhren insgesamt weniger Interventionen, auch hier unabhängig von ihrem medizinischen Risiko. Die innere Haltung machte einen signifikanten Unterschied. Forscherin Lisa Hoffmann sagt dazu in unserem persönlichen Austausch: »Geburt ist ein sehr komplexer Prozess und wenn ich ein eher medizinisches Mindset habe, dann kann ich durchaus geburtshinderliche Kognitionen entwickeln, die zum Beispiel meinen Körper unter Stress setzen und zu mehr Interventionen führen.«

Jetzt kann man zu Recht sagen: Na, wer Medizin will, kriegt Medizin, das ist doch fein! Und tatsächlich, wenn Eltern mit einem eher medizinischen Mindset Interventionen erleben, ist es für sie weniger schlimm als für Personen mit eher natürlichem Mindset. Dennoch ergaben die Studien, dass Interventionen insgesamt als belastend eingestuft werden, und hier gilt zumindest aus psychologischer Perspektive: »Weniger ist oft mehr«. Denn weniger Interventionen führen bei den meisten Eltern dazu, dass sie zufriedener mit dem Geburtsverlauf sind. Und zwar unabhängig davon, ob sie medizinisch oder natürlich an die Sache herangegangen sind. Hier gilt: Das positive Geburtserlebnis ist das Wichtigste überhaupt. Denn das Geburtserleben ist der Ausgangspunkt für alles, was danach passiert. Es beeinflusst das Wochenbett, die Eltern-Kind-Bindung, die gesamte Zukunft der Familie.[30]

Zehn Tipps zur Geburt

Bewegung: Der Geburtsschmerz sagt der Frau, wie sie sich bewegen soll und so ihrem Kind helfen kann, durch den Geburtskanal zu kommen. Also raus aus der Rückenlage und in die Haltung, die für Sie angenehm ist. Finden Sie die Stellung, die sich gut anfühlt, und variieren Sie sie sofort, wenn sich das ändert – das Baby muss sich zweimal drehen und braucht Platz!

Zeit: Wie viel Zeit hat die Gebärende, damit sich der Muttermund öffnen kann? Gibt es eine klinikinterne »Regel«? Gibt es ausreichend Personal für eine Eins-zu-eins-Betreuung? Eltern sollten vorher klären, was beim Schichtwechsel oder bei Überlastung der Kapazitäten passiert.

Vorbereitung: Eine Gebärende sollte schon vor der Geburt wissen und mitteilen, wo und wie sie entbinden will, wann die Nabelschnur durchtrennt werden darf, ob sie eine Wassergeburt möchte und so weiter (Geburtsplan schreiben). Wie die Geburt tatsächlich abläuft, weiß zwar niemand, aber es ist besser, sich vorher Gedanken gemacht zu haben und verschiedene Szenarien durchzuspielen.

Kommunikation: Am besten klären Sie alles vorher, damit Sie nicht während der Wehen jemand nach der Versichertenkarte fragt! Logisches Denken verzögert die Geburt und stört die Wehentätigkeit. Wenn keine Begleitperson zur Stelle sein kann, können Sie einen kleinen Ordner vorbereiten, der alle Karten, Informationen und so weiter enthält und den Sie nur über den Tresen reichen müssen.

Entspannung: Lernen Sie zu entspannen – durch Atmen, Meditation, Gartenarbeit, was immer Ihnen hilft. Wenn Sie Angst vor der Geburt haben, sprechen Sie mit Ihrer Hebamme darüber und holen Sie sich Hilfe.

Bonding: In der ersten Stunde nach der Geburt muss ein gesundes Baby weder gewogen noch gewaschen oder gemessen werden. Es muss nur eines: mit Mama kuscheln. Jetzt findet über Hormone und Geruchsstoffe eine wichtige Prägung auf die Eltern statt, die nicht unterbrochen werden sollte, da sie in dieser Phase mit dem geringsten Aufwand hergestellt werden kann. Erste Tests, ob das Baby atmet, wie stark es sich bewegt und ob die Hautfarbe eine gute Sauerstoffversorgung zeigt, kann die Hebamme auch auf Mamas Bauch durchführen.

Stillen: Ein Neugeborenes, das zwischen die Brüste der Mutter gelegt wird, findet in den allermeisten Fällen von allein die Warze und damit den Zugang zur lebenswichtigen ersten Milch, die alles enthält, was es in den ersten Tagen braucht, und dockt korrekt an. Dieses Phänomen heißt »Breast Crawl« und wird von der UNICEF ausdrücklich empfohlen. Videos dazu gibt es im Internet.

Sport: Machen Sie vor der Geburt und hinterher Sport – vorher ist alles gut, was den Körper beweglich, kräftig und geschmeidig macht. Hinterher heißt es: »Beckenboden, Beckenboden, Beckenboden!«

Schwerkraft: Die Schwerkraft hilft beim Gebären – wenn wir sie lassen. Auf dem Rücken müssen wir das Baby nach oben gebären, im Stehen, Hocken oder auf allen vieren hilft uns Mutter Erde. Die Hockposition öffnet den Geburtsbereich 20 bis 30 Prozent mehr als jede andere Geburtsposition.

Grenzen: Üben Sie, Grenzen zu ziehen – eine Geburt wird als stärkend empfunden, wenn die Frau es mit oder ohne Hilfe »geschafft« hat. Ein großes Problem bei Geburten sind Grenzüberschreitungen durch »Helfer«, die es »nur gut gemeint« haben.

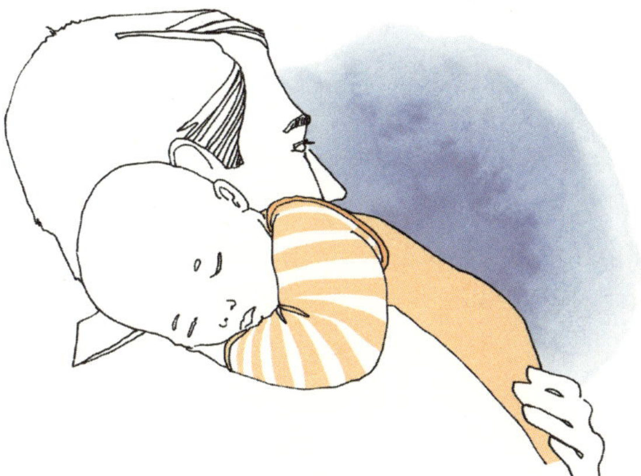

Grenzüberschreitungen während der Geburt

Stopp. Bevor Eltern diesen Kasten hier lesen, möchte ich klarstellen: Es gibt auch ein Recht darauf, manche Dinge nicht zu wissen. Wenn wir uns dann nur unnötig einen Kopf machen, hilft Wissen auch nicht immer weiter. Insofern: bitte diesen Kasten ggf. einfach überspringen.

Für alle, die es jetzt schon wissen wollen: Es gibt ein Tabu zum Thema Geburt und das sind Grenzüberschreitungen und Verhalten von Fachpersonal, das Gebärende als Gewalt erleben. Es gibt keine Statistiken, wie häufig es passiert, und es gibt keine generellen Regeln, was Grenzüberschreitungen sind, weil jede Gebärende das anders erlebt. Oft bleibt ein eigenartiges, schwer einzuordnendes Gefühl nach der Geburt, dass da »Dinge passiert sind, die nicht okay« waren. Die Gebärende (oder ihre Begleitperson) fühlt sich traurig, wütend, hilflos oder alles zugleich. Das kann wenige Tage oder Wochen nach der Geburt auftauchen – oder auch erst Jahre später.

Schon vorher für uns sorgen

Wie gehen wir damit um? Als Prävention gilt: Jede Gebärende braucht einen Menschen ihres Vertrauens am Geburtsort, der mit ihr in Kontakt bleibt – auch wenn es mal brenzlig wird. Wenn das medizinische Team plötzlich schnelle Entscheidungen trifft oder keine Zeit für eine individuelle Betreuung ist, fühlen sich Gebärende unter Umständen extrem alleingelassen, übergangen, oft schlicht »nicht gesehen«. Dann geht es vordergründig um das Baby, aber da ist auch noch eine Mutter, die in jeder noch so hektischen Situation jemanden braucht, der sie hält und der bei ihr ist, der ihr erklärt, was passiert. Eine Person, die auch mit dem Geburtsteam Entscheidungen besprechen kann, wenn es eine von Wehen oder Erschöpfung übermannte Mutter nicht mehr kann.

Eine echte Hilfe kann hier eine gut ausgebildete Doula sein – sie bietet Eins-zu-eins-Betreuung, weiß, was gerade passiert, und kann es erklären, sie kennt die Verhandlungsspielräume von Interventionen. Wenn es hektisch oder schwierig wird, kann sie die Kommunikationswege offen halten, damit die Gebärende sich nicht plötzlich zum Objekt medizinischer Entscheidungen degradiert fühlt.

Mit Belastungen nicht allein bleiben

Und wenn nach der Geburt doch ein ungutes Gefühl bleibt, vielleicht Scham, Wut, der Gedanke, es »nicht richtig« gemacht zu haben oder übergangen worden zu sein? Wurde in kritischen Momenten »über« die Gebärende gesprochen, aber nicht »mit ihr«? Wenn der Gedanke an die Geburt traurig, wütend oder alles zusammen macht, empfiehlt sich ein Gespräch mit den betreuenden Fachleuten in der Geburtshilfe oder der Gynäkologie, in der Klinik oder dem Geburtshaus, oder auch mit der Hebamme, die die Geburt begleitet hat. Sollte hier kein Gespräch auf Augenhöhe (!) möglich sein, gibt es dennoch jemanden, der zuhört und sich auskennt – das »Hilfetelefon Schwierige Geburt«. Es handelt sich um ein Projekt der Bundeselterninitiative *Mother Hood e.V.* in Kooperation mit der *International Society for Pre- and Perinatal Psychology and Medicine, ISPPM e.V.*

Beide Vereine stehen für die Überzeugung, dass die Geburt und alles um sie herum das Leben von Mutter und Kind prägt – es ist nicht egal, wie wir gebären oder geboren werden. Auch das Umfeld spürt diese Auswirkungen. Daher lohnt es sich, hier Energie zu investieren, jemandem unsere Geschichte zu erzählen, die Gefühle zu benennen und das Geschehene einzuordnen. Die Beratung erfolgt von Fachkräften, anonym und kostenlos.

Website: https://hilfetelefon-schwierige-geburt.de

Die Rolle der anderen

Dass Väter überhaupt bei Geburten dabei sind, ist eine relativ neue Idee. In vielen Kulturen ist Geburt reine Frauensache. Daher ist es wichtig, dass wir nicht von einem Extrem ins andere fallen – von »Geburt ist Frauensache« zu »Väter müssen dabei sein!«. Wen die Gebärende an ihrer Seite haben möchte, entscheidet alleine sie – sie bekommt ja das Kind. Das kann sich auch unter der Geburt noch ändern. Und auch nicht jeder Vater fühlt sich automatisch im Kreißsaal gut aufgehoben. Hier müssen wir flexibel bleiben und offen miteinander sprechen.

Manche Gesundheitsfachleute sagen zudem, dass Vater oder andere Begleitpersonen zudem ans Kopfende der Gebärenden gehören – ob man das so sieht oder nicht, man sollte es vorher miteinander abstimmen.

Diejenigen, die nicht als Fachpersonal eine Geburt begleiten, haben im Idealfall die Rolle, Mutter und Kind zu beschützen. Wenn das Kind zu Hause zur Welt kommt, sorgen sie für einen geschützten Raum, halten Telefon und Türklingel in Schach, unterstützen die Hebamme, sind bei der Gebärenden – je nachdem, wie es für alle stimmig ist. Wichtig ist, dass unter der Geburt vor allem zählt, was die Gebärende jetzt braucht, auch wenn das etwas anderes ist, als vorher abgesprochen war. Viele Menschen erleben sich in diesem existenziellen Prozess ganz anders als sonst – und dafür muss Raum sein. Vielleicht wird die Schwangere, die allein gebären wollte, plötzlich sehr bedürftig. Dann soll sie diese Unterstützung bekommen. Vielleicht war abgesprochen, die Wehen gemeinsam zu »veratmen«, und jetzt will die Gebärende plötzlich nicht angesprochen und nicht angefasst werden; dann soll sie auch das bekommen. Das Säugetiergehirn sagt, was zu tun ist. Dies ist keine Situation für Diskussionen.

Kommt das Kind im Geburts- oder Krankenhaus zur Welt, ist die Geburtsbegleitperson die Schnittstelle zur Außenwelt: Sie hat die Unterlagen dabei, reicht die Versichertenkarte herüber, spricht gegebenenfalls mit den Ärzten, macht das Licht aus, sagt: »Nein danke, wir wollen ohne medizinische Indikation nicht, dass ein Zugang gelegt wird.« Oder: »Bitte können wir noch … haben?« Wenn nötig und wenn sie kann, verteidigt sie den Raum der Gebärenden, damit sie in Ruhe das Baby bekommt.

Aber das muss niemand alles allein tun. Über Jahrtausende hinweg begleiteten Frauen, die selbst schon eigene Kinder haben, Gebärende bei ihren Geburten. Die schon erwähnte »Doula« ist eine erfahrene, geschulte Frau, die ganz für das Wohlergehen der Gebärenden da ist – was nachweislich einen positiven Einfluss auf den Geburtsverlauf hat. Eine gute Doula unterstützt die Geburt des Kindes. Besonders wichtig ist das in Zeiten des Mangels an geburtshilflichem Personal, wenn eine Kraft oft mehrere Gebärende gleichzeitig betreuen muss. Eine Doula kann unsichere Begleitpersonen aktiv einbinden. Oder sie kann Raum verschaffen, wenn jemand sich zurückziehen möchte und dann weiß, dass die Gebärende in jedem Fall eine helfende Hand bei sich hat.

Welcher Geburtstyp bin ich?

Unter der Geburt werden wir oft zu einem Menschen, den wir so nicht kennen – wer sonst kontrolliert ist, wird auf einmal wild und laut, wer normalerweise sehr dominant ist, wird vielleicht ganz ruhig und hilfsbedürftig, oder die selbstbewusste Geburtsbegleitung mutiert plötzlich zu einem kopflosen Menschen, der nicht weiß, wie er sich verhalten soll. Alles ist möglich. Wir können dem ein wenig entgegensehen, wenn wir uns bewusst machen, wie wir uns sonst in Stress- oder Belastungssituationen verhalten. Mache ich am liebsten alles allein? Suche ich eher Hilfe? Werde ich unter Stress ganz ruhig oder schnell panisch? Funktionieren wir in Stresssituationen gut als Team und wenn nicht, wie können wir damit umgehen? Je besser wir uns selbst und einander kennen, desto eher können wir uns auf die Geburtssituation und das, was dort passieren kann, vorbereiten und auch die Geburtshelfer darüber informieren, was uns hilft.

Sieben vermeidbare Störfaktoren unter der Geburt

- Fremdes Personal, allen voran der Hebammenwechsel, kann man vermeiden durch Haus-, Geburtshausgeburt oder eine Beleghebamme. Achtung! Beleghebammen sind rar, daher kümmern Sie sich am besten gleich nach dem positiven Schwangerschaftstest darum!
- Grelles Licht: Finden Sie den Lichtschalter.
- Fremde Menschen: Im Krankenhaus kann es schon mal passieren, dass alle zehn Minuten jemand durch den Kreißsaal läuft, weil er etwas holen, schauen oder abklären will. Das kann den Geburtsablauf stören: Vater oder Begleitperson, fordern Sie freundlich, aber deutlich Privatsphäre ein!
- Ständige Untersuchungen und Überwachungen: Jede Frau kann selbst ihren Muttermund tasten, im Übrigen haben das ständige Prüfen, »wie weit es schon ist«, sowie Nonstop-CTGs keine nachweislich positiven Auswirkungen auf die Sicherheit der Geburt oder ihren Verlauf.
- Zeitdruck: Jede Geburt hat ihren eigenen Rhythmus, Vorgaben der Krankenhausroutine sind von der Evolution nicht vorgesehen. Zeiträume – besonders in der ersten Phase – werden oft falsch eingeschätzt. Daher eher später zum Geburtsort fahren, das senkt in Studien die Interventionsrate deutlich.
- Unfreundliche Menschen: »Jetzt machen Sie doch mal, jetzt haben Sie sich nicht so« – prüfen Sie vorher, welcher Umgangston herrscht. Wenn ein ungutes Gefühl nach der Geburt zurückbleibt, Trauer oder Wut, dann unbedingt ein Gespräch suchen (siehe Kasten: Grenzüberschreitungen).
- Entscheidungen unter Druck: Unter Stress können wir nicht besonders gut denken – und treffen nachweislich weniger kluge Entscheidungen.Überlegen Sie daher vorher, was Sie wann wie wo wollen und wie Sie mit kritischen Situationen umgehen.

So finden Sie Ihren perfekten Geburtsort – Checkliste

- Fühlen wir uns in den Geburtsräumen wohl?
- Wer wird bei unserer Geburt dabei sein, unser Baby als erster Mensch in den Händen halten? Treffen Sie diesen Menschen persönlich! Ist der- oder diejenige uns sympathisch?
- Welche Vorstellungen von einer natürlichen Geburt herrschen hier? Wie viele Kinder werden tatsächlich interventionsfrei geboren? Was gilt hier als Intervention – und was als Routine oder Standard? Besprechen Sie detailliert den Ablauf, den Sie sich vorstellen!
- Es ist mittlerweile gang und gäbe, dass Hebammen mehrere Geburten gleichzeitig betreuen müssen – bis zu fünf im Schnitt, fand zuletzt der Hebammenverband heraus. Wer könnte also durchgehend eine Eins-zu-eins-Betreuung ermöglichen? Können Eltern eine Doula mitbringen?
- Was passiert bei einem Schichtwechsel oder bei Überlastung der Kapazitäten?
- Wer übernimmt die Logistik unter der Geburt, Bett beziehen, Koffer auspacken und so weiter?
- Wie hoch ist die Kaiserschnittrate an diesem Geburtsort? Informieren Sie sich parallel dazu online über die Kaiserschnittkarte für Deutschland (s. Anhang).
- Wie hoch ist die PDA-Rate? Welche Alternativen zur Schmerzreduktion gibt es? Kann die Gebärende frei entscheiden oder wird hier massiv zu einer PDA oder gegen eine PDA beraten (beides kann eine Gebärende unter Stress setzen!)?
- Wann wird eingeleitet – und wie?
- Was passiert, wenn sich der Muttermund langsamer als mit dem »vorgeschriebenen« 1 Zentimeter pro Stunde öffnet?
- Ab wann und womit werden die Wehen verstärkt? Künstlich oder natürlich? Kann die Gebärende selbst entscheiden, ob sie einen Wehentropf möchte?
- Für Intimrasur oder Einlauf gibt es keinerlei medizinischen Grund,

dies steht mittlerweile sogar in den Geburtsrichtlinien der Weltgesundheitsorganisation WHO – wie wird das hier gehandhabt?

- Ist das Gebären im Stehen, Hocken oder Hängen möglich?
- Ist eine Dauer-Kardiotokografie vorgeschrieben, was die Bewegungsfreiheit einschränken würde? (Die Kardiotokografie [Cardiotocography, CTG] ist ein Verfahren zur simultanen Registrierung und Aufzeichnung der Herzschlagfrequenz des ungeborenen Kindes und der Wehentätigkeit bei der Mutter.)
- Gibt es eine Badewanne? Wie viele Geburten finden dort statt? Hat das Fachpersonal Erfahrung damit? Wann darf die Frau in die Wanne? Wenn sie bereits bei sich öffnendem Muttermund in die Wanne geschickt wird, wird sie dort nicht bis zur Austreibungsphase bleiben. Sie sollte also erst spät ins Wasser steigen, wenn das Kind dort zur Welt kommen soll. Weiß das Fachpersonal das? Was raten sie?
- Wie hoch ist die Dammschnittrate? Wann hält das Personal einen Dammschnitt für notwendig? Studien zeigen, dass natürlich gerissene Dämme besser heilen, dennoch ist ein Dammschnitt für das Personal die leichter kontrollierbare Option. Bislang hat die Forschung jedoch nicht nachgewiesen, dass ein Dammschnitt grundsätzlich eine sinnvolle klinische Intervention darstellt und einen Nutzen für Mutter oder Kind hat. Wie denkt das Fachpersonal hier darüber?
- Wann und wo wird der Apgar-Test gemacht? Der Apgar-Score ist ein Punkteschema, mit dem die Hebamme standardisiert feststellt, ob das Neugeborene sich gut an das Leben »draußen« anpasst (benannt nach der amerikanischen Anästhesistin Virginia Apgar). Wie verläuft die erste Vorsorgeuntersuchung U1? Kann das Baby auf Mamas Bauch ankommen oder wird es sofort weggenommen?
- Wie wird das Stillen unterstützt? Hat das Personal Erfahrung damit, das Baby allein die Brust finden zu lassen, oder legt jemand das Baby an?
- Wie wird mit Vitamin K und Antibiotika-Augentropfen umgegangen? Routinegabe oder Entscheidung der Eltern?
- Nach Frédérick Leboyer, dem »Vater« der sanften Geburtsmedizin, soll

das Kind mindestens eine Stunde nach der Niederkunft bei der Mutter bleiben – ist das möglich?

- Darf die Nabelschnur komplett auspulsieren? Kann die Mutter entscheiden, ob und wann abgenabelt wird? Wissenschaftlich erwiesen ist, dass mit dem Durchtrennen der Nabelschnur nach der Geburt des Kindes gewartet werden soll. Die aktuelle Empfehlung für Geburtsorte nennt bis zu fünf Minuten. Dennoch wird in vielen Kliniken routinemäßig »sofort« abgenabelt – eine veraltete Praxis.
- Wie lange wartet das Fachpersonal auf den Mutterkuchen und mit welchen Mitteln helfen sie nach, wenn sich dessen Geburt verzögert? Nach derzeit gültigen Empfehlungen sollen Eltern vor der Geburt aufgeklärt werden, damit sie entscheiden können, ob sie abwartendes Management (keine Eingriffe, Abwarten bis zu 60 Minuten) oder aktives Management (etwa mit Oxytozingaben und Zug an der Nabelschnur) bevorzugen.
- Wie wird das Bonding unterstützt, wenn die Geburt schwierig war?

Mein Wunsch-Geburtsort – und Plan B

Eltern sollten immer einen Plan B haben, für den Fall, dass ihr Wunsch-Geburtsort überlastet oder geschlossen ist oder sie wegen Überfüllung weitergeschickt werden. Daher sollten Eltern immer einen zweiten Geburtsort in der Hinterhand haben, wo sie sich vorher ebenfalls umgesehen und ein Vorgespräch geführt haben. Praktisch heißt das: Wenn die Geburt losgeht, auf jeden Fall am Geburtsort anrufen, bevor wir hinfahren, und fragen, wie es gerade dort aussieht.

Wer entscheidet, wo und wie das Kind zur Welt kommt?

Eigentlich ist die Antwort auf die Frage klar: Die Gebärende entscheidet, wo und wie sie ihr Kind bekommt. Schließlich kriegt sie das Baby. Basta.

In der Praxis sieht es aber oft ganz anders aus. Männer, Partnerinnen oder Partner, Mütter, Väter, sogar Schwiegereltern und weitere Familie haben einen sehr großen Einfluss auf die Frauen – nicht immer zu ihrem Vorteil.

Der Hintergrund: Die Forschung stellt in Befragungen fest, dass zum

Beispiel männliche Partner tendenziell ein medizinisches Mindset haben. Für sie sind nach ihren Angaben im Zweifelsfall die Klinik und der Kaiserschnitt »der einfache Ausweg«, eine kalkulierbare, medizinische, berechenbare Option. Auch wer sonst eher an Technik glaubt und sein Leben gerne planbar haben möchte, dem erscheint das vernünftig.

Aber wir sehen in den Studien auch, dass ein medizinisches Mindset unter einer Geburt im Durchschnitt zu mehr Interventionen führt, die dann für alle Beteiligten ein weniger positives Geburtserlebnis bedeuten. Und das ist zwar für alle unangenehm, aber die Gebärende erlebt diese Schnitte, Schmerzen und Griffe an ihrem eigenen Körper. Sie trägt damit die Erinnerungen und Konsequenzen ein Leben lang.

Besonders der Vater des Kindes oder der Partner hat in Untersuchungen einen großen Einfluss auf Geburtsort und Geburtsmodus (gleichgeschlechtliche Paare wurden bisher nicht untersucht) – obwohl er eigentlich nur der Unterstützer und Begleiter der Frau sein soll. Eltern sind ein Team, sie sollten sich über ihre Vorstellungen austauschen, aber sie dürfen sich nicht »in der Mitte treffen« – das wäre der schlechteste Weg. Wenn der Mann es nicht schafft, sich den Wünschen der Frau anzupassen, sollten Paare darüber sprechen, wen sie stattdessen mitnehmen kann.

Es kann in beide Richtungen gehen: Viele Frauen erzählen, dass sie gerne eine Haus- oder Geburtshausgeburt gehabt hätten, aber irgendwann dem Druck seitens Partner und Familie nicht mehr standhalten konnten. Andere wollen eine PDA, obwohl eine natürliche Geburt abgesprochen war, und sind plötzlich im Konflikt mit dem Partner, der sagt: »So war das nicht abgesprochen! Wir wollten alles ganz natürlich machen!«

Es ist klug, da rechtzeitig hinzuschauen. Denn eine Geburt kann für eine Frau eine lebensverändernde Erfahrung sein. Jede Frau, die selbstbestimmt ein Kind zur Welt bringt, geht über eine Schwelle, die sie für immer verändert. Es gibt nicht nur Tausende Berichte über diese »weibliche Urkraft«, es gibt auch wissenschaftliche Beweise dafür. Denn bei einer Frau, die selbstbestimmt geboren hat, verändert sich das Gehirn, sie wird stärker, reifer, auch kämpferischer und selbstbewusster. Ein positives Geburtserlebnis wirkt sich auf ihr ganzes Leben aus.

Daher ist es wichtig, dass die Frau und nur die Frau entscheidet, wie und wo sie ihr Kind bekommt. Kein »Schatz, sollten wir nicht lieber ...« und kein »Du willst doch nicht etwa ...« und kein »Was? Du willst das Leben unseres Kindes aufs Spiel setzen?« und kein »Na, wenn Sie wollen, Sie werden schon sehen, was Sie davon haben ...« darf diese Frau daran hindern, eine eigene Entscheidung zu treffen.

Nicht der Mann, nicht die Familie, nicht die Freunde, nicht die medizinischen Fachleute entscheiden, wo sie das Kind zur Welt bringt, ob sie einen Zugang bekommt, ob noch einmal vaginal untersucht wird, ob und wann eingeleitet wird, wann geschnitten oder kristellert wird, ob schnell gehandelt oder gewartet wird. Das entscheidet einzig und allein die Frau. Auch unter der Geburt. Sie darf ihre Meinung jederzeit ändern. Niemand darf sie unter Druck setzen, weil ja »jetzt vor allem das Kind zählt«. Die Frau zählt. Und niemand darf ihr die Fähigkeit absprechen, eine eigene Entscheidung zu treffen. Es ist ihr Leben. Es ist ihr Körper.

Und wenn sie eine Beckenendlage zu Hause gebären will, dann hat die Welt das zu unterstützen. Und wenn sie ganz am Anfang der Geburt sofort eine PDA will, dann soll sie eine bekommen. Und wenn sie keinen Dammschnitt will, darf sie niemand mit »Aber es geht um Ihr Kind!« unter Druck setzen. Es ist ihr Körper. Keine Frau muss für jemand anderen ihre körperliche Unversehrtheit aufs Spiel setzen. Sie allein entscheidet.

Die Geburt aus Sicht des Kindes

»Stellen Sie sich vor, es gibt keine Zeit, keine Vergangenheit und keine Zukunft. Sie machen eine lebensbedrohliche und anstrengende Reise in die Welt und kommen völlig erschöpft auf diesem neuen Planeten an. Sie kennen sich hier nicht aus, und plötzlich ist es kälter, eventuell heller und lauter. Wie würde es sich anfühlen, jetzt unter Fremden zu sein, ohne zu wissen, wann diese Einsamkeit endet? Wie würde es sich anfühlen, die Wärme und Geborgenheit der vertrauten Mutter zu spüren und den Herzschlag und den Körperkontakt zu genießen?«[31]

Manchmal ist es – schon rein hormonell – superschwer, das Baby jemand anderem in den Arm zu geben. Daher: Hören Sie auf Ihren Bauch!

Es ist von Kultur zu Kultur völlig unterschiedlich, wann ein Baby das erste Mal Mamas Arme verlässt; und hier zählt einzig und allein, dass es sich für alle gut anfühlt. Dass das Baby ständig Körperkontakt will, ist ein uralter Sicherheitsmechanismus, dass wir Eltern das oft auch wollen, ebenfalls. Alles ist gut. Wir müssen niemandem gefallen und nicht brav sein.

Nach der Geburt

Die meisten Schwangeren denken bis zur Geburt – und nicht weiter. Das Baby ist ja jetzt da, nun ist doch alles okay! Seien Sie froh, dass Sie ein gesundes Kind haben!

Das stimmt. Und stimmt auch wieder nicht. Jetzt geht's nämlich erst richtig los.

Da sind erst mal die Geburtseffekte: Die Gebärmutter muss sich wieder auf ihre Ursprungsgröße zusammenziehen. Dafür gibt es Nachwehen, die schmerzhaft sein können und mit jedem geborenen Kind stärker werden und länger anhalten. Sind sie schön und kräftig, bildet sich die Gebärmutter gut zurück, aber dann tut es auch richtig weh. Die Nachwehen werden oft beim Stillen ausgelöst, hier hilft es, sich zu sagen: »Ja, das schließt die Wunde, das ist guuhuuuuuut« – und weiterzustillen. Medikamente wie Buscopan reduzieren den Schmerz, bremsen aber auch die Rückbildung.

Was ich gern vorher gewusst hätte …

LEANDRA dass man (noch viele tage) nach der geburt das gefühl hat, die organe fallen unten raus, wenn man aufsteht, und dass es beim pissen mega brennt. dass ein 140-cm-bett zu klein ist für ein familienbett. dass man den babybalkon besser als nachttisch benutzt. dass stillen sehr schmerzhaft sein kann. dass man auch nach der geburt die geraden bauchmuskeln noch nicht beanspruchen soll …

Außerdem gibt es selbst nach einer natürlichen Geburt bisweilen Verletzungen, die heilen müssen. Manche Gebärende hat einen Dammriss, der vielleicht sogar genäht werden muss – das tut noch mal weh in einem

Moment, in dem eigentlich alles »vorbei« ist. Es ist gut, wenn das Nähen warten kann, bis Mama und Baby sich begrüßt und bekuschelt haben, damit die Mutter nicht gleich durch Schmerzen aus ihrem Glückshoch gerissen wird. Es kommt auch oft zu Schürfungen im Genitalbereich, wenn der große Kinderkopf sich durch den engen Kanal schiebt, die beim Wasserlassen sehr schmerzen – so wie Salzwasser auf einer Schürfwunde. Hier hilft es, beim Wasserlassen gleichzeitig einen Becher lauwarmes Wasser auf die Vagina laufen zu lassen, um den Urin sofort wegzuspülen.

In den Tagen nach der Geburt verliert die Gebärende noch eine Menge Blut, weit mehr als bei einer Regelblutung. Dabei können auch ganze Klumpen, sogenannte Koagel, mit herauskommen – Sie brauchen aber keinen Schreck zu kriegen, das ist normal. Der Beckenboden ist erst mal außer Gefecht gesetzt – das merkt man beim großen Geschäft (Sie können den Damm gegebenenfalls mit einer Hand unterstützen, besonders wenn eine Naht da ist) und beim kleinen, beim Husten (kann wehtun), beim Stehen. Daher sollten Sie unbedingt Rückbildungsgymnastik machen (Übungen, die die Beckenbodenmuskulatur wieder festigen) – und zwar am besten von jetzt ab ein Leben lang!

Was Sie über den Start ins neue Leben wissen müssen

Das Leben, das jetzt beginnt, ist aller Wahrscheinlichkeit nach sehr viel anders als das, das Sie vorher geführt haben. Der Grad der Veränderung bemisst sich daran, wie artgerecht Ihr Leben bisher war. Mit einem Baby können wir unsere nicht artgerechte Lebensweise häufig nicht mehr aufrechterhalten (außer wir ignorieren die Bedürfnisse aller Beteiligten), und je weiter wir davon und von unseren eigenen Bedürfnissen entfernt waren, desto höher ist die Schwelle, über die wir jetzt gehen müssen. Für das Umfeld und vielleicht auch den Vater ist es ungewohnt, wenn die Mutter plötzlich sehr traurig, unfassbar glücklich, empfindlich und oft auch wachsam und extrem verliebt in ihr Baby ist, dass sie daneben kaum noch etwas wahrnimmt. Das ist normal und gehört am Anfang dazu.

Was ich gern vorher gewusst hätte …

KATJA Ich hätte gerne noch gewusst, dass man trotz aller guten Vorsätze eben erst mal doch nur Mama ist und man dem Papa lieber nichts anderes versprochen hätte.

IRIS Ich hätte gern »bewusst/gewusst«, dass ich mein bisheriges Leben komplett an der Kliniktür zurücklasse und von jetzt auf gleich ein ganz anderes, neues Leben führe. Mit allen negativen, neutralen und positiven Aspekten, die dazugehören.

KRISTEN Dass es okay ist, sich viele Sorgen und Gedanken zu machen. Dass man nicht die einzige Mutter ist, nicht bekloppt ist, wenn man abends mehrfach nach dem Kind guckt, »ob's noch atmet«, und früher ins Bett geht, um neben ihm zu liegen und sicher zu sein. Dass es normal ist, dass man sich so dringend Pausen wünscht, und wenn man sich eine erkämpft hat, sich das Kind zurückwünscht. Dass man unglaublich verletzlich wird.

Wir sind heute einer Überstimulation ausgeliefert, einem Zeit- und Arbeitsdruck, auf den unser Organismus in den letzten Jahrtausenden nicht vorbereitet worden ist. Gleichzeitig fehlt uns oft der Clan, der Stamm, das soziale Netz, auf das wir als Spezies ausgerichtet sind. Jäger und Sammler arbeiten etwa vier Stunden am Tag, den Rest verbringen sie mit Regeneration, Nichtstun, Tanzen, Kunst, Spielen, Reden. Wir sollten das im Hinterkopf haben, wenn wir verwundert feststellen, dass nach einer Geburt mit einem Baby im Arm nichts mehr ist wie vorher: Die Mutter kann in den ersten Tagen und Wochen nach der Geburt das Gefühl haben, dass sie einfach nur noch stillt, *und das ist okay*. Das Neugeborene lebt in den ersten Wochen meist an und auf jemandem, es holt seine restliche Schwangerschaft nach. Das macht es genau richtig: So stärkt sich die Bindung, und das Baby kann langsam in der Welt ankommen.

Geburtsvorbereitung für queere und transgender Eltern
Das queerfeministische Hebammenkollektiv *Cocoon* in Berlin bietet Geburtsvorbereitung, Geburt und Beckenbodengesundheit für queere, transidente und nicht-binäre Menschen an. Außerdem gibt es dort Fortbildungen für Fachleute und eine umfangreiche Studiensammlung zu sicheren Geburten für BIPoC-, Queer- und Transgender-Eltern.

Sie begleiten Menschen vom Kinderwunsch über Schwangerschaft und Geburt bis hin zum Ende des ersten Lebensjahres des Kindes.

Website: https://www.cocoon-hebammenkollektiv.de

Falsche Erwartungen

»Die wissen das besser«

Die häufigste – und folgenschwerste – falsche Erwartung zum Thema Geburt ist, zu denken, dass die Fachleute in der Geburtshilfe schon wissen werden, wie es gut ist. Egal, wie liebevoll und achtsam Ihr Geburtsteam ist, diese Menschen stecken nicht in Ihrem Körper und in Ihrer Seele, sie kennen nicht Ihre Geschichte und Ihre Vorlieben. Daher müssen wir uns genau überlegen, wie wir gebären wollen, uns den richtigen Ort, die richtigen Helfer und den richtigen Ablauf suchen und unsere Bedürfnisse mitteilen. Kommunikation ist wichtig – bleiben Sie in Kontakt und im Gespräch. Die Fachleute an Ihrer Seite sollten anerkennen, dass sie das mit dieser Gebärenden, mit diesem Baby zum ersten Mal machen und dass niemand vorher genau wissen kann, was sich hinterher als richtig herausstellen wird.

»Ich kann das nicht!«

Grundsätzlich ist jede Gebärende so gebaut, dass sie ein Kind zur Welt bringen kann. Es ist wichtig, sich nicht von vornherein verrückt zu machen, sondern dem eigenen Körper zu vertrauen, dass er weiß, was er tut, weil er das Wissen der letzten Jahrtausende in sich trägt. Wenn es dann doch nicht geht, haben wir immer noch ein sehr effektives medizinisches Auffangnetz, das uns helfen kann.

»Geburten sind blutig und eklig«

Geburten in Kino und Fernsehen sind häufig sehr drastisch inszeniert – und haben mit echten Geburten wenig zu tun. Geburten sind in erster Linie Teamwork, und Menschen sind Säugetiere – da sind in der Tat auch Flüssigkeiten im Spiel, aber eine Verschwendung wie mit dem Theaterblut in der Vorabendserie kann sich unser Körper gar nicht leisten.

Kaiserschnitt? Kuscheln!

Bei Naturvölkern sterben etwa 3 bis 4 Prozent der Mütter oder Kinder unter der Geburt. Der Kaiserschnitt, also die Möglichkeit, das Baby aus dem Bauch herauszuschneiden, ist eine moderne Methode, Komplikationen während der Geburt zu beenden, an denen Mutter oder Kind sonst möglicherweise Schaden nehmen oder sterben würden.

Was ich gern vorher gewusst hätte …

JU KI Was ein Kaiserschnitt wirklich bedeutet – OP, direkte und indirekte gesundheitliche Auswirkungen auf mein Baby und mich, psychische Folgen, wie wichtig die Erinnerung an eine schöne, kraftvolle Geburt sein kann, immens beschnittene Möglichkeiten bei den Geburten weiterer Kinder …

Von einer solchen Notfallmaßnahme hat sich der Kaiserschnitt mittlerweile zu einer Routinemaßnahme entwickelt, jedes dritte Kind in Deutschland kommt per Operation auf die Welt, obwohl die WHO eine Kaiserschnittrate von maximal 10 bis 15 Prozent für medizinisch notwendig hält. Wir sind als Spezies auf diesen Geburtsweg nicht vorbereitet, und es gilt, einiges zu beachten.

Es gibt beim Kaiserschnitt sogenannte »absolute Indikationen«, wenn also anderweitig das Leben von Mutter und Kind definitiv gefährdet ist, und »relative Indikationen«, wenn das Fachpersonal denkt, dass es besser wäre, kein Risiko einzugehen. Es lohnt sich, nach der Indikation zu fragen, wenn statt einer spontanen Geburt ein Kaiserschnitt geplant wird oder eine spontane Geburt mit einem Kaiserschnitt beendet werden soll. Bei einer relativen Indikation, wenn also Leib und Leben von Mutter und Kind nicht gefährdet sind, müssen Eltern sich nicht scheuen, um eine Zweitmeinung zu bitten, zum Beispiel von einer weiteren Hebamme oder einem zweiten Arzt, einer zweiten Ärztin. Wenn werdende Eltern über einen Wunschkaiserschnitt nachdenken, sollten sie wissen: Das Risiko für respiratorische (die Atmung betreffende) Störungen Neugeborener ist nach einem geplanten Kaiserschnitt erhöht. Es sinkt aber signifikant nach der SSW 39. Daher soll eine sogenannte primäre Sectio nicht unbegründet vor 39+0 SSW durchgeführt werden. Auch hier ist es eine gute Idee, mehr als eine Meinung einzuholen, um zu einer guten Entscheidung für Mutter und Baby zu kommen.

Die meisten Kaiserschnitte werden mit einer Betäubung durchgeführt, bei der die Frau bei Bewusstsein bleibt, aber ihr Unterleib taub ist. Die Frau spürt, dass da jemand schneidet, am Bauch ruckelt, sie hört alles, aber sie spürt keine Schmerzen.

Vor der Operation wird der Schambereich rasiert und ein Blasenkatheter gelegt. Die Bauchdecke der Frau wird am Rand der Intimbehaarung aufgeschnitten, danach werden heutzutage die darunterliegenden Schichten (also Muskeln und Faszien) nicht geschnitten, sondern gedehnt und nur die Gebärmutter dann wieder mit einem knappen Schnitt geöffnet. Der Arzt schneidet je nach Methode nur einen Teil mit dem Skalpell und reißt den Rest des Gewebes auf, weil man davon ausgeht, dass es – ähnlich wie beim Dammriss – so hinterher besser heilt. Der Arzt holt dann aus der relativ kleinen Öffnung das Baby und zieht es durch einen möglichst engen Ausgang. So soll zumindest ein Teil der natürlichen Geburt nachgeahmt werden, deren massiver Druck ja zum Beispiel das Wasser aus den Lungen des Babys drückt, was ihm beim Atmen hilft. Dennoch haben viele Neugeborene nach Kaiserschnitt Atemprobleme und häufiger Atemwegsinfektionen, vor allem, wenn sie beatmet worden sind. Das Baby wird nun abgenabelt und im Idealfall der wachen Mutter nackt auf die nackte Brust gelegt. Der Arzt holt jetzt noch die Plazenta aus der Gebärmutter, nicht manuell, sondern durch Gabe von Oxytozin und leichten Zug an der Nabelschnur, da so Entzündungen seltener auftreten. Danach werden Gebärmutter und Bauchdecke wieder vernäht.

In den ersten Tagen nach der Operation bleiben Mutter und Baby im Krankenhaus. Viele Kaiserschnittgebärende können sich erst mal schlecht bewegen, weil der Wundschmerz an der großen Bauchwunde oft noch beträchtlich ist. Die Mutter braucht jetzt, vor allem beim Stillen, noch viel Hilfe. Die Milch kommt manchmal etwas später als nach einer natürlichen Geburt, aber die Babys haben genug Reserven, um mit der Vormilch (Colostrum) auszukommen. Viel Hautkontakt hilft auch hier bei Bonding und Milchbildung.

Beim Kaiserschnitt fehlen Mutter und Kind der Weg durch den Geburtskanal, den Babys fehlen vor allem nützliche Bakterien, die sie sonst auf dem natürlichen Geburtsweg mitbekommen hätten. Diese schützen sie vor Krankheitserregern. Kaiserschnittkinder entwickeln sich grundsätzlich ähnlich wie Vaginalgeborene, aber sie haben eine andere Darmflora und damit ein erhöhtes Risiko für Allergien, Infektionen, Asthma bis hin zu Diabetes mellitus. Auch ihre Atmung muss öfter unterstützt werden. Die Mutter trägt ein erhöhtes Risiko bei weiteren Geburten, weil sie eine Narbe in der Gebärmutter hat.

Der Kaiserschnitt bleibt also eine Option, die für den Notfall reserviert ist. Wenn dieser Notfall eintritt, steht jedoch Bonding, Stillen und artgerechtem Familienleben bei einer entsprechend guten Betreuung auch nach dem Kaiserschnitt nichts im Wege.

Die Geburt – jedes Kind ist anders!

Jedes Baby und damit jede Geburt ist anders. Schon hier zeigt sich, dass wir es mit kleinen Individuen zu tun haben, die sich nicht über einen Kamm scheren lassen. Es gibt zwar einen idealtypischen Ablauf, aber wie lange die einzelnen Phasen dauern und wie es sich anfühlen wird, ist von Frau zu Frau, von Baby zu Baby grundverschieden. Es hängt davon ab, wie die Schwangerschaft war, wie Mutter und Kind gebaut sind, wie vorherige Geburten verlaufen sind. Und jedes Baby bringt noch mal seine ganz eigene Geburtsgeschichte mit. Einige »helfen« aktiv mit, als wollten sie unbedingt hinaus. Andere tun sich schwer und brauchen lange. Oft geht es beim zweiten Kind viel schneller als beim ersten Kind. Beim dritten ist es ebenfalls so, aber dann berichten wieder Mütter, dass sie beim dritten und vierten Kind wieder eine lange Wehenphase vor der eigentlichen Geburt hatten. Es kommt auch darauf an, wie lange die Abstände zwischen den Geburten sind. Insofern ist eine Geburt sowohl für die Eltern als auch für das Fachpersonal immer eine Wundertüte.

Kaiserschnitt – so geht's

- Lassen Sie sich, wenn möglich, nur bauchabwärts betäuben, damit Sie Ihr Baby wach empfangen können.
- Fragen Sie nach einer »Kaisergeburt«, bei der Sie Ihr Baby sehen, sobald es herauskommt.
- Ist die Gebärende in Vollnarkose, sollte die ihr am nächsten stehende, begleitende Person das Baby auf der eigenen nackten Brust mit Hautkontakt begrüßen und wärmen.
- Lassen Sie sich das Baby nach der OP möglichst sofort unbekleidet (ungewaschen!) auf die nackte Brust legen.
- Wenn vor dem Kaiserschnitt schon die Wehentätigkeit eingetreten war, wirkt sich das positiv auf Bonding und Rückbildung aus.
- Wenn Sie nach dem Kaiserschnitt erschöpft sind und sich statt des Verliebtseins der Babyblues einstellt, nehmen Sie sich Zeit, in der neuen Situation anzukommen.
- Die Mutter braucht jetzt viel Hilfe, eine Begleitperson sollte ständig bei ihr und dem Baby sein.
- Nach der OP brauchen Baby und Eltern vor allem Körperkontakt und Ruhe, um einander zu begrüßen, zu betrachten, zu beschnuppern und zu fühlen.
- Behalten Sie Ihr Kind bei sich, auch wenn das Personal meint, dass die Mutter jetzt mal eine Nacht Ruhe bräuchte und das Baby auch die Flasche kriegen könnte – bleiben Sie zusammen, erholen Sie sich, wenn irgend möglich, gemeinsam!
- Stillen hilft auch nach dem Kaiserschnitt, in Kontakt zu kommen.
- Tipp: Nehmen Sie ein schönes Essenspaket mit ins Krankenhaus – auch für den Fall, dass es zu einem Kaiserschnitt kommen sollte. Gebärende gelten bei Anästhesisten sowieso als »nicht nüchtern«. Insofern essen Sie, wenn Ihnen danach ist, Sie brauchen die Energie!

Besser ein ausführliches Gespräch und eine zugewandte Betreuung!

Ein Interview mit Dr. phil. Katharina Hartmann. Sie ist Geburtsaktivistin und hat für die BundesELTERNInitiative *Mother Hood e.V.* an der ersten nationalen S3-Leitlinie »Vaginale Geburt am Termin« mitgeschrieben.

Frage: Mal ehrlich – warum sollten Eltern sich eine medizinische Leitlinie durchlesen, bevor sie ins Krankenhaus gehen? Haben wir dafür nicht medizinisches Fachpersonal?
Dr. Katharina Hartmann: Im Grunde schon, aber das Bahnbrechende ist ja Folgendes: Wir haben jetzt eine schriftliche Verhandlungsbasis, die für alle transparent und zugänglich ist. Hier können Eltern erstmals sehen, was »State of the Art« wäre – auch wenn der einzelne Geburtsort das vielleicht mangels Personal oder Equipment gar nicht umsetzen kann. Es ist die erste Empfehlung dieser Art, das ist gigantisch.
Frage: Gibt es jetzt also Kriterien dafür, wie eine Geburt abzulaufen hat?
Dr. Katharina Hartmann: Nein, eine Leitlinie ist kein Gesetz, sondern eine Empfehlung. Selbst wenn »man soll das machen« da steht, heißt das von der Evidenz her, dass etwa 9 von 10 Menschen von dieser Vorgehensweise profitieren würden. Möglicherweise bin ich die Nr. 10 und dann trifft es auf mich nicht zu. Ich kann aber mit der Leitlinie in der Hand ins Gespräch mit meinem Geburtsteam gehen.
Frage: Was sind die wichtigsten Infos für Eltern?
Dr. Katharina Hartmann: In der Leitlinie geht es um die eine, individuelle Frau: Für die muss die Geburtsbegleitung passen. Was du brauchst, ist wichtig. Das ist revolutionär! Und: Die heilige Kuh der CTG-Überwachung wurde geschlachtet – kein Aufnahme-CTG, kein Dauer-CTG unter der Geburt mehr. Gebärende sollen laut Leitlinie von einem Menschen betreut werden, der die kindlichen Herztöne mit einem Dopton oder Hörrohr abhört, nicht von einer Maschine. Außerdem empfiehlt die Leitlinie ganz klar eine Eins-zu-eins-Betreuung sowie das Bonding nach der Geburt mit dem Neugeborenen.

Frage: Wie können Eltern die Leitlinie konkret für sich nutzen?

Dr. Katharina Hartmann: Ganz einfach: Es ist ein öffentlich zugängliches PDF mit einer Suchfunktion. Ich kann also nach Schlagwörtern schauen: »Blasensprung«, »Oxytozin« oder »Beratung«, und dann kann ich nachlesen, was die Empfehlung ist. Es reicht völlig, sich die Kästen mit den Empfehlungen anzusehen – die Begleittexte sind nur für die, die der Hintergrund dazu interessiert.

Frage: Wo sollte eine vertrauensvolle Erstgebärenden-Familie unbedingt mal reingucken?

Dr. Katharina Hartmann: Die Eins-zu-eins-Betreuung ab der aktiven Eröffnungsperiode, also etwa 4 bis 6 cm Muttermundöffnung, steht ganz oben auf der Liste. Eltern sollten am Geburtsort nachfragen: Können Sie das garantieren? Falls nicht, kann ich viel besser verhandeln, dass ich zum Beispiel zusätzlich zum zweiten Elternteil noch eine Doula mitbringen möchte, um die Eins-zu-eins-Betreuung gemäß der Leitlinie zu ermöglichen. Denn auch das steht in der Leitlinie ganz klar: Gebärende sollen zusätzlich zur Eins-zu-eins-Betreuung eine Begleitperson mitbringen dürfen, die sie unterstützt.

Frage: Welche Routine-Interventionen haben sich durch die Leitlinie erledigt?

Dr. Katharina Hartmann: Grundsätzlich gilt: Keine unnötigen Interventionen. Das geht los mit der Aufnahmeroutine, wenn die Gebärende in die Klinik kommt. Viele Häuser legen der Frau erst mal einen Zugang, machen eine vaginale Untersuchung und ein Aufnahme-CTG, bei dem sie die Gebärende eine halbe Stunde lang an einen Wehenschreiber hängen. Keine dieser Maßnahmen ist wissenschaftlich fundiert! Sie stehen auch nicht in der Leitlinie, weil sie die Geburt weder einfacher noch sicherer machen. Diese Routine ist eine deutsche Besonderheit, das macht sonst kaum ein Land, weil es medizinisch überhaupt keine Vorteile bringt. Besser sind ein ausführliches Gespräch und eine zugewandte Betreuung.

Frage: Wie kann ich frühzeitig feststellen, wie eine Klinik arbeitet? Ich kann ja nicht unter der Geburt die Leitlinie rausziehen und anfangen zu diskutieren …?

Dr. Katharina Hartmann: Beim Vorgespräch könnte man schon fragen: Wenn ich mit Wehen hier reinkomme, was passiert denn da, worauf muss ich mich einstellen? Dann bekommt man die erste interessante Antwort, ohne jemandem auf die Füße zu treten. Denn in der Leitlinie steht ganz klar, dass die Schwangere befragt werden soll, wie es ihr geht, wie sie sich die Geburt wünscht, ob sie das Kind gut spürt.
Fakt ist aber, dass viele Schwangere in die Klinik kommen und dann heißt es: »Hier ist das CTG, das schaut jetzt nach ihren Wehen und dann gucken wir mal.« Und dann kommt es schon mal vor, dass Gebärenden ihre echten Geburtswehen abgesprochen werden, weil die Maschine etwas anderes sagt – und sich angeblich nie irrt! Daher kann man in diesem ersten Gespräch ganz offen fragen, wie der Ablauf ist, und merkt sehr schnell, ob man sich vielleicht weiter umsehen sollte. Auf jeden Fall lohnt es sich, mehrere Kliniken anzugucken und Vorgespräche zu führen. Jede Klinik hat ihre eigene Betreuungsphilosophie, das unterscheidet sich wie Tag und Nacht.

Die gute Geburt – eine Frage der richtigen Vorbereitung?
»Wir waren einfach gut vorbereitet!« hören wir manchmal von Eltern, die eine »gute Geburt« hatten. Doch mit dieser Haltung bürden wir Gebärenden viel auf: Wer eine unschöne oder gar traumatische Geburt hatte, hat sich eben nicht genug angestrengt!

»Selbstbestimmung« ist wichtig, doch die Diskussion darüber lenkt davon ab, dass wir in der Geburtshilfe vielerorts gar nicht mehr die Rahmenbedingungen haben, um gut gebären zu können: zu wenige Geburtsorte, zu wenige Hebammen, an Fallpauschalen und Haftungsfragen orientierte Kliniken. Auf diese Weise wälzt ein neoliberales System sein eigenes Versagen auf die Gebärenden ab[32] – und treibt einen Keil zwischen Eltern. Das sollten wir nicht zulassen und uns stattdessen weiter zivilgesellschaftlich für sichere Geburten engagieren!

Hab! Mich! Lieb! – So wird aus Bindung Beziehung

Bonding ist … sich verlieben. Einander kennenlernen. Einander fühlen, riechen, hören, sehen, spüren, verstehen, missverstehen und verzeihen.

Die ersten 72 Stunden im Leben eines menschlichen Säuglings scheinen von großer Bedeutung zu sein. Bei vielen indigenen Kulturen werden Babys entweder in den ersten 72 Stunden ausgesetzt oder für immer behalten. Studien aus Krankenhäusern zeigen, dass Kinder seltener verlassen werden, wenn Mutter und Kind gleich nach der Geburt die ersten Stunden zusammen sind – und wenn gestillt wird.

Was ich gern vorher gewusst hätte …

FRANZI Neben all den wunderbar treffenden Dingen, die schon genannt wurden: Von der Angst hätte ich gern gewusst! Diese wahnsinnige, fürchterliche Angst davor, dass diesem winzigen kostbaren Wesen etwas passiert. Die Angst, nicht richtig aufzupassen oder einen Fehler zu machen, der nicht auszubügeln geht. Die verdammte Angst davor, sein Herz, sein Leben, sein Kind zu verlieren.

Das kann ich meist gut zur Seite schieben und positiv denken, aber manchmal schleicht sie sich um die Ecke, die fiese Angst …

MAD DI Dass eine Mutter oft Angst hat um ihr Baby/Kind.
Wir immer vor dem eigenen Schlafengehen noch mal ins Bettchen schauen, bei Klein und bei Groß.

Sorgen haben und Nerven behalten sind oft genauso präsent wie zusammen lachen und spielen.

Und Babys kennen keine Zeiten, ihnen ist es egal und zugleich wichtig, auch mal jede Stunde an die Brust zu können, nur um mal kurz zu nuckeln (wie Susi Klein Mü schon schrieb), weil die Nähe zur Mama einfach alles ist.

Dennoch sind wir keine Graugänse. Graugänse werden kurz nach der Geburt auf eine Mutterfigur geprägt und laufen ihr ab da hinterher – und zwar auch dann, wenn die vermeintliche Gänsemutter eigentlich Konrad Lorenz ist. Menschen hingegen sind hoch entwickelte Primaten. Bindung war und ist immer von äußeren Umständen abhängig, sie entwickelt sich, sie verändert sich. Und zwar ein Leben lang. Bei manchen Müttern setzt die Mutterliebe bei der Geburt ein wie ein Schlag, bei manchen entwickelt sie sich langsam – beides ist normal.

Wenn eine Mutter ihr Kind ablehnt, dann tut sie das also meist sofort oder sehr bald nach der Geburt. Hat das Baby es geschafft, die ersten 72 Stunden in Haut- und Augenkontakt mit seiner Mutter und seinen engsten Bezugspersonen zu verbringen, steigen seine Überlebenschancen enorm. Deshalb sind unsere Babys auch so süß, so pummelig und bombardieren uns mit dem Kindchenschema – sie lächeln uns unwiderstehlich an, wenn sie auf der nackten Brust eines warmen Homo sapiens liegen, auch wenn er keine Milch anbietet, und kuscheln sich vertrauensvoll an uns, wenn wir sie im Tragetuch herumtragen. Die These Sarah Blaffer Hrdys[33] lautet: Unsere Babys müssen sofort signalisieren: »Schau, ich bin kräftig und fett, ich halte durch, bis die Milch kommt, es lohnt sich, mich aufzuziehen! Hab! Mich! Lieb!«

Das Mutter-Kind-Märchen

Doch was ist Bindung eigentlich? Und wie kann sie gelingen? Bindung ist die Lebensversicherung, die die Evolution unseren Kindern mitgegeben hat. Unsere Babys schaffen es, jahrelang von uns versorgt zu werden, weil wir an sie gebunden sind. Bindung entsteht vor allem durch Kontakt und emotionale Präsenz. Das heißt, wir müssen nicht nur »anwesend« sein, sondern wirklich präsent, mit Kopf und Herzen bei unserem Kind. Im gleichen Raum sitzen, den Newsfeed checken oder den Kinderwagen schieben und dabei telefonieren wäre zum Beispiel »anwesend«, aber nicht »präsent sein«. Bei Babys entsteht Bindung anfänglich durch Körper- und Hautkontakt, nachher auch durch räumliche Nähe, durch Verstehen und gelingende Interaktionen. Später auch durch gemeinsam durchlebte Konflikte.

Bei Primaten ist das übrigens anders: Primatenmütter tragen sogar schwerstbehinderte oder schon tote Babys noch lange mit sich herum. Bindung ist hier nicht an Interaktionen gebunden. Unsere Bindung ist anfälliger für schwierige Umstände, andererseits sind wir auch viel flexibler, wenn es darum geht, abgerissene Bindung wiederherzustellen.

Menschenkinder können sich an eine oder mehrere Personen binden. Das Bild von der Mutter-Kind-Bindung als einzig möglicher ist ein Trugschluss. Bei den afrikanischen !Kung werden die Kinder in erster Linie oder ausschließlich von der eigenen Mutter gestillt und sind eng an diese gebunden. Beim Stamm der Efe-Pygmäen in Zentralafrika hingegen werden schon die ganz Kleinen ständig herumgereicht und auch von anderen Frauen gestillt. Beides ist also möglich! Sobonfu Somé, Lehrerin afrikanischer Spiritualität, berichtet von ihrer Kindheit in Burkina Faso bei den Dagara: »Ich wusste bis zu meinem sechsten Lebensjahr nicht, wer meine Mutter ist, weil ich jede Frau im Dorf als meine Mutter betrachtet habe.«

Besonders ganz kleine Babys lassen sich auch von anderen Familienmitgliedern oder engen Vertrauten nehmen und lächeln hingebungsvoll. Erst nach einigen Wochen ziehen sie die Betreuung vor, die sich als am zuverlässigsten erwiesen hat, und den Menschen, mit dem sie am meisten Hautkontakt haben, in unserer Gesellschaft meist die Mutter. Wenn sie fremdeln, scheinen sie sogar vormals akzeptierte Betreuungspersonen abzulehnen, aber dieses Verhalten legt sich wieder – also seien wir nicht verzagt! Schwangerschaft, natürliche Geburt und Stillen sind also nicht die einzigen Voraussetzungen für Bindung. Sie erleichtern die Sache nur ungemein.

Bindung ist in jedem Fall dem Menschen immanent – und zwar an unsere Gruppe, unseren Clan, unser Dorf wie auch an unsere Kinder. Wenn Kinder mehrere positive Bindungspersonen haben, können sie später Konflikte leichter austragen – wenn ein Elternteil meckert, gehe ich zum anderen oder suche mir ein vertrautes Gruppenmitglied, das mir hilft.

Unsere Bindung und ihre Qualität begleitet unsere Kinder ein Leben lang. Sie beeinflusst, wie ihr Gehirn sich organisiert, wie gut sie später mit Stress umgehen, sich in andere hineinfühlen und ihrerseits Bindungen aufbauen können.

»Ich sehe dich«
Sprechen Sie mit Ihrem Baby, imitieren Sie seine Gesichtsausdrücke, spiegeln Sie, was bei ihm gerade passiert (»Du weinst, ich glaube, du bist müde, komm mal her, ich bin für dich da«). Reagieren Sie möglichst immer sofort (für die Forschung heißt das innerhalb von 20 bis 30 Sekunden) auf seine Laute und sein Weinen. Das ist die Grundlage für Bindung und Bindungsfähigkeit bei Ihrem Kind. Wir tun das oft automatisch, aber es lohnt sich, darauf zu achten.

Wir sind darauf ausgelegt, Bindung ab der Geburt herzustellen. Es läuft ein feiner biologischer Mechanismus ab, der das Leben unserer Babys sichert. Hier einmal die beiden extremen Enden der Skala – dazwischen gibt es unendlich viele Spielarten.

Zunächst die positive Bindungsspirale:

- natürliche, oxytozinbasierte Geburt – Bindungshormone,
- Mutter erschöpft, aber wach,
- Baby im entspannten Wachzustand,
- Endorphin-Hoch bei Mama, Adrenalin beim Baby,
- wache Begrüßung,
- Hautkontakt,
- Augenkontakt,
- erstes »Andocken«,
- gemeinsames Liegen,
- gemeinsames Schlafen
- häufiges Stillen (mindestens alle drei Stunden!),
- gute Milchbildung,
- mehr Hautkontakt beim häufigen Stillen und gemeinsamen Schlafen,
- entspannte, ruhige Mama (Prolaktin und Oxytozin),
- gute Mutter-Baby-Kommunikation,
- viel gemeinsamer Kontakt,

→ Bindungsaufbau erleichtert.

Die negative Bindungsspirale:

- interventionsreiche Geburt/ Notkaiserschnitt (Stresshormone),
- Mutter extrem erschöpft, emotional verletzt, unter Medikamenten,
- Baby erschöpft, gegebenenfalls unter Schmerzmitteln (spät gegebene PDA?),
- kein Endorphin-Hoch bei Mama,
- kein entspannter Wachzustand beim Baby,
- Baby weg zum Waschen und Untersuchen, keine erste Kontaktaufnahme möglich,
- Baby angezogen, kein Hautkontakt,
- eventuell postpartale Depression,
- schwieriger Stillstart,
- seltenes Stillen,
- wenig Milchbildung,
- Frust bei Mutter und Kind,
- Mutter-Attrappen (Schnuller, Flasche, Kuscheltier),
- wenig Körperkontakt,
- getrenntes Schlafen (kein Angleichen der Schlafrhythmen),
- eher belastete Mutter mit wenig Prolaktin,
- Mutter-Kind-Kommunikation erschwert,

→ Bindungsaufbau erschwert – aber niemals unmöglich!

Der feine Bindungsmechanismus führt immer wieder zu Bindung und hängt später noch von folgenden Faktoren ab:

- Die Temperamente von Eltern und Kindern müssen passen (siehe dazu auch das Kapitel: »Jedes Kind ist anders: Säuglingstemperamente«).
- Das soziale Netz der Eltern muss funktionieren, damit eine liebevolle Mutter nicht zu einer gestressten Mutter wird.
- Und nicht zuletzt brauchen Eltern und Kinder Kommunikation und einen Weg, auf dem sie gemeinsam lernen, miteinander umzugehen, und sich auch immer wieder neu finden.

»Babyblues« und Postpartale Depression

Von zehn Frauen, die geboren haben, überkommt fünf bis acht im Laufe der ersten Wochen eine tiefe Traurigkeit – der sogenannte »Babyblues«. Freude wechselt sich ab mit Trauer, auch Müdigkeit und Erschöpfung stellen sich ein, viele Mütter weinen häufig, können nicht schlafen oder sind ständig unruhig.

Bei den meisten klingt diese depressive Verstimmung nach wenigen Tagen ohne Behandlung wieder ab. Sie brauchen aber trotzdem Hilfe: Wir sollten Mütter in dieser Phase viel unterstützen, Verständnis zeigen und ihnen so viel wie möglich Arbeit abnehmen – aber das gilt für jede Mutter kurz nach einer Geburt!

Bleibt die »Verstimmung« aber länger als zwei Wochen, sollten Eltern unbedingt Rücksprache mit der Hebamme oder dem gynäkologischen Fachpersonal halten, denn die anfängliche Traurigkeit könnte sich zu einer Postpartalen Depression entwickeln.

Die Postpartale Depression (PPD) kann im gesamten ersten Jahr nach der Entbindung und sogar später noch auftreten. Wichtig: Sie betrifft Mütter genauso wie Väter und andere sehr nahestehende Personen – besonders nach traumatischen Geburten.

Eine PPD wird oft nicht erkannt, weil alle Beteiligten sich »zusammenreißen« und die anhaltende Traurigkeit und Energielosigkeit so gar nicht zum Bild der glücklichen Eltern passt: »Seid doch glücklich, ihr habt jetzt ein Kind!« Aber die PPD ist kein Versagen – sie ist eine Erkrankung.

Etwa eine bis zwei von zehn Müttern trifft es, für ihre Partner oder Partnerinnen und für Väter gibt es nicht einmal Zahlen. Die Betroffenen fühlen kaum noch etwas, sie sind »nicht traurig, nicht glücklich«, sie haben keine Energie und erwachen doch oft morgens früh und sitzen voller Zukunftsängste hellwach im Bett. Der oder die Betroffene ist reizbar, sorgenvoll, zweifelt an den eigenen Fähigkeiten als Elternteil und hat im schlimmsten Fall sogar Fantasien, das Kind auszusetzen, wegzugeben oder ihm etwas anzutun. Väter leiden oft unter hartnäckigen Schuldgefühlen, werden ängstlich, unruhig oder antriebslos.

Eine PPD ist kein persönliches Scheitern, es ist niemand »selbst schuld«

und es muss sich auch niemand »schämen« – egal, wen sie trifft. Ihr Auftreten bedeutet nicht, dass Eltern ihr Kind nicht lieben. Sie ist eine Krankheit, eine Überlastung des Systems, die behandelt werden und gut ausheilen kann. Es ist wichtig, sich hier schnell professionelle Hilfe zu holen, weil die Eltern in dieser kritischen Entwicklungsphase nicht adäquat auf ihr Kind reagieren können – sie lächeln nicht zurück, wenn es sie anlächelt, oder sind nicht so einfühlsam, wie sie sein könnten.

Diese ersten Erfahrungen werden das Kind lange prägen, daher gilt: Wenn wir uns fragen, ob wir einen Babyblues oder doch schon eine Depression haben, können wir anonym auf der Homepage des Selbsthilfe-Vereins *Schatten und Licht e.V.* einen Selbsttest mit einem international anerkannten Fragebogen machen (die »Edinburgh Postnatal Depression Scale« auf Deutsch – unter »Fragebogen zur PPD-Selbsteinschätzung«) und das Ergebnis gleich zu einer Beratung oder in die Hausarztpraxis mitnehmen. Auf der Seite gibt es auch Ansprechpartner und Informationen:

Website: https://schatten-und-licht.de/selbsttest/

Bindung

Sichere Bindung nennen wir im Volksmund auch Urvertrauen. Wir alle kennen Menschen, die dieses Vertrauen in die Welt haben, in sich und andere. Sicher gebundene Kinder haben Eltern, die für sie da sind, die feinfühlig auf sie eingehen und auf sie reagieren. Dadurch lernen sie: Ich kann meiner Bezugsperson vertrauen. Sie sind traurig, wenn diese Bindungsperson nicht bei ihnen ist, und freuen sich, wenn sie zurückkommt. Wir sind für sie der sichere Hafen, wenn man so will. Kinder können eine Bindung nicht nur zu einer, sondern zu mehreren Personen aufbauen – und zwar ein Leben lang – und sie in einem ständigen Prozess immer wieder erneuern. In der frühen Kindheit bildet sich jedoch das »Arbeitsmodell« von Bindung, hier lernen wir im Idealfall, wie das geht und wie es sich anfühlt.

Erste Hilfe, wenn das Kind »fremd« bleibt

Was, wenn Brutkasten, traumatische Geburten, frühe Trennungen, Stress in der Schwangerschaft oder eine für die Mutter untragbare Situation nach der Geburt die Kontaktaufnahme zum Kind verhindern? In solchen Situationen gibt es Hilfe von Profis, die sich speziell mit diesem Thema beschäftigen. Es gibt bindungsorientierte Hilfe für Eltern mit Schreibabys und solchen, die mit den Bedürfnissen ihrer Säuglinge einfach überfordert sind. Aber auch wenn erst nach Monaten oder Jahren oder sogar erst im Erwachsenenalter auffällt, dass man etwas ändern möchte, können Eltern – oder erwachsene Kinder – noch etwas für sich tun.

Wann sollten Eltern sich helfen lassen? Eine taugliche Grundregel ist: Sichern Sie sich Unterstützung, sobald Sie sich fragen, ob Sie besser Hilfe holen sollten. Denn es ist in jedem Fall das Beste, sie frühzeitig oder sogar verfrüht in Anspruch zu nehmen. Thomas Harms, Begründer der Emotionellen Ersten Hilfe (EEH, siehe unten) und Körperpsychotherapeut, erklärte mir in einem Interview: »Belastungsfaktoren wie zum Beispiel traumatische Geburten oder frühe Trennungen können eine so massive Stressdynamik in Gang setzen, dass man zügig, direkt und so schnell wie möglich intervenieren sollte.«

Nicht selten fühlen die Eltern sich von ihrem Baby abgelehnt, weil sie es nicht beruhigen können. Häufig beschreiben sie dann Leere, Hilflosigkeit, Traurigkeit und Überlastung, selbst dann, wenn das Baby »nur« zwei Stunden am Tag schreit. Denn manche Mutter kann auch dadurch in einen Zustand von akutem Stress geraten, aus dem sie selbst nicht mehr herausfindet. Sie ist verängstigt, verunsichert, kann nicht mehr sehen, was das Baby braucht. »Warum nimmt es die Brust nicht, warum beruhigt es sich nicht in meinem Arm, warum reagiert es nicht positiv auf meine Angebote?«, fragt sie sich. Beide geraten zunehmend in eine Stresssituation. Das Baby schreit mehr, weil seine Bedürfnisse nicht erkannt werden und seine wichtigste Bezugsperson in einem Zustand ständiger Anspannung ist. Die Mutter zieht sich zurück, weil sie immer ratloser und enttäuschter wird. In solch einer Situation kann die emotionale Verbindung zum Kind unterbrochen werden.

Grundsätzlich hilft ein artgerechtes Familienleben mit viel Unterstützung, viel Körperkontakt und Achtsamkeit für die Bedürfnisse aller dabei, überhaupt die Kraft für eine Lösung zu finden. Manche Familien brauchen nur ein wenig »Starthilfe«, um wieder in die positive Spirale zu kommen. Die Hebamme Brigitte Meissner zum Beispiel legt den Müttern nach schweren Geburten ihr in Bachblüten gebadetes Baby auf den Bauch – nass und warm, so wie nach einer spontanen Entbindung. Dies als »Bonding-Bad« bezeichnete Verfahren helfe, »verlorene Nähe nachzuholen und die Mutter-Kind-Bindung zu heilen«. Dies lasse sich auch zu Hause mit einfachen Mitteln bewerkstelligen und so Nähe wieder aufbauen.

Auch eine postpartale Depression, die jede siebte Mutter nach der Geburt erlebt, gehört in professionelle Hände, damit sie schnell wieder abklingen kann.

Ist der Stress größer oder liegen die Probleme tiefer, kann eine Krisenintervention mit Emotioneller Erster Hilfe (EEH) sinnvoll sein. Eltern lernen hier vor allem durch Atemtechnik, mit ihrem Stress anders umzugehen. Sobald sie wieder in sich ruhen, können sie auch die Signale ihres Babys besser deuten – eine positive Spirale setzt sich in Gang. »Es ist ein Stress- und Spannungszustand, das ist häufig nicht pathogen, es sind eher Durchgangszustände«, erklärt Thomas Harms.

Wenn tiefer liegende Probleme hinter dem Bindungsproblem stecken, empfiehlt sich immer auch eine Therapie aufseiten der Eltern. Für die Babys – dann ja oft schon Kleinkinder – gibt es Experten für Kinderpsychosomatik und Kinderpsychotherapie, die auch bei schweren Verläufen (kindliche Essstörungen, massive körperliche Symptome) helfen können. Was aber, wenn die Eltern-Kind-Bindung nie geheilt wurde und erwachsene Kinder unter den Folgen leiden? Die Bonding-Psychotherapie geht davon aus, dass das Körpergedächtnis alles gespeichert hat, was wir seit der Zeugung erlebt haben. Und dass wir das in einem Therapie-Setting heilen können, bei dem unter Anleitung das »Gehalten-Werden« nachempfunden und nacherlebt wird, um alte Wunden zu heilen.

Babypflege

Im Prinzip brauchen Babys auch zur Pflege nicht viel mehr als Wasser und Muttermilch. Mit Muttermilch kann man trockene Hautstellen betupfen und verstopfte Nasen freispülen, man kann sie ins Badewasser tun, damit die Haut des Babys nicht austrocknet, und einen wunden Popo mit Muttermilch und Luft wieder heilen lassen.

Zeit statt Zeug! Die artgerechte Erstausstattung

Wir brauchen sehr wenige *Dinge*, um artgerecht in der Welt anzukommen, dafür aber umso mehr *Menschen*, zum Beispiel:

- Hebamme, besonders im Wochenbett, aber auch noch danach,
- Stillberaterin,
- Trageberaterin,
- Windelfrei-Beraterin,
- *artgerecht*-Coach,
- Mütterpflegerin,
- Haushaltshilfe (ob das ein Profi, eine Freundin oder ein Verwandter ist, spielt keine Rolle, aber es ist schön, wenn die Eltern in den ersten Wochen Zeit haben, um zu kuscheln und einander als Familie neu kennenzulernen, und sich nicht um den Haushalt kümmern müssen),
- Besuch, der Essen mitbringt, Wäsche abhängt, mal eben mit anpackt, aufräumt und den frischgebackenen Eltern sagt, wie wunderbar ihr Baby ist und wie toll sie das alles machen
- enge Vertraute, die Mama in kritischen Situationen anrufen kann – bei Mehrelternfamilien am besten für jeden Elternteil eine Telefonliste sichtbar aufhängen.

Dinge für die Mama:

- 2 bis 3 Still-BHs,
- Stilleinlagen (die Brust läuft am Anfang schon mal aus, wenn das Baby zu lange schläft),
- eventuell Stillkissen oder einfach einen bequemen Ort zum Einkuscheln beim Stillen,
- Fenchel- und Frauentee,
- Tragehilfe, Tragetuch,
- Rückbildungsmotivation: Vaginalkonen, Buch, DVD,
- Wickeltasche,
- Nagelschere,
- Badetücher mit Kapuze,
- eventuell Babybalkon für nachts, wenn Schlafen im gemeinsamen Bett zu gefährlich scheint (lässt sich auch prima als Ablage für Utensilien nutzen, wenn er dann doch nicht gebraucht wird),
- Monatskarte für die Bahn (nicht alle Babys fahren gern Auto).

Dinge fürs Baby:

- 4 bis 6 Lang- oder Kurzarmbodys, Größe 56 oder 62, möglichst Wolle/Seide oder Baumwolle (wichtig: am besten Wickelbodys, denn viele Babys mögen es nicht, wenn man ihnen etwas über den Kopf zieht!),
- 4 bis 6 Langarmshirts (am besten Flügelhemdchen oder Wickelshirts),
- 3 Strampler Größe 56/62 (wer Windelfrei machen möchte, achte auf unten aufknöpfbare Strampler),
- 3 Paar warme Wollsocken,
- 2 Babymützchen (Wolle/Seide oder Baumwolle, je nach Jahreszeit),
- 1 Jäckchen oder Ausgehsack,
- im Winter Fellschühchen,
- 6 bis 8 Mullwindeln als Spucktücher,
- Schlabberlätzchen (schon ganz kleine Babys spucken viel Milch nach dem Stillen, ein Latz erspart es uns, das Baby jedes Mal komplett umziehen zu müssen),
- Fieberthermometer,
- Badethermometer,
- Autoschale,
- Babydecke,
- Heizstrahler für den Wickeltisch, besonders im Winter,
- zum Waschen: Muttermilch ins Badewasser,

- zum Eincremen: Muttermilch für wunde oder gereizte Hautstellen oder eine verstopfte Nase,
- eventuell Pucksack (enger Schlafsack, der das Baby in seinen Bewegungen einschränkt [siehe den Abschnitt »Pucken«]),
- eventuell Kirschkernkissen gegen Bauchweh.

Für Windelfrei:

- Stoffwindelsystem (anfangs reichen Mullwindeln und Mokomidi [Windelfrei-Überhose]),
- Asia-Töpfchen (klein mit breitem Rand) oder Schüssel zum Abhalten,
- 2 bis 3 Splitpants (Hosen mit Schlitz im Schritt),
- Babylegs oder Wollstulpen,
- zweiteilige Schlafsachen,
- unten offener oder zu öffnender Schlafsack,
- im Winter Abhalteoverall,
- Trainerhosen,
- atmungsaktive Inkontinenzunterlage fürs Familienbett.

Was Sie für Ihr artgerecht-Baby nicht kaufen müssen:

- Kinderbettchen,
- Kinderwagen,
- Stubenwagen,
- Wickeltisch,
- Pflegecremes,
- Badezusätze / Seifen,
- Utensilien für Flaschenfütterung,
- Schnuller,
- Kuscheltiere.

Maßnahmen und Entscheidungen für Eltern

Informieren Sie sich und entscheiden Sie gegebenenfalls in Absprache mit dem Arzt oder der Ärztin über folgende Optionen.

Vor der Geburt

- Vorsorgeentscheidungen treffen: Hebammenvorsorge ist der Normalfall in Deutschland, es lohnt sich, diese auf jeden Fall zumindest testweise in Anspruch zu nehmen – sie wieder absagen könnten wir ggf. immer noch. Anfragen haben die Hebammen ohnehin mehr, als sie schaffen können.
- Ultraschall oder nicht, Pränataldiagnostik ja, nein, welche Maßnahmen?
- Geburtsort finden,
- Geburtshelfer finden, die zu Ihnen passen, und diese kennenlernen – und zwar bereits ab positivem Schwangerschaftstest. Beleg- und Wochenbetthebammen sind rar, wir müssen uns wirklich sofort kümmern, auch wenn wir noch gar nicht wissen, warum wir das brauchen – vertrauen Sie einfach. Besonders, wenn Sie einen Geburtstermin im September (geburtenstärkster Monat in Deutschland) oder zur Urlaubszeit haben: Kümmern Sie sich schnell!
- Begleitung für eine Eins-zu-eins-Betreuung suchen, wenn Sie das möchten. Beleghebammen sind selten. Wahrscheinlicher ist es, jemanden für eine Hausgeburt zu finden oder eine Doula als Unterstützung im Krankenhaus,
- Geburtsplan schreiben und mit der Hebamme besprechen,
- Stillberaterin kontaktieren, die im Wochenbett bei Stillproblemen schnell helfen kann (Hebammen sind oft keine ausgebildeten Stillberaterinnen!),
- Trageberaterin kontaktieren, Termin machen, Tragehilfe kaufen,
- Erstlingslisten anschauen und aussortieren, was Sie nicht brauchen,
- Familie informieren, was nach der Geburt gewünscht ist (Essen kochen und putzen helfen, statt Geschenke machen!),
- Impfungen (entscheiden Sie in Absprache mit dem Arzt, ob Sie nach

den offiziellen Empfehlungen der Ständigen Impfkommission [STIKO] oder individuell impfen wollen),

- Geburtsvorbereitungskurs machen, der vor allem Ihre Begleitperson mit einbindet – je besser diese Person über die Wichtigkeit einer physiologischen, also natürlichen Geburt für die gesamte Familienbildung informiert ist, desto besser kann sie Ihnen zur Seite stehen und desto weniger wird etwa ein Kaiserschnitt als »easy way out« gesehen.

Nach der Geburt

- Blutabnahme für das U2-Screening (Vorsorgeuntersuchung zwischen dem dritten und zehnten Lebenstag) – ja oder nein?
- Vitamin-K-Gabe, Antibiotika – ja oder nein? Wie?

Was ich gern vorher gewusst hätte …

SUSANNE Mein größter Wunsch wäre (wenn ich es noch einmal wiederholen könnte), von Anfang an Hilfe anzunehmen und einzufordern, was den Haushalt/Essen angeht. Da gibt es so viele schöne Ideen wie »Besuchen darf, wer eine (kleine) Aufgabe im Haushalt übernimmt oder Essen mitbringt«. Ich war nach 7 Tagen ganz allein zu Hause. Der Weg zum Supermarkt hat mich völlig fertiggemacht …

SUSI Dass ein paar wenige Stücke gute Wollkleidung für Neugeborene genügen!

Das Einzige, was ein Baby am Anfang wirklich braucht, ist seine Mama. Als Nächstes braucht es Menschen, die seine Mama unterstützen.

FAQ

Für wen eignet sich eine Hausgeburt?

Eine Hausgeburt eignet sich für Schwangere, die keine Risikoschwangerschaft haben und vor allem an einer selbstbestimmten Geburt interessiert sind. Ihnen sind eine vertraute Umgebung sowie vertraute Personen wichtig. Sie können gut auf ihr Bauchgefühl hören und vertrauen ihrem Körper. Sie wissen, wie sie mit Geburtsschmerzen umgehen, und vertrauen auf die Hilfe der Hebamme und entsprechende alternative Schmerzmittel.

Wer lieber technische Mittel zur Überwachung oder eine PDA braucht oder möchte, ist im Krankenhaus besser aufgehoben.

Einen Mittelweg bieten Geburtshäuser – eine für die Geburt vorbereitete Umgebung mit Ruhe und gedämpftem Licht, in der es je nach Haus eine Geburtsbadewanne, Hocker, Stühle, Seile, Gymnastikbälle und Sprossen gibt (und die Sie hinterher nicht aufräumen müssen).

Ist die Hausgeburt sicher?

Bei außerklinischen Geburten stellt die Gesellschaft für Qualität in der außerklinischen Geburtshilfe[34] fest: 99,3 Prozent der lebendgeborenen Babys ging es prima, klinisch ausgedrückt, »hatten [sie] einen Fünf-Minuten-Apgar-Wert von 7 und darüber«. Der Bericht resümiert: Es »ist den außerklinisch tätigen Hebammen ein sehr zuverlässiges Management bei der Geburt von Einlingen zu bescheinigen«. Ein Großteil der Hausgeburten wurde auch daheim zu Ende geführt, 83,1 Prozent genau. Nur knapp 17 Prozent der Frauen sind doch noch ins Krankenhaus gegangen. Was die außerklinische Geburt so erstrebenswert macht: »Die Geburt gestaltete sich bei den meisten Frauen als Spontangeburt in aufrechter Gebärposition, bei Mehrgebärenden normalerweise ohne Dammschnitt oder -riss. Insgesamt 95 Prozent aller Wöchnerinnen hatten keine Probleme nach der Geburt.« Allerdings gilt auch hier: Es machen nur noch wenige Hebammen derzeit Hausgeburten, also kümmern Sie sich frühzeitig!

Ist eine Geburt mit PDA nicht viel moderner und besser?

Geburtsschmerz einfach wegzaubern – davon träumen viele Frauen. Denn die Schmerzen sollen ja unbeschreiblich sein. Sie variieren jedoch sehr stark von Frau zu Frau und hängen in hohem Maße davon ab, wie wir persönlich mit Stress und Schmerzen umgehen.

Der Schmerz als Geburtshelfer ist weit unterschätzt, er sagt der Frau, wie sie sich bewegen soll, und hilft mit, das Hormongleichgewicht zu erhalten. Eine PDA betäubt nicht nur die Mutter, sondern gelangt unter Umständen auch bis zum Baby. Sie ist keine Spritze wie beim Zahnarzt, sondern ein medizinischer Eingriff, der oft mit Blutdruckabfall, Bewegungseinschränkung, Rückenlage, Infusion, Dauer-CTG und Wehentropf einhergeht. Sie verdoppelt das Risiko, die Geburt nur mit Zange oder Saugglocke beenden zu können, weil sie die Wehen schwächt. Dies beeinträchtigt sowohl den Geburtsverlauf als auch hinterher das Bonding. Daher ist eine PDA-Geburt vielleicht schmerzärmer, doch in Studien zeigt sich, dass die Frauen insgesamt mit der Geburt weniger zufrieden sind als solche, die zwar über starke Schmerzen klagen, aber ihr Kind ohne Intervention geboren haben.[35]

Ist nur eine Hausgeburt eine artgerechte Geburt?

Durch die vertraute Umgebung, die vertrauten Menschen und die mögliche Ruhe kommt die Hausgeburt einer artgerechten Säugetiergeburt in der Regel näher als die Geburt in einem hellen, fremden, hektischen Krankenhaus. Aber eine artgerechte Geburt ist immer die, in der sich die jeweilige Gebärende wohlfühlt, denn das ist die Voraussetzung für einen guten Verlauf. Wenn sie lieber den Wehentropf an ihrer Seite hat als die Klangschale, dann ist das für sie die Situation, bei der ihre Hormonkaskade ablaufen kann – und dann ist es gut. Zu einer artgerechten Geburt gehört vor allem eine Eins-zu-eins-Betreuung – vor, nach und während der Geburt. Auch zum Beispiel mit PDA oder Kaiserschnitt hat eine Gebärende geboren und Leben geschenkt – ist vollwertig Mutter geworden. Es stimmt nicht, dass eine »gute« Mutter alle Wehen veratmen kann oder »so etwas nicht braucht«. Jeder Mensch ist anders, auch hier.

Ist eine Alleingeburt eine artgerechte Geburt?

Eine Alleingeburt ist eine extreme Form der selbstbestimmten Geburt. Sie hat mit »artgerechter« Geburt insofern nichts zu tun, weil es *die eine* artgerechte Geburtsform nicht gibt. Grundsätzlich gebären viele uns ähnliche Säuger ihre Kinder – vor allem das erste – nicht allein. Aber jede Frau ist anders und braucht andere Umstände, um zu gebären. Grundsätzlich ist es das Recht jeder Frau, so zu gebären, wie es ihr guttut.

Einmal Kaiserschnitt – immer Kaiserschnitt?

Eine vaginale Geburt nach einem Kaiserschnitt ist möglich – nicht nur im Krankenhaus, auch in Geburtshäusern. Eine erfahrene Hebamme wird die Schwangerschaft und die Geburt achtsam begleiten, und dann kann eine Frau, die spontan gebären will, dies auch tun.

Hätten Sie's gewusst?

Wussten Sie, dass …

- von 100 Schwangeren im Alter von 40 Jahren eine ein Kind mit Downsyndrom zur Welt bringt (das ist weit weniger, als gemeinhin angenommen wird),
- nicht mal ein Prozent aller angeborenen Behinderungen mittels Pränataldiagnostik festgestellt werden kann,
- die Gebärmutter das 500-Fache ihrer ursprünglichen Größe annimmt – und sich wieder klein macht –,
- alle Embryonen anfänglich weiblich sind und sich erst nach dem zweiten Monat das durch die Gene vorbestimmte Geschlecht bildet,
- die Seton-Krankenhäuser in den USA, als sie eine künstliche Einleitung vor der 39. Woche verboten, 4,4 Millionen Dollar Umsatz verloren,
- jährlich etwa 10 000 Kinder in Deutschland außerklinisch geboren werden – nicht alle geplant, manche im Taxi –,
- von den außerklinischen Geburten nur etwa 40 Prozent Erstgebärende sind – besonders wer schon einmal zu Hause entbunden hat, geht danach nicht mehr in die Klinik, aber wer schon eine Klinikgeburt erlebt hat, bleibt offenbar beim nächsten Mal eher zu Hause,
- bei außerklinischen Geburten über 90 Prozent als Spontangeburt verlaufen mit 40 Prozent intaktem Damm?[36]

gut für Gehirn der Mutter, Brust, Knochen
Stillen stärkt die Bindung
Stillen reduziert Stress
UNTERSTÜTZENDE UMGEBUNG ...
.... MUTTER
gut für Gehirn des Kindes, Ohren + Darm
KIND
Besonders wertvoll: nachts stillen!

Artgerecht ernähren

!Kung San-Mütter reagieren in 92 Prozent der Fälle innerhalb von 15 Sekunden auf ein Baby, das weint oder jammert.

RONALD G. BARR

Es war wahrscheinlich ein sehr unscheinbares kleines Tierchen, das da im Mesozoikum plötzlich auf eine bahnbrechend neue Idee kam, die keine der eierlegenden Echsen vor ihm gehabt hatte: Es ließ seine Eier nicht von der Sonne oder der Erde ausbrüten, sondern wärmte sie mit der Unterseite seines Bauches und sonderte von dort ein Sekret ab, das die Eier mit einer schützenden Schicht überzog. Diese schützte gegen Bakterien und andere schädliche Mikroorganismen.

So entstand die erste Stillbeziehung: Die Babys begannen nach dem Schlüpfen das Zeug von ihren Eischalen zu lecken und bekamen so ein erstes Immunsystem-Boosting mit auf den Weg. Das verschaffte ihnen einen Vorteil, sie wuchsen vielleicht schneller oder wurden größer, waren weniger anfällig für Krankheiten oder bekamen mehr Nachwuchs. Das Drüsensekret entwickelte sich immer weiter, sodass es irgendwann auch Nährstoffe enthielt, die die Babys am Leben hielten, wenn nicht sofort nach dem Schlüpfen Futter verfügbar war. Der Vorläufer unserer Muttermilch war geboren, die Ära der Säugetiere angebrochen. Das australische Schnabeltier macht es heute noch so: Es legt Eier und ernährt seine Babys nach dem Schlüpfen mit Milch, die es vom Milchfeld am Bauch absondert und die die Kleinen vom Fell der Mutter lecken. Schlussendlich ließen die Säugetiere das mit den Eiern sein und gebaren lebende Junge. Heute, gut 65 Millionen Jahre später, haben sich die Säuger über den ganzen Erdball verbreitet. Wir Menschen gehören dazu!

»Säugetiermütter waren Alchimisten, die vorhandenes Futter in biologisches Gold verwandeln konnten, und zwar in eine sehr gut verdauliche Nahrungs- und Antibiotikamischung, die kräftigt und schützt.«[37]

Wenn man diese Geschichte kennt, wird auch klar, warum menschliche Muttermilch für uns eine derart große Bedeutung hat: Sie enthält Tausende von Stoffen, ist nahrhaft, direkt auf das jeweilige Baby, seine Bedürfnisse, seinen Hunger und seinen Trinkrhythmus abgestimmt, immer dabei und ein wahrer Immunbooster. Muttermilch hilft gegen wunde Stellen auf der Haut – weil sie Pilze und Bakterien fernhält. Und sie ist ein gutes Hausmittel bei Durchfall: antibakteriell und leicht verdaulich.

Muttermilch passt sich den Trinkgewohnheiten des Babys an. Sie ist sahniger oder wässriger, je nachdem, wie das Baby trinkt. Das Baby sagt der Brust durch sein Trinkverhalten, was es gerade braucht – wie viel Milch pro Mahlzeit, wie viel Fettanteil, wie oft. Dadurch, dass die Mutter den gleichen Keimen ausgesetzt ist wie das Kind, bekommt es zudem vom ausgereiften Abwehrsystem der Mutter immer einen perfekt abgestimmten Immuncocktail von ihr mitgeliefert mit allem, was sein eigenes, noch im Aufbau befindliches Immunsystem gerade braucht.

Weltweit werden Babys gestillt und die meisten weit über die Sechs-Monats-Grenze hinaus. Häufig ein oder zwei Jahre, in vielen Kulturen aber auch drei, vier oder fünf Jahre. Die Mütter wissen, dass Muttermilch den Kindern immer wieder guttut: Wenn die Babys anfangen zu essen, hilft Muttermilch, die fremden, großen Moleküle zu verdauen; wenn die Kinder laufen und die Welt erkunden, bekommen sie ein extra Immunboosting mit; sie hat eine beruhigende und schmerzstillende Wirkung noch lange über die Säuglingszeit hinaus und ist das Mittel der Wahl bei bakteriellen Erkrankungen besonders des Magen-Darm-Systems.

Das Milchhormon Prolaktin in unserem Körper gibt uns Ausdauer und Nestbautrieb. Forschende sagen, es löse »Brutpflege«-Verhalten aus (übrigens auch bei Papa oder anderen im Haus lebenden Personen, deren Prolaktinspiegel ebenfalls steigt). Aber das ist nur die halbe Wahrheit: Prolaktin macht ausgeglichen, geduldig und entspannt. Es hilft, die unruhigen Nächte gelassen durchzustehen, auf ein schreiendes Baby und Kleinkind mit Hingabe zu reagieren und einfach alles nicht so dramatisch zu nehmen. Es sorgt dafür, dass eine Stillende mit wenig Schlaf auskommt, weil es dem Körper Tiefschlaf vorgaukelt. Sie wird entspannt, anspruchslos und vergesslich – ein wahrer Segen (»Stilldemenz«). Viele Stillende werden auch zart besaitet – so zart, dass sie bei den Abendnachrichten plötzlich Tränen in den Augen haben. Stillen macht empfindsam – körperlich und emotional. Bei der Fütterung von künstlicher Säuglingsnahrung treten diese Effekte nicht so ohne Weiteres auf – aber wir können ihnen mit viel Körper- und besonders Hautkontakt, Kuscheln beim Füttern und Zuwendung auf die Sprünge helfen.

Für das Immunsystem gilt: Jeder Tropfen Muttermilch zählt! Und auch

Flaschenkinder werden in Studien nachweislich schlauer, wenn sie nach Bedarf – statt nach der Uhr – gefüttert werden. Also lassen wir uns auch hier nicht aus der Ruhe bringen und bauen uns die »artgerechte« Fütterungssituation so kuschelig, wie es geht. (Mehr dazu unter »Artgerecht Flasche füttern« am Ende des Kapitels.)

Einschlafstillen ist schädlich
Stillen schafft eine unnatürliche Bindung
Babys vertragen Muttermilch oft nicht
Fertigmilch ist genauso gut wie Muttermilch
Flaschenbabys schlafen besser
Stillen macht Kinder abhängig
Stillen und Beruf gehen nicht zusammen
Ammenmärchen
Stillen macht die Mutter abhängig
Wer Medikamente braucht, muss sofort abstillen
Nach 6 Monaten kommt nur noch Wasser!
Stillen tut weh
Stillen ruiniert die Brüste
Keine neue Milch auf alte Milch!
Nachts stillen verursacht Karies
Manche Babys wollen einfach keine Muttermilch

So geht's: Strategien für eine entspannte Stillzeit

Was braucht man zum Stillen? Ruhe, Vertrauen und Geduld. Viel Geduld. Und in jedem Fall Hilfe!

Das Wichtigste für einen guten Stillstart ist das Bonding nach der Geburt: Das Baby sollte möglichst sofort Hautkontakt haben und innerhalb der ersten oder zweiten Stunde anfangen zu saugen.

Unsere Babys wissen sehr gut, wo sie kriegen, was sie zum Überleben brauchen. Wenn sie natürlich geboren und nach der Geburt zwischen Mamas Brüsten Haut an Haut hingelegt werden, finden die meisten innerhalb der ersten ein bis zwei Lebensstunden von selbst die Brustwarze und docken korrekt an. Wenn das nicht geht – oder nicht klappt –, können wir dem Baby sanft helfen, die Brust zu finden, entweder direkt nach der Geburt oder sobald es möglich ist.

Das frühe Saugen ist wichtig, denn in diesen ersten Stunden und Tagen nach der Geburt stellen wir ein, wie viel Milch der Körper in der gesamten Stillzeit produzieren wird. Jetzt werden die Prolaktinrezeptoren gebildet, die später die Milchmenge bestimmen. Daher ist es wichtig, nach der Geburt das Baby oft anzulegen. In den ersten Stunden und Tagen muss manche von der Geburt erschöpfte Mutter ihr erschöpftes Neugeborenes sogar zum Stillen wecken, wenn es länger als drei Stunden schläft: dazu einfach das Baby sanft ausziehen, gegebenenfalls sanft massieren, Hautkontakt herstellen und anlegen.

Anders als der Flaschensauger muss eine Brust tief im Mund liegen, damit das Baby effektiv trinken kann. Es zieht sich beim richtigen Andocken die Warze bis nach hinten an den weichen Gaumen, um den so entstandenen Strang mit der Zunge auszustreichen (»saugen« ist eigentlich ein irreführender Begriff). Das Kind muss also »den Mund voll Brust« haben. Wenn sie zu weit vorn im Babymund liegt, wird sie beim Ausstreichen an den harten Gaumen gedrückt. Für diese Belastung ist sie nicht gemacht, sie tut weh und wird wund.

Was ich gern vorher gewusst hätte …

SIGRID Dass Stillen für Mutter und Kind vor allem anfangs eine Herausforderung ist und dass gefühlt 90 Prozent aller Mütter, die stillen wollen, die ersten Wochen massive Schwierigkeiten haben und das NORMAL ist!

DOROTHEA Ich hätte wirklich gerne vorher gewusst, wie das mit dem Stillen läuft – dass es enorm viel Zeit, Ruhe und Geduld braucht, bis es klappt und harmonisch schön wird! (Bei mir klappte es jetzt erst mit dem dritten Kind.)

PAULE Dass es nicht »das« Stillen gibt! Es gibt Momente, da hat das Baby Durst und/oder Hunger, aber auch Momente, da möchte es an die Brust, weil es das erste Mal gebadet hat, es müde ist, angezogen wurde, also dass es eben auch ein Stillen für lauter andere Bedürfnisse gibt! Und dass es in der ersten Zeit nach der Geburt durchaus häufiger gestillt werden möchte als z. B. alle zwei Stunden und dass es dem Baby trotzdem noch gut geht!

Positionen

Versuchen Sie einmal, den Kopf zur Seite zu drehen und etwas zu schlucken – schwierig, nicht? So geht es auch einem Baby beim Stillen, daher sollten Mutter und Kind Bauch an Bauch liegen, damit das Kleine den Kopf nicht zur Brust drehen muss. Beim Anlegen noch wichtig: Das Baby muss zur Brust und nicht die Brust zum Baby – sonst saugt der Säugling nicht richtig an, und Mama kriegt Rückenschmerzen. Also setzen Sie sich bequem hin und ziehen Sie dann das Kind an die Brust. Wenn das schwerfällt, stillen Sie in der »intuitiven« Stillposition: Halb aufrecht sitzend legen Sie sich das Baby Bauch an Bauch zwischen die Brüste. Nun schieben Sie es zu einer Brust und lassen es dort, die Brustwarze tief im Mund, andocken. So arbeitet die Schwerkraft mit uns statt gegen uns.

Auf Bildern sieht man meist Mütter im Wiegegriff stillen. Das ist auch tatsächlich die Stillposition, bei der viele Stillpaare letztlich bleiben. Dennoch ist es am Anfang oft sinnvoll, das Kind in verschiedenen Positionen anzulegen, um alle Seiten (korrekt: Quadranten) der Brust zu leeren. Sonst riskieren wir einen schmerzhaften Milchstau. Auch während einer Stillmahlzeit verändert sich übrigens die Milch – erst kommt sie etwas wässriger heraus, sozusagen zum Durststillen, dann wird sie zunehmend fetter (»sahniger«), daher sollten wir das Baby immer zu Ende trinken lassen (außer es ist mit der Stillberaterin etwas anderes abgesprochen, etwa bei anfangs zu viel Milch).

Ist das Kind nach dem Stillen an der Brust eingeschlafen, warten Sie noch einige Minuten, bis es in der Tiefschlafphase angekommen ist. Anders als Erwachsene, die zuerst eine Tiefschlafphase haben, sinken Babys erst langsam ab und brauchen bis zu 20 Minuten, bis sie wirklich tief schlafen. Jetzt können Sie den kleinen Finger sanft in seinen Mundwinkel schieben, das Saugvakuum lösen und die Brust herausziehen. Besser noch: mit dem Baby zusammen schlafen. Der Haushalt und die sozialen Medien können warten, Schlaf hat in diesem ersten Jahr absoluten Vorrang.

Schlaf hat oberste Priorität

Ob Stillen oder Flasche, Mütter bekommen wahrscheinlich etwa gleich viel – oder wenig – Nachtschlaf. Stillkinder trinken nachts häufiger als Flaschenkinder, aber dafür schläft Mama erstens besser wieder ein (sie muss kein Fläschchen machen, nicht aufstehen, Oxytozin und Prolaktin helfen ihr, wieder in Morpheus' Arme zu fallen), und zweitens werden die Kinder auch nachts mit den Nährstoffen versorgt, die sie für ihr schnelles Gehirnwachstum brauchen. Wenn der Nachtschlaf nicht reicht, wird jede Säugetiermutter ihn nachholen und Energie sparen, wann immer sie kann – ohne Kompromisse.

Das Stillkind regelmäßig zu wiegen sollten wir übrigens der Hebamme und dem Kinderarzt überlassen. Wiegen bringt selten Vorteile, kann aber die Mutter enorm unter Druck setzen, wenn sie Angst bekommt, ihre Milch könnte nicht reichen. Und Stress ist einer der Hauptfaktoren, wenn es dann wirklich nicht mehr reicht.

Stillen will gelernt sein

Wenn wir unser Kind artgerecht mit Muttermilch ernähren wollen, sollten wir folgende häufige Fehler vermeiden:

- **Zu spätes Anlegen:** Die Milchbildung wird unwiderruflich verschlechtert, wenn Sie das Neugeborene nach der Geburt zu spät und zu selten anlegen. Mutter und Kind sind vielleicht erschöpft, wohlmeinende Menschen geben dem Baby erst mal eine Flasche, damit Mama schlafen kann – und schon gerät das sensible Stillsystem aus dem Lot. »Zu wenig Milch« ist oft die Folge. Sorgen Sie daher vor allem in den ersten Stunden und Tagen für regelmäßige Stillmahlzeiten (mindestens alle drei Stunden, eher öfter) und viel Hautkontakt!

- **Schnuller/Flasche:** Auch Schnuller und Flasche können das Stillen torpedieren. Eigentlich sollte das angeborene Saugbedürfnis des Neugeborenen der Brust signalisieren, was es braucht. Manche Kinder werden stattdessen mit dem Schnuller hingehalten, nuckeln sich daran müde und können dann nicht mehr effektiv an der Brust saugen. Aus der Flasche können die Babys viel leichter trinken als aus der Brust. Wenn das Baby dann wieder an die Brust wechseln soll, hat es oft die Ausstreichtechnik durch eine Saugtechnik ersetzt, mit der es nicht mehr genug Milch bekommt, und ist frustriert. Andere Babys verweigern die Brust, weil sie plötzlich für ihre Milch so viel arbeiten sollen. In beiden Fällen heißt es: »Das Baby hat sich selbst abgestillt« – eine Fehleinschätzung.
- **Schmerzen:** Wenn die Mutter beim Stillen nicht bequem sitzt, spannt sie Muskeln an – erst unbemerkt, auf Dauer jedoch schmerzhaft und ermüdend. Dies wirkt sich unmittelbar aus: Der Milchspendereflex kommt verspätet oder gar nicht, das Baby ist unzufrieden, Stillen wird für beide unangenehm. Tun Sie daher alles für eine bequeme Haltung! Auch für die Warzen gilt: Ein Ziehen in der Brust beim Saugen ist am Anfang häufig, kann aber auch auf eine Infektion hinweisen und sollte abgeklärt werden. Schmerzen an oder auf der Brustwarze sind nicht normal – überprüfen Sie, ob Sie das Baby richtig anlegen!
- **Zu viel Abstand:** Das Baby sollte Bauch an Bauch, Haut an Haut mit Mama liegen und einen Mund voll Brust bekommen (ja, es bekommt noch Luft, Menschen haben die Nasenlöcher ja praktischerweise nach unten gerichtet und nicht nach vorn). Manche Mütter versuchen zwar, durch mehr Abstand einen besseren Überblick zu behalten, aber das Anlegen wird dadurch schwieriger. Ziehen Sie Ihr Baby ganz kuschelig und eng an sich heran.
- **Brust zu groß:** Auch wenn manchmal gesagt wird, man dürfe die Brust nicht zusammendrücken – besonders bei großen, prallen Brüsten kann es notwendig sein, sie etwas zusammenzudrücken, damit das Baby sie in den Mund nehmen kann. Dies muss natürlich immer parallel zum

Babymund geschehen; wir würden uns ja auch kein Brötchen hochkant in den Mund stecken.

- **Die Brustwarze wird in den Mund gesteckt:** Wenn die Brustwarze wie ein Schnuller in den Babymund gesteckt wird, hat es nur einen kleinen Teil davon im Mund – das tut weh und macht sie wund.
- **Wiegepanik:** Manche Eltern geraten in Panik, weil das Kind nicht genug zunimmt. Klären Sie ab: Wie sind Sie selbst als Baby gewachsen? Oft haben schmächtige Babys Eltern, die ebenfalls nur langsam wuchsen. Auch zu prüfen ist, ob das Geburtsgewicht verfälscht wurde oder die Waagen nicht gleich geeicht sind. Infusionen unter der Geburt können zu Wassereinlagerungen bei Gebärender und Baby führen, die das Kind in den ersten Tagen wieder abbaut – was auch zum Gewichtsverlust beiträgt. Also erst mal Ruhe bewahren und gut hinschauen! Allein das Gefühl, dem Baby nicht genug Milch geben zu können, führt bei mancher Stillenden schon zu so massivem Stress, dass die Milch versiegt. Wenn ein Baby nicht ausreichend zunimmt, gilt auf jeden Fall: nachts stillen, unbedingt Schnuller weglassen, häufiger die Brust anbieten.

Zwillinge stillen

Mütter mit Zwillingen haben häufig wegen Frühgeburt oder Kaiserschnitt einen schwereren Stillstart. Wenn sie stillen wollen, empfiehlt sich auf jeden Fall die Hilfe einer Stillberaterin. Grundsätzlich kann eine Frau auch zwei Kinder stillen, wenn ihr selbst genug Nahrung zur Verfügung steht, was bei uns ja der Normalfall ist.

Manche Mütter lernen relativ schnell, die Kinder gleichzeitig anzulegen, andere stillen sie nacheinander. Beachten Sie, dass Zwillinge oft unterschiedlich gut trinken und auch manche Frauen eine »produktive« und eine »nicht so produktive« Brust haben. Seien Sie achtsam und wechseln Sie sie entsprechend ab! Jedes Baby kann »seine« Brust zu Ende trinken, damit es sowohl Vorder- als auch die sahnigere Hintermilch bekommt. Sie können aber auch wechseln – schauen Sie, was für Ihre Babys funktioniert.

Auf jeden Fall braucht eine Mutter mit Zwillingen sehr viel Unterstützung, am besten von zwei Erwachsenen und rund um die Uhr.

Stillen unterwegs

Wenn ein Baby auf der Straße weint, geht man in weiten Teilen Afrikas davon aus, dass die Person, die das Baby hält, wohl nicht die Mutter sei. Sonst würde sie es ja sofort stillen! So normal Stillen dort auch in der Öffentlichkeit ist, so normal ist es bei uns noch lange nicht. Viele Frauen scheuen sich, unterwegs zu stillen. Während bei Naturvölkern Brüste eindeutig zum Stillen da sind und Frauen oft oben ohne herumlaufen, gelten Brüste bei uns noch immer vorrangig als Sexualorgan.

Aus Sicht der Babys ist das natürlich alles Kokolores – sie haben auch unterwegs Hunger, und unsere Vorfahren kannten ja kein »Draußen« und »Drinnen« in dem Sinne, wie wir es kennen.

Also was tun? Unterwegs stillt es sich vor allem gut mit passender Stillkleidung, die die Brust weiterhin bedeckt und es möglich macht, nur die »notwendigen« Bereiche auszupacken. Ein Still-BH plus Stillshirt zum Beispiel. Als Nächstes lässt sich ein Tuch oder Schal über Brust und Kind legen. Manche Babys mögen keinen Stoff im Gesicht, man kann daher auch ein leichtes Tuch komplett über den eigenen Kopf und das Kind legen. Der Vorteil davon ist, dass unruhige Babys draußen beim Stillen nicht so abgelenkt werden und Augenkontakt möglich ist. Wenn es anatomisch geht, ist auch Stillen in Tuch oder Trage extrem bequem, vor allem, weil man sich nicht dazu hinsetzen muss: einfach Kind ins Tuch, Brust aus dem Stillshirt, Jacke oder Schal über die nackten Bereiche – fertig. Besonders unruhige Babys genießen die Kombination von Nuckeln und Schaukeln.

Insgesamt ist es aber so, dass ein Baby, während es gestillt wird, die Brust ja vor allem *im Mund* haben soll, man sieht also ohnehin nicht mehr, als so manche Frau im Sommer zeigt. Grundsätzlich gilt, dass Stillen in der Öffentlichkeit in Deutschland erlaubt und in vielen Ländern der Erde sogar gesetzlich geschützt ist.

Tipps zum Stillen unterwegs

- Tragen Sie Kleidung, die den Zugang zur Brust leicht macht.
- Haben Sie ein Tuch oder einen Schal dabei, mit dem Sie bei Bedarf Brust und/oder Kind abdecken können.
- Stillen Sie im Sling oder Tuch – sie bringen den Sichtschutz gleich mit.
- Suchen Sie gegebenenfalls einen ruhigen Ort – eine Umkleidekabine, eine Ecke im Café, einen Ruheraum. Keine Stillende sollte sich mit ihrem Baby auf eine Toilette schicken lassen müssen – fragen Sie freundlich, aber beharrlich nach einer anderen Möglichkeit.
- Üben Sie das »Auspacken« der Brust schon zu Hause, damit Sie draußen Ihre Handgriffe sicher beherrschen.

Stillen und Schnuller

Schnuller sind – wie viele Mutterattrappen – eine evolutionär gesehen moderne Erfindung. Aus *artgerecht*-Sicht sind Nuckel nicht notwendig, um ein Baby gesund und glücklich großzuziehen. Sie sind immer eine Notlösung. Allerdings fehlt in unserer Welt oft die andere Stillende, bei der das Baby auf artgerechte Weise sein Saugbedürfnis mal kurz befriedigen könnte, insofern können sie eine große Hilfe sein.

Ein Schnuller kann in vielen Fällen helfen: Schreibabys, Frühgeborene, kranke Kinder, erschöpfte Mütter mit wunden Brustwarzen. Oder wenn das Kind ohne Mutter sein muss und zum Beispiel bei Papa sonst sein Saugbedürfnis nicht befriedigen kann. Dennoch sollten wir den Schnuller als »Mutterattrappe« immer kritisch unter die Lupe nehmen, denn Schnuller bergen folgende Gefahren:

- Wenn ein Baby sein Saugbedürfnis am Schnuller befriedigt, saugt es wie gesagt unter Umständen nicht mehr mit voller Kraft oder der richtigen Technik an der Brust – was die Milchproduktion schmälert.

- Wenn ein Baby mit dem Schnuller hingehalten wird, obwohl es *jetzt* Hunger hat, saugt es sich oft müde, trinkt dann weniger effektiv an der Brust – was ebenfalls die Milchproduktion schmälert.
- Der Schnuller ist schwerer wieder abzugewöhnen als Brust oder Daumen, denn mit Nuckel im Mund kann ein Kind später auch stundenlang mit Bausteinen spielen oder klettern.
- Wird der Schnuller (»Beruhigungssauger«) zur Dauerlösung, ersetzt er Zuwendung durch Plastik.

Manche Kinder geben den Schnuller von jetzt auf gleich wieder her. Andere kämpfen bis zum vierten, fünften Lebensjahr um ihn. Fazit: Wir wissen nicht, wie schwer es wird, dem einzelnen Baby den Schnuller wieder abzugewöhnen, wie stark der Kiefer leiden wird und ob er das Stillen beeinträchtigen wird. Daher sollte ein Schnuller, wenn er überhaupt notwendig ist, immer wie ein Medikament eingesetzt werden und möglichst nur bis zum achten Lebensmonat, denn dann geht das Saugbedürfnis meist zurück – also sollten Sie ihn nur im Bedarfsfall verwenden und sonst konsequent meiden. Es mag jetzt unbequem sein, spart aber später eine Menge Arbeit und teure kieferorthopädische Behandlungen.

Beißen beim Stillen

Es hält sich hartnäckig das Märchen, dass Babys nicht mehr gestillt werden können, sobald sie Zähne bekommen. Evolutionsbiologisch ist das völliger Unsinn, die Generationen vor uns haben die Muttermilch viel länger als im ersten Jahr gebraucht. Wahr ist allerdings, dass manche Babys anfangen zu beißen, wenn sie Zähne bekommen. Leider interpretieren viele Menschen das als Bösartigkeit, das Austesten von Grenzen oder schlechte Angewohnheit. De facto ist es aber einfach so, dass die Kinder oft wunde oder juckende Kauleisten haben, sodass sie die Brust nutzen, um sich Abhilfe zu schaffen. Die Brust ist im Kinderkopf die Lösung für alles – warum nicht auch dafür?

Jetzt hilft es, zu verstehen, was das Kind braucht: Es sucht Hilfe für seine Zahnprobleme. Die Mutter sollte ohne viel Aufhebens klarmachen, dass an der Brust zu beißen nicht erlaubt ist – »Aua! Stopp!« Wir sollten unbedingt eine Alternative bieten und so zeigen, dass die Brust zum Stillen da ist und andere Bedürfnisse anderswo befriedigt werden müssen.

Falsche Erwartungen

Das klappt schon

Stillen will gelernt sein! Es ist eine zutiefst menschliche Sache, aber wer vorher nie jemanden hat stillen sehen, weiß oft schlicht nicht, wie es geht. Es ist also absolut natürlich und artgerecht, bei Stillproblemen sofort Rat und Hilfe bei einer Stillberaterin zu holen. Und sofort heißt in diesem Fall tatsächlich sofort – schon acht Stunden, die ungenutzt vergehen, können bei einem Milchstau einen großen Unterschied machen!

Stillen ist erlernt – bei allen

Welche Wunder Unterstützung beim Stillen wirken kann, ließ sich sogar schon bei Tieren beobachten: In einem Zoo im US-Staat Ohio gab es eine Gorillamama die in Gefangenschaft geboren und aufgezogen worden war. Sie hatte nie eine andere Gorillamama stillen gesehen. Als sie selbst ein Baby bekam, wusste sie nicht, was sie damit anfangen sollte – ihr Kleines starb. Als sie zum zweiten Mal schwanger wurde, rief jemand bei der Stillberatung an. Die La Leche League schickte Mütter, die sich vor den Käfig der Gorillamama setzten und ihre Babys stillten. Die Gorillamama sah ihnen interessiert zu. Als das Baby kam, zeigte eine Menschenfrau der Gorillamama Schritt für Schritt, wie sie ihr Kind anlegen konnte. Die Primatenmama schaute zu, machte es nach – und Umstehende hatten das Gefühl, sie sehe mit einem erleichterten Gesichtsausdruck, wie ihr Baby zum ersten Mal friedlich an ihrer Brust trank. Das Kleine überlebte.

Das reicht ohnehin nicht

Viele Eltern hören die Empfehlung, sich »sicherheitshalber« mit Fläschchen und Pulvermilch zu versorgen, falls das mit dem Stillen nicht klappt. Die Erfahrung zeigt: Das wird schnell zu einer sich selbst erfüllenden Prophezeiung. Wenn der Stillstart sich schwierig gestaltet – und das passiert häufig –, ist der Reiz groß, als »Lösung« zur Flasche zu greifen. Doch das ist, wie so oft in unserem modernen Leben, eine schnelle Lösung, die wir später mit vielen Nachteilen bezahlen. Daher ist es klug, wenn die Mutter von allen Beteiligten in ihrer Entscheidung, zu stillen, unterstützt und bestärkt wird. Und vor allem professionelle Hilfe bekommt, wie es seit Anbeginn der Zeit üblich war.

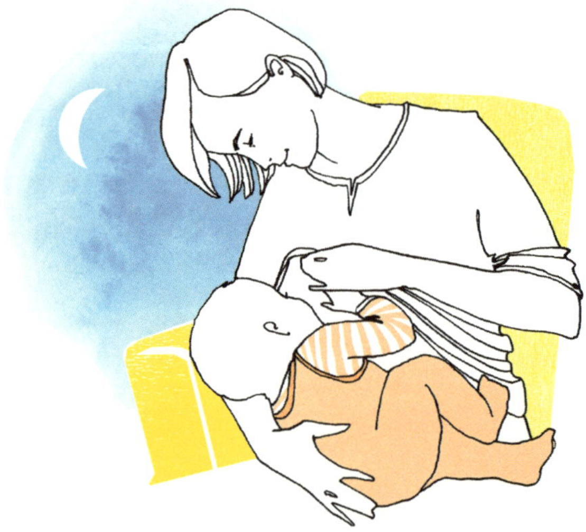

Die Brust muss voll sein

Am Anfang beim Milcheinschuss bekommen viele Frauen enorm große Brüste – zur Freude ihrer »Umgebung« –, die auch so richtig nach »viel Milch« aussehen. Das muss aber nicht so sein, und es bleibt auch nicht so. Selbst eine ganz, ganz kleine, unscheinbare Brust kann viel Milch für ein Baby produzieren. Die Milchmenge hängt weder davon ab, wie groß die Brust ist oder war, noch davon, wie prall sie sich anfühlt. Im Laufe der Stillbeziehung steigt die Milchmenge, die Brust aber schrumpft meist wieder auf eine Größe, die sie auch vorher hatte. Und das, obwohl sie ausreichend Milch produziert! Auch eine Brust, die sich »leer« anfühlt, bietet dem Kind ausreichend Milch an.

Stillen spart Zeit

Stillen kann Zeit sparen. Aber vor allem am Anfang ist es sehr zeitaufwendig. Das ist gut so – es zwingt uns Mütter dazu, unser Aktivitätsniveau »herunterzufahren«, uns hinzusetzen, uns zu entspannen und uns lange und ausgiebig ganz unserem Neuankömmling zu widmen. Für die Babys ist das perfekt. Für manche Stillende ist es kaum auszuhalten – für manche Umstehende auch nicht. Wenn ein langsam trinkendes Baby für seine Stillmahlzeit an zwei Seiten etwa 45 Minuten braucht und acht- bis zwölfmal am Tag gestillt werden will, dann haben wir einen vollen Arbeitstag mit dem Kind an der Brust verbracht. Das ist aus Sicht von Mutter Natur vollkommen sinnvoll, vor allem zu Beginn: Wir sollen ja eine Bindung aufbauen; wir wollen, dass sich die Gebärmutter zusammenzieht und dass die Milchbildung in Gang kommt. Es kollidiert nur mit den Gedanken, die wir in unseren Zivilisationsköpfen haben: Wir wollen endlich wieder aufräumen, sofort mit der Rückbildung beginnen, den Baby-Besuch bewirten, unsere großen Kinder versorgen, dem Rest der Familie nicht alles allein überlassen … und das ist auch vollkommen verständlich.

In einer artgerechten Umgebung gäbe es noch viele andere, die aufräumen, kochen, putzen, bewirten, Mails beantworten, Karten schreiben, die größeren Kinder versorgen oder Botengänge erledigen könnten. Da wir meist allein sind in unserer Kleinfamilie, spüren wir plötzlich einen

Druck, für den uns die Evolution nicht vorbereitet hat. Aber daran ist nicht das Stillen schuld, sondern unser nicht artgerechtes Leben.

Zudem wird es natürlich im Laufe der Zeit immer weniger, und schon Ende des ersten halben Jahres ist Stillen nur noch Nebensache und nicht mehr Hauptbeschäftigung. Daher setzen Sie Prioritäten. Sie sind ein Säugetier – Sie dürfen sich auch wie eines benehmen.

Zehn Tipps zum Stillen

1. Schaffen Sie sich eine bequeme und gemütliche Umgebung und Stillposition.
2. Stillen Sie Ihr Baby tagsüber und *auf jeden Fall auch nachts* nach Bedarf – egal, was andere sagen.
3. Vertrauen Sie darauf, dass Sie genug Milch haben.
4. Entstressen Sie sich, finden Sie Ruhe und Muße für sich und Ihre Familie.
5. Lassen Sie das Baby die Brust selbst nehmen und tief einsaugen.
6. Beobachten Sie Ihr Kind und wiegen Sie es, wenn überhaupt, höchstens einmal wöchentlich.
7. Kontaktieren Sie bei Schmerzen oder Fragen sofort eine Stillberaterin (zum Beispiel von der Arbeitsgemeinschaft Freier Stillgruppen oder der La Leche League).
8. Sorgen Sie für moralische und praktische Unterstützung, tauschen Sie sich mit anderen stillenden Müttern aus.
9. Erkennen Sie an, dass Stillen lebenswichtig ist und seine Zeit und seinen Raum braucht.
10. Genießen Sie die Zeit – sie ist so schnell vorbei und schenkt Ihrem Baby einen guten Start ins Leben, den nur Sie ihm geben können. Jeder Tropfen hilft.

Jedes Kind ist anders: Stillen

Manche Kinder möchten nach der Geburt erst einmal ständig an der Brust sein. Andere schlafen lieber viele Stunden. Wieder andere stillen mal den ganzen Tag, dann tagelang mit großen Abständen. All das ist normal. Je nachdem, wie die Geburt war, wie das Kind gerade wächst oder wie sich sein kleines Leben entfaltet, ist das Stillbedürfnis stärker, häufiger, schwächer oder seltener. Auch Schnupfen, Zahnen oder Saugverwirrung (durch Mutter-Ersatzmittel wie Schnuller) können die Stillbeziehung beeinflussen. Daher heißt es immer: ruhig Blut. Wenn das Kind der Freundin weniger trinkt und mehr wächst – macht nichts. Solange das Kind sechs bis acht nasse Windeln am Tag hat (oder sechs- bis achtmal erfolgreich abgehalten wird), Stuhlgang zwischen ein- und siebenmal pro Woche und zunimmt, ist alles gut. Und Babys dürfen auch an die Brust, wenn sie keinen Hunger haben. Bei Naturvölkern sitzen sie einen Großteil des Tages in einem Tuch auf Mamas Hüfte und kümmern sich bald völlig selbstständig um ihre Stillmahlzeiten, da Mamas Brüste ja immer zugänglich sind. Sie essen, spielen oder beruhigen sich durch das Saugen (und Mama entspannt sich durch den so produzierten Hormonausstoß gleich mit) und informieren die Brust auch darüber, wenn sie demnächst mehr Milch brauchen. Oft haben Brust und Kind »einen Draht« zueinander, eine Interaktion, von der wir ausgeschlossen sind und in die wir am besten auch gar nicht einzugreifen versuchen. »Die regeln das schon …!«

Stillzeichen

Wann wird das Kind gestillt? Das Kind wird immer gestillt, wenn es Hunger hat, kuscheln will, Beruhigung braucht oder saugen möchte. Bei Naturvölkern, besonders in Kulturen, in denen die Frauen oben unbedeckt gehen, entscheiden die Kinder oft selbstständig, wann sie trinken. Ansonsten gilt: Wenn das Baby erst mal weint, haben wir schon die ersten zwei Stufen der Stillzeichen verpasst:

- Stufe 1: Ein hungriges Baby beginnt damit, die Brust zu suchen. Es wird unruhig. Es öffnet den Mund. Es dreht den Kopf von links nach rechts und macht eventuell auch Geräusche dabei. Es schmatzt. Es spitzt die Lippen. Wenn es im Tragetuch sitzt, klopft es mit seinem Köpfchen vielleicht an Mamas Körper. Das sieht süß aus und wird oft fehlinterpretiert. Es heißt nicht: Ich erkunde die Welt. Es heißt: Ich habe Hunger! Stille mich! Wenn wir jetzt sofort stillen (und danach abhalten), haben wir meist ein ruhiges, zufriedenes Baby.
- Stufe 2: Ein sehr hungriges Baby wird körperlich aktiv. Es beginnt, sich zu strecken und zu zappeln. Jetzt passiert etwas, was wir oft sehen: Es führt die Hand zum Mund und kaut darauf herum. Dieses Verhalten wird manchmal falsch verstanden als »Selbstregulierung« – als ob das Kind in der Lage wäre, sich selbst zu beruhigen, und den Daumen fände, um sein Saugbedürfnis selbst zu befriedigen. Nein, dieses Baby hat Hunger! Spätestens jetzt sollte es auch gestillt werden, sonst finden wir uns wieder in Stufe 3.
- Stufe 3: Das Kind schreit. Es weint, es windet sich und bewegt die kleinen Beinchen und Ärmchen wie wild. Es läuft rot an. Nun ist es zum Stillen häufig zu spät. Oft ist das Kind schon so verzweifelt, dass es keine Ruhe mehr zum Stillen hat. Wenn wir jetzt die Brust anbieten, mag es sich sofort beruhigen. Genauso häufig aber dreht es sich weg, schreit, kann nicht trinken, und die Mutter denkt: »Siehst du, es war gar kein Hunger.« Ein Baby in Stufe 3 muss sich oft erst mal wieder beruhigen – mit oder ohne Brust –, bevor es trinken kann.

Die Rolle der anderen

Die Wichtigkeit des Umfelds einer Stillenden ist in einem Satz erklärt: Wenn ihre engste Bezugsperson nicht mitzieht, klappt's nicht. Wenn der Partner oder die Partnerin Stillen eigenartig, überflüssig oder »unmodern« findet, stillt die Frau aller Erfahrung und der Studienlage nach seltener und kürzer. Jeder Mensch, der eine stillende Mutter unterstützt, kann hingegen eine große Hilfe sein.

Andreas Lorenz schreibt auf seinem Blog »Papa-Online«[38], es sei ein »Missverständnis, dass Männer mit dem Stillen nichts zu tun haben«. Was ein Vater oder jeder andere nahestehende Mensch tun kann:

- Nahrung: für Essen oder Trinken sorgen. Stillen macht hungrig und durstig.
- Zuwendung: die Frau streicheln oder ihr den Rücken massieren.
- Unterhaltung: Musik, ein entspanntes Gespräch führen (keine Problemdiskussion), etwas Lustiges machen …
- Service: Wenn Milch abgepumpt und versorgt werden muss oder zugefüttert wird nach dem Stillen, kann er dafür alles bereitstellen, er kann ans Telefon gehen oder die Haustürklingel leise stellen, damit das Baby gegebenenfalls einschlafen kann.
- Baby: hinterher oder in einer Stillpause das Baby abhalten, Bäuerchen machen lassen, das nass getränkte Lätzchen wechseln und so weiter.

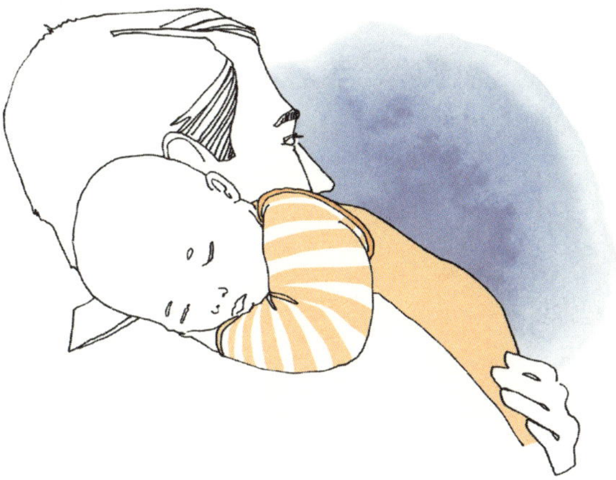

Vorteile des Stillens

Zehn Vorteile für das Baby

- Stillen hilft bei Durst.
- Stillen hilft bei Hunger.
- Stillen hilft dem Baby bei Anspannung.
- Stillen tröstet, spendet Nähe und ermöglicht Augenkontakt.
- Stillen stärkt das Immunsystem.
- Stillen fördert die Erholung bei Krankheiten.
- Stillen schützt vor Fettsucht und Übergewicht.
- Stillen stärkt die Kau- und Sprechmuskeln.
- Stillen nach Bedarf macht schlau (dasselbe gilt für Flaschenkinder!) – auch wenn Forschende noch nicht genau wissen, warum.
- Stillen macht Mama entspannt – das hilft auch dem Baby.

Zehn Vorteile für die Mama

- Stillen unterstützt die Rückbildung nach der Geburt.
- Stillen entspannt die Stillende – und alle, die in ihrer Umgebung leben.
- Stillen ist flexibel.
- Stillen hilft bei Krankheiten, auch der Mama.
- Stillen baut bei vielen Müttern Schwangerschaftspfunde ab.
- Stillen vermindert das Risiko von Gebärmutter-, Eierstock- und Brustkrebs sowie Herz-Kreislauf-Erkrankungen.
- Stillen macht durch den Prolaktinausstoß geduldig.
- Stillen hilft beim Wiedereinschlafen – auch den Erwachsenen.
- Stillen schafft Bindung und reduziert die Gefahr, eine postpartale Depression zu bekommen.
- Stillen verzögert bei vielen die nächste Periode: Ein längerer Geburtenabstand ist die evolutionsbiologisch gewollte Folge – aber Vorsicht, als Verhütungsmittel taugt es nicht!

Lorenz schreibt: »Hilfe als Laufbursche ist sehr willkommen.« Das klingt etwas despektierlich, aber eine dritte und vierte Hand ist unschätzbar wertvoll!

Es ist wichtig, bei einem so emotionalen Thema wie dem Stillen die jeweiligen Bedürfnisse aller Elternteile ernst zu nehmen, auszusprechen und gemeinsam eine Lösung zu finden. Sonst kommt es zu einem »Stillkonflikt« innerhalb der Partnerschaft: Es konkurriert ein Erwachsener mit dem Baby um die (Brust der) Mutter – eine Situation, wie sie nur eine nicht artgerechte Kultur hervorbringen kann.

Dabei hilft das Prolaktin auch dem nicht stillenden Elternteil, wenn er nur häufig genug in der Umgebung von Mutter und Kind ist. Es senkt den Testosteronspiegel schon in der Schwangerschaft und macht ihn oder sie zum »potenziellen Babypfleger«. Wer das Stillen unterstützt, kann die Familie auch gegen eventuelle vorwurfsvolle Einwände wie »Stillst du schon wieder?!« von Schwiegermutter, Chef oder Nachbarin stark machen. Eltern ernten dafür eine starke, entspannte, geduldige Stillende – und langfristig ein gut entwickeltes, gesundes Kind.

Stillen nach einem Kaiserschnitt

In Deutschland liegt die Kaiserschnittrate bei etwa einem Drittel aller Geburten und ist in den vergangenen Jahren leicht angestiegen. Viele der Kaiserschnitte werden vor der vierzigsten Woche durchgeführt. Die Babys haben häufiger Probleme mit der Atmung und sind ein wenig zu früh geboren, beides erschwert oft den Stillbeginn. Nach einem Kaiserschnitt scheint die Milch nicht so schnell und so reichlich zu kommen wie nach einer Spontangeburt, aber sie kommt! Und in der Regel reicht sie auch. Mutter und Kind sind zwar oft nicht mit der Hormonachterbahn gefahren, die über Oxytozin das Stillen vorbereitet. Doch trotz all dieser Hemmnisse kann nach einem Kaiserschnitt genauso gestillt werden wie nach einer vaginalen Geburt, wenn Folgendes beachtet wird:

- Im OP sollte das Neugeborene der Mutter nackt auf die Brust gelegt und mit warmen Tüchern zugedeckt werden.

- Wenn das nicht geht, sollte das Baby spätestens nach der Verlegung ins Zimmer Haut an Haut bei der Mutter liegen.
- Ist das wegen einer Vollnarkose nicht möglich, kann die Begleitperson das Kind Haut an Haut auf seine Brust oder seinen Bauch nehmen.
- Die Mutter braucht anfangs viel Hilfe beim Anlegen, da sie das Baby wegen der Bauchnarbe schlecht heben kann.

Wenn der Kaiserschnitt ungeplant und ungewollt war – etwa aufgrund von Indikationen, die eigentlich keinen primären Kaiserschnitt rechtfertigen würden –, kann das Stillen der Mutter helfen, das Erlebte zu verarbeiten. Das Baby kann bei ihr genauso wie nach einer Spontangeburt im Bett liegen, ein seitliches Bettgitter schützt es davor herauszufallen. So kann sie auch im Liegen stillen. Das Baby muss nicht unbedingt aufstoßen; ist es jedoch nötig, kann sie das Baby dazu auf ihren Bauch oder ihre Schulter legen. Stillen im Rückengriff ist am einfachsten: Die Hand der Mutter stützt den Kopf des Babys an der Brust, es liegt mit dem Körper an ihrer Seite, und seine Füße verschwinden unter ihrem Oberarm nach hinten. So kommt das Baby nicht mit den Füßen oder dem Gewicht an die Narbe.

Stillen und arbeiten

Das Gesetz zum Schutz der erwerbstätigen Mutter (Mutterschutzgesetz) sichert stillenden Müttern einen Anspruch auf Stillzeiten, die als Arbeitszeit anzurechnen sind. »Stillpausen« heißt: Die Mutter kann das Kind an ihrem Arbeitsplatz stillen (was die »artgerechteste« Variante wäre), die Mutter kann zum Stillen nach Hause fahren oder Milch abpumpen. Das Gesetz legt Mindestzeiten fest, die aber von Arbeitgeber und Arbeitnehmerin individuell festgelegt werden können. Es gibt im Gesetz keine zeitliche Begrenzung dafür, bis zu welchem Alter des Kindes das Stillen unterstützt wird. Sprechen Sie das mit Ihrem Arbeitgeber ab. Informieren Sie möglichst früh Arbeitgeber und Kollegen darüber, wie Sie persönlich Stillen und Arbeiten vereinbaren wollen, und sichern Sie sich ihre Unterstützung.

Rein praktisch sollte die Stillende einige Tage vor Arbeitsbeginn damit anfangen, Muttermilch abzupumpen oder von Hand zu entleeren und die Milch einzufrieren oder zu kühlen. Viele Säuglinge nehmen die Flasche nicht von der Mutter, sie kann also nicht mit ihm »üben«, wohl aber von einer anderen Bezugsperson. Bevor die Mutter zur Arbeit geht, sollte sie für die Milchbildung und ihre eigene Brustgesundheit das Baby ausgiebig stillen, auch wenn sie es dafür wecken muss. Es ist oft so, dass das Baby nachts mehr gestillt werden will, wenn Mama tagsüber weg ist. Das Kind hält so die Milchbildung in Gang, holt Bindung nach, »tankt auf«.

Abstillen: tags, nachts – ganz

Kinder stillen sich selbstständig ab, wenn man sie lässt. Allerdings zu einem Zeitpunkt, der in der Zivilisation als absurd spät gilt: meist mit vier oder fünf Jahren. Oft wollen oder können Mütter aber schon vorher nicht mehr stillen. Auch das ist »normal« und war schon bei unseren Vorfahren so. Stillen braucht Energie – körperliche und emotionale.

Es fällt vielen Eltern schwer, den Moment abzupassen, wann ein Kind noch »Stillen nach Bedarf« wie ein Säugling braucht oder schon nach Mamas Bedarf wie ein Kleinkind gestillt werden sollte. Eine gute Messlatte ist: Wenn die Mutter sagt, dass sie »eigentlich« nicht mehr so oft, nicht mehr nachts oder gar nicht mehr stillen will, ist es an der Zeit, die Stillbeziehung zu untersuchen. Die erste Frage lautet immer: Was brauchst du? Besonders im ersten Jahr wird es oft gar nicht das Stillen sein, das uns stresst, sondern der Umzug, der Haushalt, die Blicke der Verwandten und so weiter. Wenn sich aber kein solcher Grund aufdrängt, ist es Zeit für eine Veränderung. So achtsam, wie Sie mit dem Kind sind, seien Sie auch mit sich selbst und fragen Sie sich: Wie oft, wann, wo und wie viel will ich stillen? Seien Sie in Ihrer Antwort so präzise wie möglich. Denn Kinder kooperieren. Solange wir im Unklaren darüber sind, was wir wollen, machen sie Druck, bis wir unsere Position gefunden haben.

Viele Mütter denken, teilweise oder ganz abzustillen sei nicht artgerecht und würde die Bedürfnisse des Kindes nicht achten. Es ist richtig, dass Kinder lange von Muttermilch profitieren und langes Stillen Vorteile hat. Und sie kämpfen um die Ressource Muttermilch teilweise mit harten Bandagen – das ist auch bei unseren Verwandten, den Primaten, und bei Jäger-und-Sammler-Kulturen so. Es ist einer der ersten Konflikte, aus denen beide gestärkt hervorgehen können, wenn sie lernen: Wir können unsere Grenzen achten, unsere Konflikte austragen, und hinterher haben wir uns genauso lieb wie vorher. Es ist richtig und wichtig, dass unsere Kinder sehen: Mama gibt auf sich acht. Mama achtet ihre eigenen Bedürfnisse, so wie sie meine Bedürfnisse achtet. Sonst lernt das Kind: Erwachsene lassen andere über ihre Grenzen gehen und tun Dinge, die sie eigentlich nicht tun wollen.

Wenn klar wird, dass weniger oder gar nicht mehr gestillt werden soll, gelten drei Regeln:

1. **Fülle statt Entzug:** Ein hungriges Stillkind will an die Brust. Also sorgen wir dafür, dass das Kind möglichst nicht hungrig ist – nicht nach Nahrung, aber auch nicht nach Nähe, Zärtlichkeit und Zuwendung. Ersetzen Sie Stillen durch Zärtlichkeit, Kuscheln, Spielen und so weiter, damit der Körperkontakt nicht entfällt. Dies kann am Anfang schwierig sein, wenn das Kuscheln zum Beispiel immer mit dem Stillen kombiniert war. Dann hilft es, die Stillsituation und -haltung zu vermeiden und andere Wege des Kuschelns zu finden (zum Beispiel auf dem Sofa statt im Schaukelstuhl, Kind in der Rückentrage statt vorne und so weiter). Wir müssen zusätzlich dafür sorgen, dass unser Stillkind satt ist, also alternativ Snacks und Getränke anbieten. Diese Regel gilt allerdings nicht am Nachmittag vor dem Abendessen. Hier ist es klug, das Kind so zu beschäftigen, dass Essen und Stillen keine Themen sind, damit es beim Abendessen richtig Hunger hat und dann satt und zufrieden ins Bett geht – und so nachts nicht mehr oder nicht mehr so oft an die Brust muss. Dafür sollte das Abendessen sättigend sein, eher eiweiß- und fett- als stärkehaltig (also statt Weißbrot mit Honig lieber Nussmus oder Spiegelei anbieten).
2. **Tag stellt Nacht ein:** Besonders für das Abstillen nachts ist es unabdingbar, dass wir tagsüber Verhaltensalternativen etablieren, die wir

dann nachts abrufen können. Wenn wir also wollen, dass unser anderthalbjähriges Stillkind morgens um vier nicht die Brust verlangt, sondern eine Banane isst, dann fangen wir tagsüber damit an, ihm bei Hunger zunächst die Banane und erst danach – wenn überhaupt – die Brust anzubieten. Wenn das tagsüber klar ist, beginnen wir nachts damit. Wir bieten die Brust tagsüber generell nicht mehr von uns aus an, sondern geben sie nur noch »auf Nachfrage«.

3. **Konsequenz:** Konsequenz ist wichtig – gemäß den Kloeters-Briefen[39] heißt das: Wir richten uns konsequent nach der Verfassung des Kindes. Wenn unser Kind zahnt, krank ist oder einen schlechten Tag hatte, wird es natürlich in den Schlaf gestillt, getragen oder was immer es braucht. Wenn wir das Gefühl haben, heute haben wir alle die Kraft, Alternativen auszuprobieren, dann tun wir das. Wichtig ist, dass wir dranbleiben: immer wieder statt der Brust die Banane anbieten, immer wieder eine zweite Bezugsperson das Kind in den Schlaf wiegen lassen. Wenn das Kind aber in großer Not ist, schadet es auch nicht, noch mal die Brust frei zu machen. Abstillen ist kein »Wer-sitzt-am-längeren-Hebel?«-Test. Es ist ein schrittweiser, achtsamer Prozess.

Beim Abstillen nachts gilt Regel Nummer eins – »Fülle statt Entzug« – besonders, denn ein hungriges Kind schläft nicht gut. Verbringen Sie wenn möglich außerdem die Nacht oder Teile der Nacht in einem anderen Bett und lassen Sie eine andere enge Bezugsperson beim Kind schlafen. Oft schlafen die Kinder besser, wenn die Stillende schlicht nicht verfügbar ist. Sobald das Kind gut schläft, kann die Mutter wieder zurückkommen. Um das Einschlafstillen zu beenden, lohnt es sich, dass Partner oder Partnerin mit dem Kind eigene Wege findet, um es ohne Brust ins Bett zu bringen – und hier gilt: je früher, desto besser! Außerdem kann die Mutter kürzer stillen, beim Stillen ihr eigenes »Einschlafen« simulieren und sanft die Brust herausnehmen. Um eine neue »Brücke in den Schlaf« alternativ zur Brust zu etablieren, kann es sinnvoll sein, das Kind eine Weile in den Schlaf zu tragen, zu wiegen oder auch im Kinderwagen um den Block zu schieben – was immer hilft. Gut ist, wenn das Kind satt (nachmittags keine Snacks, gutes Abendessen) und müde (nachmittags draußen spielen!) ist. Keine Sorge – all diese »Brücken« sind nur ein erster Schritt und nicht von Dauer. Das Baby wird lernen, im Bett einzuschlafen.

Stillen ist manchmal ein bequemer Ersatz für eine Mahlzeit, wenn es in der Familie keine festen Essenszeiten gibt, man viel unterwegs oder ohnehin Essen ein schwieriges Thema ist. Aber spätestens im zweiten Lebensjahr kann das Stillen nicht mehr die Hauptnahrungsquelle für das Baby sein. Eine Steinzeitmutter hätte sich das niemals leisten können.

Autsch! Schnelle Hilfe bei Stillproblemen

- **Wunde Brustwarzen:** Anlegeposition von Stillberaterin überprüfen lassen, wunde Stellen mit Muttermilch einreiben und trocknen lassen, mit Wollfett einreiben, Luft an die wunden Stellen, häufig anlegen, aufrechte Stillposition ausprobieren, kein Synthetik-BH.
- **Zu viel Milch** (Kind verschluckt sich beim Stillen): Brust vor dem Stillen wärmen und ausstreichen, pro Mahlzeit nur eine Brust anbieten, auf korrektes Anlegen achten, zurückgelehnt stillen, gegebenenfalls eine Tasse Salbeitee pro Tag trinken, nach dem Stillen die Brust leicht kühlen. Wenn das Verschlucken am starken Milchspendereflex liegt, einfach vor dem Stillen etwas Milch ausstreichen.
- **Zu wenig Milch** (Kind hat weniger als sechs nasse Windeln pro Tag): Körperliche Ursachen sind selten (zum Beispiel bei Schilddrüsenerkrankungen, daher abklären lassen). Häufig anlegen, Brust wärmen, viel Ruhe, »entstressen«, nachts häufig stillen, Schnuller/Nuckelflasche weglassen, ausreichend lange stillen. Die Mutter sollte genug trinken, schlafen, »faulenzen« und essen.
- **Milchstau** (Verdickung, Knoten, rote Stelle an der Brust, spannt und schmerzt): Bettruhe! Korrekt anlegen, in Ruhe stillen, baden in warmem Wasser oder warme Kompressen vor dem Stillen, Brüste massieren, Quark- oder Kohlblätterkompressen nach dem Stillen. (Wärme oder Kälte? Ausprobieren!) Harte Stelle gezielt von Hand entleeren.
- **Brustentzündung** (wie Milchstau, aber Fieber über 38,4 Grad): Weiterstillen, wie Milchstau behandeln. Unbedingt die Hebamme fragen,

eine Stillberaterin hinzuziehen und bei mehr als 24 Stunden Fieber ohne Besserung den Arzt konsultieren.

- **Übergewicht:** Bei starkem Übergewicht ist der Prolaktinspiegel bei der Geburt niedriger, und es kann zu nicht ausreichender Milchbildung kommen. Am besten Stillberaterin kontaktieren.
- **Dauerstillen:** Es ist normal, dass Babys in den ersten Monaten und vor allem in den ersten Wochen viel und lange gestillt werden wollen. Nachts alle anderthalb Stunden an die Brust? All das ist in der ersten Zeit völlig in Ordnung. Besonders auch beim Zahnen suchen die Babys oft Hilfe für ihre wunden, schmerzenden und juckenden Kauleisten durch Saugen und die schmerzstillenden Stoffe der Muttermilch. Das sogenannte »Clusterfeeding« führt bei der Mutter oft zu dem Gefühl, nur noch zu stillen – ein echter »Säugetiertrip«! Es ist aber bei Wachstums- oder Krankheitsphasen völlig normal, dass die Babys kaum noch von der Brust gehen. Sie holen sich, was sie brauchen, und informieren die Brust darüber, dass es jetzt gerade mehr sein muss. Das funktioniert prima, und auch diese Phase geht vorbei! Zufüttern ist im ersten halben Jahr bei solchen Phasen eher ungünstig, im Zweifelsfall können Sie eine Stillberaterin fragen.

Wozu der Aufwand? Das sagt die Wissenschaft

Treibstoff: In Muttermilch sind sechsmal mehr Nährstoffe enthalten als in Pulvermilch. Ihre Zusammensetzung ist für das Baby viel günstiger – klar, die nun pulverisierte Milch war ja ursprünglich mal für Kühe gedacht, nicht für kleine Primaten. Das Molkeneiweiß der Muttermilch ist leicht verdaulich, es passiert den Darm in zwei bis drei Stunden und macht weichen, fast flüssigen Stuhl. Das Haupteiweiß in Kuhmilch ist Kasein, das im Magen fest wird und den Stuhl hart macht. Allergien gegen das falsche Eiweiß der Kuhmilch sind siebenmal häufiger als andere Allergien. In Kuhmilch sind viel mehr Eiweiße, als wir brauchen, daher neigen Flaschenkinder zu Übergewicht. Beim Fett hingegen ist es genau umgekehrt: In den ersten drei Monaten brauchen unsere Babys spezielle Fette für ihr Gehirnwachstum, die in der Pulvermilch nicht ausreichend vorhanden sind – dies könnte ein Aspekt dafür sein, dass Stillkinder einen leicht höheren IQ haben als Flaschenkinder. Auch der Milchzucker ist in Muttermilch speziell: Es sind kurze, fast 200 unterschiedliche Zucker enthalten, die den Darm und das Gehirnwachstum unterstützen.

Bauchsache: Betrachtet man Muttermilch unter dem Mikroskop, sieht man es wimmeln und wabern – sie enthält lebendige Zellen, die dem Baby helfen, seine Darmflora und sein Immunsystem aufzubauen. Da sind Makrophagen, Lymphozyten und Helferzellen am Werk. Daher hilft Muttermilch auch bei Pilzen oder Infektionen, wenn man sie äußerlich aufträgt. Sie hilft dem Baby außerdem, seine Darmflora gut aufzubauen, indem sie bestimmte Zuckerketten mitliefert, die die richtigen Bakterien heranzüchten. »Nach dem, was wir heute wissen, können sie [diese Oligosaccharidketten] aktiv Krankheitserreger abfangen, das Immunsystem einstellen oder sogar Signale für die Gehirnentwicklung geben«, sagt Carlito Lebrilla, Zuckerchemiker an der Universität von Kalifornien in Davis.[40]

»In der Muttermilch findet sich eine Vielzahl verschiedener Mikroorganismen wie Streptokokken, Enterokokken, Laktobazillen, Bifiduskeime und weitere Species ... Prä- und probiotisch wirksame Substanzen in der Muttermilch weisen inter- und intraindividuell eine sehr große Variabilität auf«, schreibt die Nationale Stillkommission in einem Papier von 2012.[41]

Sie alle besiedeln den Darm des Babys und können dort auch nachgewiesen werden. Daher empfiehlt es sich zum Beispiel auch unbedingt bei einer Antibiotikagabe, das Kind weiter oder wieder zu stillen (Relaktation), um die gestörte Darmflora wiederaufzubauen.

Leibwächter: Noch spannender wird die Mischung bezüglich der Abwehrstoffe. Gestillte Kinder sind einfach gesünder, weil sie von Mamas Immunsystem Unterstützung bekommen. Sie sind seltener krank und seltener im Krankenhaus – nicht nur, wie oft behauptet wird, in Entwicklungsländern, in denen Pulvermilch häufig mit unsauberem Wasser angerührt wird, sondern auch in Deutschland!

Gestillte Kinder sind hier klar im Vorteil. Die Nationale Stillkommission empfiehlt ausdrücklich zu stillen, um Risiken zu senken, denn »ausschließliches Stillen in den ersten 4 bis 6 Monaten reduziert die Anzahl von Infektionen im Säuglingsalter um 40 bis 70 Prozent und vermindert Krankenhausaufnahmen der Säuglinge im ersten Lebensjahr um mehr als 50 Prozent. Beispielsweise wird das Risiko für Infekte der unteren Atemwege bei Säuglingen durch Stillen um über 70 Prozent gesenkt.«[42] Weitere Krankheiten, die bei flaschengefütterten Kindern häufiger auftreten, sind Mittelohrentzündungen, Magen-Darm-Infektionen sowie möglicherweise späteres Übergewicht und Diabetes mellitus Typ 2.

Zuckerwächter: Dass Muttermilch langfristig vor Diabetes schützt, ist noch nicht eindeutig bewiesen, gilt aber nach der aktuellen Datenlage als wahrscheinlich. Nach der Geburt wird die Insulinfreisetzung durch das erste Stillen angeregt. Bekommen die Kinder Flaschenmilch, haben sie höhere Insulinspiegel als bei Muttermilch.[43] Wie lange Kinder gestillt werden, beeinflusst ihren Insulinhaushalt, und zwar unabhängig davon, ob es »moppelige« oder dünne Kinder sind. Forscher schätzen, dass es die in der Diskussion stehende geringere Rate von Typ-2-Diabetes bei gestillten Kindern erklären könnte. Ob Stillen vor Übergewicht schützt, ist ebenfalls nicht eindeutig bewiesen. Es hilft wahrscheinlich, da der Eiweißgehalt in Flaschenmilch zu hoch ist, aber Übergewicht hat noch so viele weitere Faktoren (sozialer Status, Bewegungsmangel, Essgewohnheiten und so fort), dass Stillen allein als Prävention nicht reicht.

Kaffeehauseffekt: Aber es kommt noch besser: Muttermilch ist wie gesagt nicht nur generell eine wahre Wundermischung, sie passt sich auch noch dem Kind, seiner Tagesform, seinem Alter, der Jahreszeit und vor allem den Keimen in seiner Umwelt perfekt an – noch vielfältiger als das Milchangebot in einem modernen Café. »Die Zusammensetzung der Muttermilch weist eine große Variabilität auf, mit Veränderungen während der Stillzeit und während einer Stillmahlzeit sowie individuellen Unterschieden.«[44]

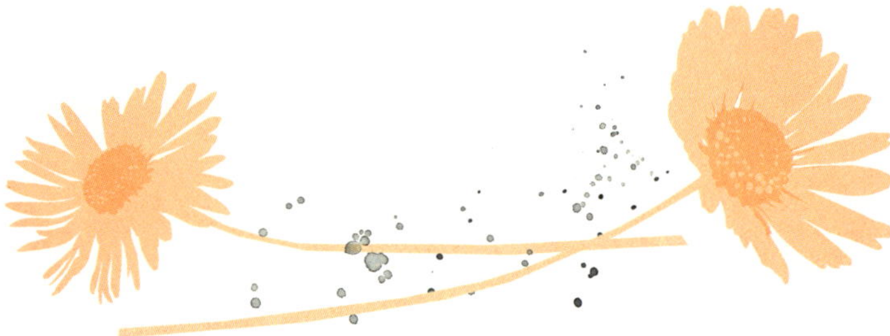

Hätten Sie's gewusst?

- Die Stilldauer weltweit beträgt im Durchschnitt viereinhalb Jahre, parallel zu Beikost und normalem Essen.
- Pro Jahr sterben laut UNICEF weltweit 1,3 Millionen Kinder, weil sie nicht gestillt wurden, davon 750 in den USA.
- Das Signal »Jetzt Milchproduktion vorbereiten!« kommt von Babys Plazenta und dem Hormonsystem der Mutter.
- Beim Nuckeln an Mamas Brust steigt Babys Hirnaktivität, die man mittels EEG messen kann, beträchtlich an. Beim Nuckeln am Schnuller ist dieser Anstieg nicht festzustellen.[45]
- In der Menschheitsgeschichte sind 99 Prozent der Babys zwei Jahre und länger überwiegend gestillt worden.
- Die !Kung San stillen ihre Kinder alle 15 bis 30 Minuten.
- Clusterfeeding – also dass ein Kind sozusagen ständig an der Brust hängt – ist normal bei Entwicklungsschüben und geht wieder vorbei. Bevor wir jetzt künstliche Säuglingsnahrung zufüttern, sollten wir lieber mit einer Stillberaterin sprechen.
- Es kann nach der Geburt zwei bis vier Tage dauern, bis der Milcheinschuss kommt – das ist völlig normal.
- Die Milchleiste des Menschen geht immer noch von der Achsel bis zum Becken – entlang dieser Linie können verschiedene Punkte beim Milcheinschuss anschwellen.
- Der Bakterienkiller Lysozym ist in Muttermilch 3000-mal so hoch wie in Kuhmilch, die höchste Menge wird erst nach 25 Monaten erreicht – wenn das Kind nämlich so mobil ist, dass es eine Extraportion Abwehrstoffe noch mal gut brauchen kann. »Langzeitstillen« hat also durchaus seine Vorteile.
- 80 bis 90 Prozent der Mütter in Deutschland stillen, wenn auch nur kurz.
- Je länger Babys voll gestillt wurden, desto mehr Punkte erreichten sie später als Erwachsene auf der IQ-Skala.

Macht Stillen Karies?

Ein Interview mit dem Zahnarzt Dr. Christoph Hassink, Mitglied der Zahnärztekammer Nordrhein

Frage: Herr Hassink, muss ich abstillen, wenn mein Kind die ersten Zähne bekommt?

Dr. Christoph Hassink: Nein. In der neueren Zeit sind zwar verschiedene Studien entstanden, die teilweise widersprüchliche Ergebnisse zur Kariogenität von Muttermilch lieferten. Aber wir gehen davon aus, dass der Laktosegehalt der Muttermilch kein Risikofaktor für Early Childhood Caries (ECC) ist. Dies hat auch 2011 die Kinderzahnärztin Sabine Bertzbach, Vizepräsidentin der Deutschen Gesellschaft für Kinderzahnheilkunde, auf einem Kongress noch mal ausführlich erklärt. Einen Zusammenhang gibt es nur in sogenannten zivilisierten Völkern durch sehr frühzeitige, den Eltern oft unbewusste Zuckerbelastung des Kindermunds. Die Muttermilch spielt hier weniger eine Rolle. Der emotionale Wert der Muttermilchgabe (»Stillen ist kuschelig«) ist nach Frau Bertzbach ebenso groß wie der Gesundheitswert für das Kind, und daher solle man Stillen unbedingt empfehlen.

Frage: Ist es für die Zähne nicht gesünder, die Flasche zu geben – besonders nachts?

Dr. Christoph Hassink: Nein, Flaschennahrung ist normalerweise nicht besser. Einig sind sich alle Studien darüber, dass das Flaschennuckeln mit gesüßten Getränken, häufiger Süßigkeitenkonsum und schlechte Zahnpflege die stärksten Kariesauslöser sind.

Frage: Unsere Vorfahren sind viel länger gestillt worden als wir, bis weit über den ersten Zahn hinaus, wahrscheinlich auch nachts …

Dr. Christoph Hassink: Ja, auch insofern ist es eher unwahrscheinlich, dass Muttermilch alleine kariogen wirkt. Funde von Schädeln aus der Steinzeit und anderen frühen Epochen ergeben keine kariösen Befunde, wie auch andere Säugetiere kaum Karies kennen, obwohl diese selbstverständlich alle über einen langen Zeitraum mit Muttermilch ernährt wurden und werden.

Frage: Ist der Schnuller eine Alternative, wenn ich mir doch Sorgen mache?

Dr. Christoph Hassink: Wir haben sehr unterschiedliche Muskelaktivitäten im Gaumen der Kinder beim Stillen und bei der Fütterung mit dem Fläschchen oder dem Nuckeln am Schnuller. Zusammenfassend könnte man also festhalten: Stillen ist besser als Fläschchen, Daumen besser als Schnuller.

Artgerecht Flasche füttern

Menschliche Babys können auch mit Muttermilchersatzprodukten ernährt werden. Wenn eine Mutter nicht stillen kann oder will, hat das nach aktueller Studienlage einen Effekt auf die körperliche Gesundheit des Kindes[46] – daher zählt jeder Tropfen Muttermilch, den das Kind bekommen kann. Aber wir sollten uns immer wieder vor Augen halten: Ob wir die Flasche oder die Brust geben – einen Effekt auf die Bindung hat es nicht! Wir können genauso liebevoll und achtsam Flasche füttern, wenn wir einige Grundsätze beachten.

Grundsätzlich machen wir vieles richtig, wenn wir uns an den gleichen Prinzipien wie beim Stillen orientieren: Wir füttern immer, wenn das Kind Hunger hat, und immer nur so viel, wie das Baby essen möchte.[47] Wir füttern möglichst mit Körper- und sogar Hautkontakt und wir füttern parallel zur Beikost und bis ins zweite Lebensjahr.

Aber dann fangen die Fragen an, zuallererst die Frage: Was füttern wir? Grundsätzlich gilt: Für Säuglinge gibt es Anfangsmilch mit der Bezeichnung »PRE«-Nahrung. Sie ist ein gesetzlich reguliertes Produkt, eine für Menschenbabys optimierte Muttermilch-Ersatznahrung. Nur in Ausnahmefällen kann es sinnvoll sein, ein Kind mit »1er«-Nahrung zu füttern, da diese Stärke enthalten kann, die in Muttermilch nicht vorhanden ist. Alles andere, was in den Regalen steht, an »Folgemilch«, »Gute-Nacht-Milch« und dergleichen mehr sind Produkte, die oft einfach mit Stärke oder Zucker gestreckt sind – für menschliche Säuglinge weder notwendig noch sinnvoll.

Sechs Monate lang bekommen unsere Kinder ausschließlich PRE-Nahrung, danach bieten wir wie beim Stillen auch Beikost zum »Kennenlernen« an. Und wir dürfen uns entspannen: Auch Flaschenbabys müssen keine Gläschen leer essen und wir sollten auch hier nicht einfach Milch durch Brei ersetzen. Wir bieten dem hungrigen Baby ein wenig PRE vor dem Essen und auch noch mal nach dem Essen an, damit es die neue Kost möglichst gut verdauen und weiterhin sein Saugbedürfnis befriedigen kann. Kurz: Bei der Beikost gibt es zwischen gestillten und mit Formula ernährten Säuglingen keinen Unterschied.

Wer zu Bio- oder veganen Produkten greifen möchte, sollte wissen: Bio-Formula darf laut EU-Verordnung kein Taurin beinhalten. Dies ist aber in Muttermilch reichlich enthalten und spielt bei der Gehirnentwicklung eine wichtige Rolle. Für veganen Muttermilchersatz sollten sich Eltern vorher gut informieren, da vieles davon Spezialnahrung für kranke Kinder, aber keine reguläre Säuglingsanfangsnahrung ist.

Auch wenn PRE auf Basis von Kuhmilch hergestellt wird, hat sie damit nur noch wenig zu tun. Kuhmilch ist für kleine Kälber, deren Körper schnell wachsen soll. Beim Homo sapiens wächst am Anfang aber vor allem das Gehirn, weswegen vor allem die Eiweißzusammensetzung angepasst werden muss. Daher können wir auch nicht einfach mit Beikoststart auf Kuhmilch umschwenken, sondern sollten damit sehr vorsichtig sein.

Die WHO empfiehlt im ersten Lebensjahr nur maximal 200 ml Kuhmilchprodukte pro Tag, dazu gehören auch Sahnesoße und Butter. Ab dem ersten Geburtstag werden maximal 300 ml pro Tag empfohlen – dieser Wert gilt übrigens auch für Erwachsene.

Essen ist Liebe – so füttern wir achtsam und bindungsorientiert

- Auch das Füttern mit der Flasche ist eine intime Situation voller Nähe, Innigkeit und Körperkontakt – es füttern daher vor allem am Anfang nur die Hauptbezugspersonen des Babys, auch wenn jeder »mal Fläschchen geben« will.
- Wie beim Stillen sollte das Baby in einer leicht sitzenden Position gefüttert werden. Dabei halten Eltern die Flasche nicht senkrecht, sondern waagerecht, sodass das Kind saugen muss, damit etwas herauskommt.
- Wie beim Stillen ist es wichtig, die Seite zu wechseln. Das trainiert die Augen, das Körpergefühl und sorgt für einen motorischen Ausgleich.
- Wie beim Stillen sollte sich die Lochgröße am Sauger im Laufe der Zeit nicht ändern, wir dürfen bei der kleinsten Lochgröße bleiben. Babys sollten bewusst saugen müssen, das trainiert Zungen- und Kiefermuskulatur und befriedigt das Saugbedürfnis des Kindes.
- Wir sollten unsere Babys aktiv füttern – also das Baby nicht die Flasche alleine halten lassen oder sie »feststecken«, sonst erhöht sich die Gefahr für Zahn- und Kieferschäden.
- Für kleine Babys ist es besonders am Anfang schön (und sehr gesund), wenn wir mit Hautkontakt füttern – egal ob Mama oder Papa, also T-Shirt ausziehen und loskuscheln!
- Wie beim Stillen darf das Baby die Flasche so oft bekommen, wie es sie möchte, egal was auf den Packungen steht – menschliche Neugeborene sind darauf angelegt, häufig zu trinken, auch an der Flasche.

Die häufigsten Fehler bei Flaschenfütterung

- Nicht überfüttern: Wir machen Pausen wie beim Stillen und kein Baby muss sein Fläschchen leer trinken.
- Mengen beachten: Bis zur 8. Woche sollte keine Mahlzeit über 100 ml sein, mehr als 200 ml pro Mahlzeit braucht kaum ein Baby.
- Sättigungszeichen beachten: Wenn ein Baby den Kopf wegdreht, ist es satt, dann machen wir eine Pause. Wir bieten die Flasche ein bisschen später noch mal an, wenn unser Baby immer noch nicht will, schütten wir den Rest weg.
- Anrührtechnik beachten: Bitte immer genau die angegebenen Mengen, weder mehr noch weniger Wasser oder Pulver verwenden. Das Verhältnis und die Temperatur sind wichtig.
- Wasser verwenden: Bitte niemals Formula mit Fencheltee o. Ä. anmischen, immer nur wie auf der Packung beschrieben mit Wasser. Wenn das Kind Bauchweh hat, kann man Fencheltee löffelchenweise zusätzlich geben.
- Nachfragen: Bei Fragen zu Formula-Ernährung oder Problemen können sich Eltern an eine Beraterin wenden, zum Beispiel: https://fes-beratung.de.

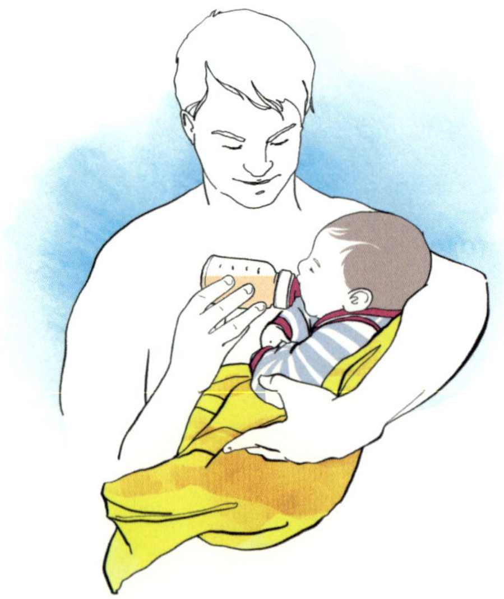

Beikost-Basics

Über Beikost werden ganze Bücher geschrieben, aber hier im Überblick die wichtigsten Fakten:

Beikost ist keine »Anstatt-Kost«. Wir sollten niemals Milchmahlzeiten (egal ob Stillen oder Flasche) durch Essen ersetzen, sondern unseren Babys immer beides anbieten. Und: »Food before one is just for fun« – im ersten Lebensjahr müssen Babys nicht in dem Sinne »essen«, sondern es reicht, wenn sie Essen erfahren, mit ihm spielen, es kennenlernen, damit ihr Körper langsam lernen kann, es zu verarbeiten.

Manche Babys gucken ihrer Familie schon mit fünf Monaten das Essen vom Teller und wollen unbedingt auch etwas haben. Andere fangen erst mit sieben Monaten an, sich überhaupt dafür zu interessieren – von »essen« kann aber noch lange keine Rede sein.

Was soll das Baby essen?

Beikost sollte mit leicht verdaulichem Gemüse starten – also nicht mit Möhren, sondern eher mit Kartoffeln, und auch nicht mit Milch-Getreide-Brei. Schwer verdauliches Essen führt nicht zu besserem Schlaf, sondern belastet den Körper unnötig.

Beikost muss nicht Breikost sein – Baby-led Weaning (dass also das Baby weiche und ungewürzte Lebensmittel ausprobieren darf) ist, wenn man ein paar Dinge beachtet, genauso sicher und gesund wie selbst gekochter Brei. Es können sogar Brei, BLW und Stillen kombiniert werden.

Zwischen dem 12. und 24. Monat essen viele Babys fast alles – hier können wir mit vielfältigen Geschmäckern, die wir anbieten, die Grundlage für abwechslungsreiche Essensvorlieben legen, bevor die Neophobie-Phase die Kleinen zu Nudeln und Brot treibt.

Baby-led Weaning (auch breifreie Beikost genannt) führt nicht automatisch zu Eisenmangel, wie manchmal befürchtet wird. Es kommt dabei auf die Auswahl der Nahrung an, und diese gut zusammenzustellen ist leicht zu erlernen. Auch auf die Sicherheit und den unreifen Stoffwechsel der Kleinen wird dabei geachtet. Beikost darf zum Beispiel kein Salz, keine Nüsse, keinen Honig und nichts enthalten, woran Babys ersticken könnten (Erdnüsse, Erbsen, rohe Möhren, Trauben ...). Vegan lebende Eltern müssen in jedem Fall Vitamin B12 supplementieren, dies gilt dann natürlich auch für ihre Beikostbabys.

So gelingt's entspannt

Babys sind kleine Individuen – auch beim Essen. Einige essen richtig viel, andere spielen eher, schlucken homöopathische Mengen und spucken den Rest wieder aus. Andere interessieren sich noch mit acht oder gar zehn Monaten kaum für Essen und verlassen sich hauptsächlich auf Mamas Brust für ihre Hauptternährung.

All das ist in Ordnung! Jedes Kind hat sein Tempo, und die Babys wissen in den meisten Fällen, wann sie welche Form der Nahrung brauchen. Wenn sie krank sind, aufgeregt oder einen Wachstumsschub haben, kann es sein, dass sie das Essen sogar kurzzeitig wieder ganz einstellen. Keine Sorge – das kommt wieder. Brenzlig wird es erst, wenn ein Baby Gewicht verliert oder der Zungenstreckreflex nicht verschwindet, wenn es also mit zehn Monaten oder mehr immer noch absolut alles ausspuckt, was es in den Mund nimmt. In dem Fall müssen Sie ärztlichen Rat einholen.

Für ein entspanntes Verhältnis zum Essen ist es in jedem Fall das Beste, wenn wir zusammen mit unserem Baby Spaß haben! Wir dürfen das sinnliche Erlebnis genießen, auch wenn dabei Sauerei entsteht, und müssen uns keinen Druck machen, was und wie viel unser Kleines in welchem Monat essen sollte. Jedes Kind is(s)t anders!

FAQ

Wie oft darf ich stillen?

Die Frage wird oft so gestellt, als ginge es darum, wie oft man »maximal« stillen darf – dabei ist es viel wichtiger, wie oft minimal gestillt wird! Die !Kung San stillen ihre Babys teilweise alle 15 bis 30 Minuten – das Ammenmärchen »Keine neue Milch auf alte Milch« ist genau das: ein Märchen. Ein Neugeborenes sollte mindestens alle drei Stunden gestillt werden, besser öfter. Wenn es alle 60 bis 90 Minuten trinkt, ist das sehr gut und normal. Nachts sollten Babys in den ersten sechs Monaten ebenfalls mindestens alle drei bis vier Stunden gestillt werden, weil sonst die Milchproduktion zurückgeht. Ein 15 Monate altes Kind hingegen, das nachts alle zwei Stunden oder sogar jede Stunde trinkt, ist entweder beim Zahnen, erkrankt oder braucht besseres Abendessen.

Darf ich Flasche nach Bedarf füttern?

Ja, wir dürfen und wir sollten auch ein Flaschenkind so füttern wie ein Stillkind – nach Bedarf. Es muss keine Fläschchen komplett leeren und darf auch nur ganz kleine Mengen, dafür aber ganz oft trinken. Studien zeigen, dass auch Flaschenkinder davon profitieren, wenn sie bedürfnisorientiert ernährt werden.

Wie lange soll ich ausschließlich stillen, vier oder sechs Monate?

Die WHO empfiehlt ausschließliches Stillen für sechs Monate und ist auch trotz allem Medienrummel um angebliche neue Studienergebnisse bisher nicht davon abgerückt. Vergessen wir also getrost die Aufdrucke »ab dem 4. Monat« auf den Gläschen. Auch danach sind die meisten in Deutschland kursierenden Empfehlungen noch schlicht falsch: Wir ersetzen keine Stillmahlzeit durch Brei oder Fingerfood, wie es in den Faltblättern steht. Wir bieten stattdessen Essen an und stillen zur gleichen Mahlzeit hinterher noch mal dazu. Nur so können wir die Beikost »unter dem Schutz der Muttermilch« einführen und Allergien optimal vorbeugen.

Wie lange soll ich mein Kind stillen?

So lange, wie es für Mutter und Kind gut ist, empfiehlt die WHO. Es gibt keine medizinisch indizierte Obergrenze als Stillalter. Manche Kulturen stillen mit zwei Jahren ab, manche stillen bis zum fünften Lebensjahr. Reines Stillen nach Bedarf hingegen ist dem Säugling vorbehalten, das Kleinkind muss sich in seinem Stillbedürfnis auch den Bedürfnissen von Mutter und Familie anpassen.

Wie lange darf ich nachts stillen oder die Flasche geben?

Solange das Kind nachts Hunger hat und selbst mit einem reichlichen Abendessen nicht bis zum Morgen kommt. Manche Kinder schlafen im ersten Lebensjahr schon fünf bis sechs Stunden am Stück, andere brauchen bis zum zweiten Geburtstag nachts noch Brust, Flasche oder Snack. Und selbst viele Erwachsene wachen nachts auf, trinken etwas und schlafen weiter.

Es gibt keine fundierten Hinweise darauf, dass nächtliches Stillen oder Flasche füttern alleine Karies verursacht, obwohl das immer wieder behauptet wird.

Ab wann muss ich zufüttern, auch wenn das Kind nicht essen will?

Kinderärzte sagen, dass nach sechs Monaten unbedingt zugefüttert werden muss, sonst drohen Mangelerscheinungen. Die Praxis zeigt, dass manche Babys schon mit fünf Monaten Mama alles Essen vom Teller gucken, andere Babys mit zehn Monaten immer noch kein Interesse zeigen, ohne Mangelerscheinungen aufzuweisen. Auch dies scheint sehr individuell zu sein; es lohnt sich also, auf den eigenen Bauch zu hören und achtsam zu sein, wie das Kind sich entwickelt.[48]

Stillen nach dem ersten Jahr – verursacht das psychische Schäden?

Es gibt keinen Hinweis darauf, dass Langzeitstillen allein psychische Schäden, eine krankhafte Bindung oder Ähnliches hervorruft. Es ist vielleicht für die Umstehenden (die Schwiegermutter, die Nachbarin, den Kinderarzt) ungewohnt – und was wir nicht kennen, macht uns Angst. Unsere Vorfahren konnten es sich gar nicht leisten, ihren Kindern den Immunschutz der Muttermilch so früh zu entziehen, wie wir das für richtig halten. Untersuchungen an steinzeitlichen Gebissen stellen die Hypothese auf, dass auch dort zwischen zwei und fünf Jahren gestillt wurde – also kein Grund zur Panik.

Welche Medikamente darf ich nehmen?

Wer Medikamente nehmen muss, braucht noch lange nicht abzustillen. Es gibt für viele medizinische Fälle stillfreundliche Medikamente oder die Möglichkeit, eine Mahlzeit ausfallen zu lassen und die »belastete« Milch abzupumpen. Wenn der Arzt hier nicht weiterweiß, kann man das fragliche Medikament oder den Wirkstoff auf der Informationsseite https://www.embryotox.de/arzneimittel/ eingeben und prüfen, welche Optionen es gibt (dahinter verbirgt sich das Pharmakovigilanz- und Beratungszentrum für Embryonaltoxikologie der Berliner Charité).

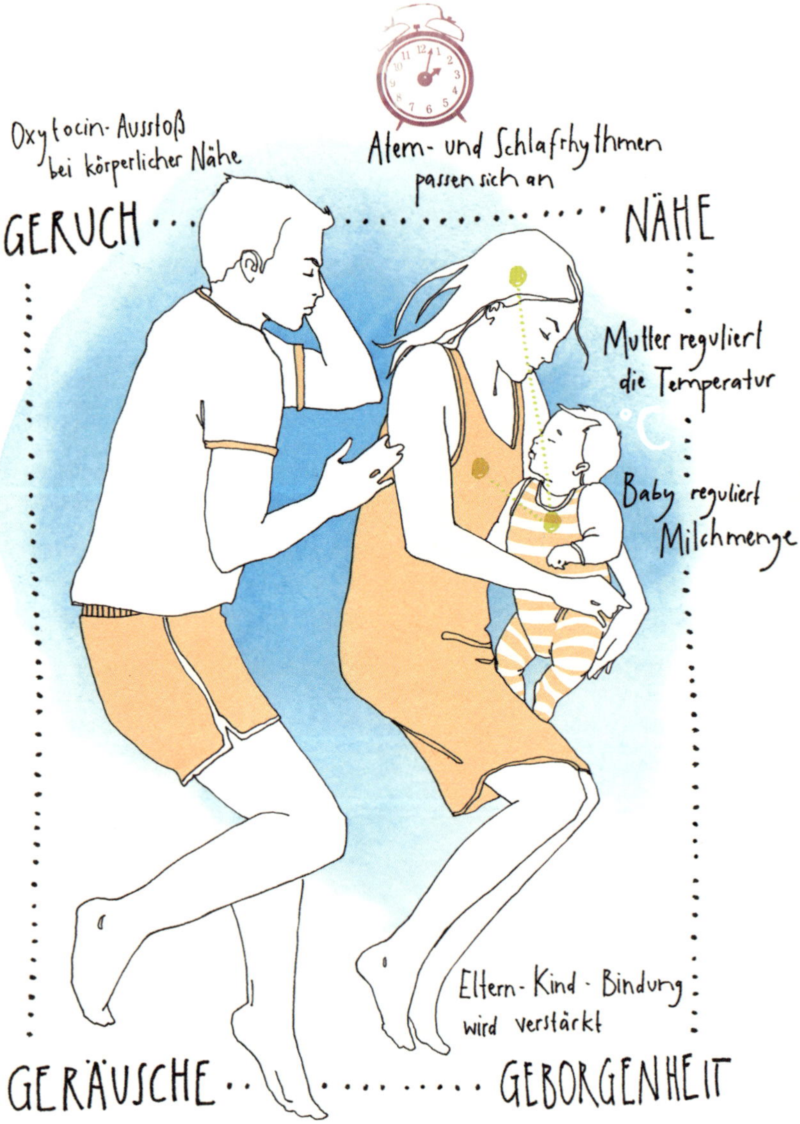
Oxytocin-Ausstoß bei körperlicher Nähe
Atem- und Schlafrhythmen passen sich an
GERUCH
NÄHE
Mutter reguliert die Temperatur
°C
Baby reguliert Milchmenge
Eltern-Kind-Bindung wird verstärkt
GERÄUSCHE
GEBORGENHEIT

Artgerecht schlafen

Während amerikanische Eltern Schlaflieder, Geschichten, spezielle Kleidung, Baden und Spielzeug nutzten, um Schlaf zu ritualisieren, ließen Maya-Eltern ihre Babys einfach einschlafen, wenn sie eben einschliefen, ohne weiteren Zinnober.

MEREDITH SMALL

Stellen Sie sich vor, Sie sind in einem Tipi-Lager im Wald. Abends wird es erst dunkel – richtig dunkel! –, dann kalt. Im Wald hört man Tiere rascheln, vielleicht jault in der Ferne ein Wolf, oder es bellt ein Fuchs. Tagsüber haben Sie gesehen, wie Schlangen sich durch das Unterholz schlängeln. Jetzt ist es Abend, die Erwachsenen sitzen ums Feuer herum und reden. Auf Ihrem Arm ist Ihr Baby gerade eingeschlafen. Wo würden Sie es nun hinlegen? Ins Zelt am anderen Ende des Platzes? Auf den Boden, ein paar Meter weiter ins Dunkle?

Gehen wir mit unseren Babys zelten, stellen wir sehr schnell fest, warum sie erwarten können, dass sie nicht allein schlafen müssen: In der Umgebung, in der Menschen in den vergangenen Jahrtausenden gelebt haben, kam und kommt wohl niemand ernsthaft auf die Idee, einen Säugling nachts allein irgendwo abzulegen. Er könnte frieren, hungern, von Insekten oder größeren Tieren behelligt werden oder wegkommen. Aus dem gleichen Grund wäre es gefährlich, ohne den Schutz eines Erwachsenen einzuschlafen – deswegen suchen die meisten Babys die Nähe ihrer Bezugspersonen, bevor sie ins Land der Träume abdriften. Die Anthropologen bestätigen unser Bauchgefühl vom Campingplatz: Alle in der Natur lebenden Jäger und Sammler schlafen bei ihren Babys, egal, ob sie in der kalten Arktis oder in der heißen Kalahari sind. Unsere Kultur und unsere Lebensumstände haben sich in den vergangenen 10 000 Jahren zwar dramatisch verändert, aber dass Babys Schutz, Muttermilch und Körperwärme brauchen, ist gleich geblieben.

Alle Eltern haben Erziehungsziele. Das Ziel des Familienbetts ist es, dass Kinder eine gesunde, entspannte Haltung zur Nacht und zum Schlaf entwickeln. Sie sollen Schlafen als kuschelig, angenehm, schön erfahren. Schlafen, Einschlafen und Durchschlafen als Kampf um vermeintliche Selbstständigkeit anzusehen ist eine sehr neue Entwicklung. Der amerikanische Kinderarzt Dr. William Sears sagt dazu, dass Familienbettkinder zwar später lernen, allein einzuschlafen, und auch später als andere Kinder durchschlafen, sie dürften dafür aber »diese so verletzliche, schutzbedürftige Phase ausleben und müssen sie nicht später mit Ersatz füllen«[49]. Natürlich kann man ein Kind daran gewöhnen, sich mit Kuscheltier und Nuckel zufriedenzugeben. Aber das sind alles Mutterattrappen. Artgerecht für Menschenkinder ist es, Sicherheit und Kontakt von Menschen zu bekommen, die ihnen vertraut sind – auch nachts. So entsteht das, was wir so schön »Urvertrauen« nennen.

Babys schlafen anders als Erwachsene. Wir Großen gehen ins Bett, fallen in Tiefschlaf und haben dann einige Schlafzyklen mit sehr tiefem Schlaf und Traumphasen, zwischen denen wir uns umdrehen, die Decke zurechtruckeln und dann weiterschlafen, ohne es zu merken. Babys schlafen anders – denn sie brauchen nachts Nahrung für ihr schnelles Wachstum, und in zu tiefem Schlaf können sie auf potenziell gefährliche Situationen nicht reagieren (nasse Windel, Kälte, Hitze oder Atemaussetzer).

In den ersten sechs bis neun Wochen beginnt die biologische Uhr von Babys überhaupt erst zu arbeiten. Mit vier bis fünf Monaten läuft sie zwar, aber es dauert unter Umständen bis zum neunten oder zehnten Monat, bis das Baby einen eigenen zirkadianen Rhythmus etabliert hat. Babys brauchen etwa zwanzig Minuten, bis sie in ihrer ersten Tiefschlafphase angekommen sind, sie verbringen dort nur vergleichsweise kurze Zeiten, haben daher mehr und kürzere Schlafzyklen und lernen erst von uns, diese einzelnen zu einer dauernden Episode zu verbinden.[50]

Es ist daher normal – und gesund –, dass unsere Babys nicht wie ein kleiner Stein acht Stunden am Stück schlafen. Ebenso sinnvoll ist es, nicht einfach irgendwo einzuschlafen. Manche Kinder lassen sich mit einem Schnuller ablegen und sind weg – was früher gefährlich gewesen wäre, ist heute äußerst praktisch. Aber viele, viele Babys schlafen nur auf dem Arm oder in der Trage ein, wachen auf, sobald man sie verlässt, und checken nachts immer wieder, ob noch alle da sind. Das ist ein Sicherheitsmechanismus, mit dem die Babys dafür sorgen, dass sie in diesem verletzlichen Zustand – Schlaf – geborgen und geschützt sind. Je mehr Erfahrung von Geborgenheit ein Baby macht, desto besser lernt es, Schlaf und Nacht als Freund zu betrachten, ebenso wie die Stunden des Tages und des Spiels.

Abendbrei hilft durchschlafen
Nach sechs Wochen ins eigene Bettchen
Schlaftrainings helfen
Allein (ein)schlafen macht selbstständig
Ammenmärchen
Babys müssen ins eigene Bettchen
Die kriegst du da nie wieder raus!
Ihr verwöhnt das Kind zu sehr!
Die Bindung wird ja viel zu eng!

So geht's: Strategien für ruhige Nächte

Im Prinzip ist es einfach: Tun Sie, was alle Säugetiere tun und Menschen seit Jahrmillionen getan haben, nehmen Sie Ihr Baby mit ins Bett. Aber da wir hier über einen relevanten Sicherheitsaspekt des Babylebens sprechen, tauchen natürlich sofort Fragen auf. Im Schlafsack? Unter meiner Decke? Mit Kopfkissen oder ohne? Zwischen den Erwachsenen oder am Rand? Kuscheltiere ja oder nein? Darf das Kind auf meinem Bauch schlafen? Auf seinem Bauch? Was tue ich, wenn ich einen notorischen Bauchschläfer habe?

Denn unsere Schlafumgebung hat sich in den vergangenen 10 000 Jahren massiv verändert – die Biologie unseres Schlafs jedoch nicht. Babys sind nicht dafür geschaffen, nachts weichen Matratzen, dicken Kissen oder Decken, Sofas, überheizten Räumen, Kuschel- oder Haustieren ausgesetzt zu werden. Die meisten Menschen schlafen noch heute unter sehr einfachen Umständen, in warmen Gegenden ist es oft nicht mehr als eine Bastmatte auf dem Boden oder sogar nicht einmal das. Unsere Aufgabe liegt also darin, unsere Schlafumgebung wieder so artgerecht und einfach wie möglich zu gestalten.

Im Folgenden erkläre ich die sichere Schlafumgebung, wie sie in

Deutschland und den USA empfohlen wird. Ungeachtet dessen schlafen unzählige Babys weltweit in Hängematten – mit oder ohne Eltern –, auf Fellen, in Bastkörbchen oder auf einfachen Bodenmatten. Wie und ob dies sichere Schlafumgebungen sind, ist wissenschaftlich nicht belegt. Wir bleiben also daher bei dem auf unsere Breitengrade angepassten, als sicher erkannten Schlafarrangement.

Am besten ist eine feste, nicht zu dicke Matratze in der Mitte eines Raums auf dem Boden. Damit schalten Sie gleich mehrere Gefahrenquellen aus: Das Kind kann nicht herausfallen, sondern wird im schlimmsten Falle nur herunterrollen. Es kann in keine Spalten oder Ritzen fallen und dort ersticken. Es bildet sich keine Kuhle, in der Eltern und Kind zusammenrollen. Alternativ kann es eine Matratze direkt an der Wand sein, ein Gitter oder sogar ein Brett oder eine Kiste können das Herausfallen verhindern. Aber Obacht: Es dürfen sich zwischen Herausfallschutz und Matratze keine Ritzen bilden! Wasserbetten sind eine Erfindung der Zivilisation und für den sicheren Babyschlaf nicht geeignet. Auch Tragetaschen oder Reisebetten müssen von unnötigen Kissen, dicken Decken, Kuscheltieren und so weiter befreit werden! Das Baby sollte in seinem eigenen Schlafsack liegen und keine Mütze tragen, da der Kopf zur Temperaturregulierung des Kindes beiträgt, sozusagen als ein Überhitzungsventil.

Bis das Baby sich selbst drehen kann, legen Sie es auf den Rücken. In einigen Ländern sieht man es als zulässig an, das Kind auf einem Fell schlafen zu lassen, in Deutschland wird vom Schlafen auf Fellen abgeraten. Generell soll die Umgebung fusselfrei sein – also keine Stofftiere, keine fusseligen Wolldecken, keine zotteligen Felle.

Der Schlafforscher Dr. James McKenna von der University of Notre Dame (USA) sagt, das Baby sollte nicht zwischen den Eltern schlafen, sondern neben seiner stillenden Mutter und einer Wand oder der Außenkante. Der Grund: Oft schlafen nicht stillende Bezugspersonen nachts einfach tiefer, bedingt durch ihren Hormonspiegel und die familiäre Aufgabenverteilung, nach der oft die Mutter für das Baby zuständig ist. Sie kriegen unter Umständen nicht mit, wenn sie halb auf dem Baby liegen, ihm die Decke über den Kopf ziehen oder es sonst gefährden. Dies variiert natürlich von Familie zu Familie, sodass jedes Familiensystem für sich letztlich selbst entscheiden muss, wer wo schläft.

Wer mit dem Kind im Bett liegt, darf keine Drogen nehmen und nicht unter Alkohol- oder Medikamenteneinfluss stehen. Dazu gehört auch alles, was müde machen kann, zum Beispiel Schmerzmittel oder Antiallergika. All diese Substanzen können die Sensibilität der Eltern für die nächtlichen Bedürfnisse – oder schlicht das Vorhandensein – des Babys massiv herabsetzen! Auch völlig erschöpfte Eltern schlafen häufig zu tief, um auf ihr Kleines eingehen zu können – ein Grund mehr, warum Eltern gut für sich sorgen müssen.

Da Zigarettenrauch ein hohes Risiko des Plötzlichen Kindstods *(sudden infant death syndrome, kurz SIDS)* mit sich bringt, dürfen Eltern im Schlafzimmer nicht rauchen und sollen als Raucher nicht mit dem Baby im Bett schlafen. Einige Experten sagen, dass Raucher duschen, Haare waschen und Kleidung wechseln sollten, falls sie bei ihrem Baby schlafen wollen. Ein perfekter Moment, um mit dem Rauchen aufzuhören!

Sehr stark übergewichtigen Eltern wird ebenfalls davon abgeraten, mit ihren Babys ein Bett zu teilen. Die Kleinen sind sicherer, wenn sie im Babybalkon oder im Bettchen direkt neben den Eltern schlafen.

Da das Baby vom Körper der Erwachsenen mitgewärmt wird, sollte das Schlafzimmer kühler sein, es werden etwa 16 bis 18 Grad empfohlen. Auch hier gilt es, das Baby und sich selbst gut zu beobachten. Manche Kleinkinder haben halbnackt auch bei 16 Grad immer warme Hände und Füße, andere brauchen noch bei 18 Grad eine zweite Decke, weil sie im Schlaf schnell frieren. Mit der Hand am Nacken des Kindes können Eltern prüfen, ob ihr Baby zu kalt oder zu warm ist, und die Schlafumgebung entsprechend anpassen. Und im Sommer? Da ist es selbst nachts wärmer als 18 Grad – hier können wir nur den gesunden Menschenverstand nutzen und darauf achten, dass unser Kleines nicht überhitzt.

Vorsicht auf Reisen: Durchgelegene oder sehr weiche und dicke Hotelbettmatratzen sowie Sofas sind gefährlich. Die Babys können in eine Kuhle rollen und dort überhitzen oder ersticken. Nehmen Sie die Hotelmatratze aus dem Rahmen, wenn sie tauglich ist. Oder packen Sie eine

Isomatte ein und legen Sie sich mit Ihrem Baby und einer leichten Decke auf den sicheren Boden.

Was ich gern vorher gewusst hätte …

ULRIKE Dass ein Baby sich keineswegs wie auf dem Plakat für den sicheren Babyschlaf auf dem Rücken allein ins nackte Babybett legt, um dort nach wenigen Monaten durchzuschlafen.

MAREN Ich habe ein halbes Jahr versucht, meinem Kleinen die Tagschläfchen aufzuzwingen. Dieser ganze Stress wäre überhaupt nicht nötig gewesen, wenn ich gewusst hätte, dass es auch Babys gibt, die tagsüber einfach schlecht oder gar nicht schlafen!

NINA KLARA Wirklich wichtig finde ich zu wissen, dass sich viele Neugeborene über viele Wochen und Monate nicht ablegen lassen möchten zum Schlafen!

Wege in den Schlaf

Oft schläft ein Baby einfach beim Stillen ein, manche lassen sich ins Bett legen und dämmern weg, oder wir sind ohnehin unterwegs, und es schlummert im Tragetuch oder in der Tragehilfe ein. Prima. An anderen Tagen ist das Baby schon satt, hat aber noch nicht in den Schlaf gefunden. Oder es ist eindeutig todmüde, aber weint und weint und weint und kann nicht einschlafen. Eltern haben auch oft das Gefühl, dass ihr Kind gerade in Weltentdeckerphasen nicht »loslassen« kann, als ob Schlafen einfach Zeitverschwendung wäre. Was also tun?

- Ruhe: Bringen Sie das Kind von vornherein an einem ruhigen, abgedunkelten Ort in den Schlaf – mit Stillen, Wiegen, Singen. Es sollte so kuschelig sein, dass Sie selbst dabei einschlafen könnten.
- »Langeweile«: Stillen Sie das Kind beim Tragen und laufen Sie an einem »reizarmen« Ort herum (zum Beispiel immer hin und her durch den Wohnungs- oder Hausflur, an kleinen Seitenstraßen, durch den menschenleeren Park).

- **Bewegung:** Sie können das Baby ins Tuch nehmen und dann mit ihm Treppen hoch- und runterlaufen, auf einen Hügel steigen oder im kräftigen Schritt durch die Wohnung laufen.
- **Raus:** Wenn Stillen nicht mehr geht, nehmen Sie das Kind auf den Rücken und begeben sich mit ihm ins Freie, möglichst in die Natur. Vor allem Bäume beruhigen, und die Abendkühle signalisiert die Schlafenszeit!
- **Loslassen:** Sie sollten selbst »loslassen«, das heißt sich nicht auf das Baby fixieren, sich also mit etwas anderem beschäftigen als dem Gedanken »Schläfst du jetzt endlich?« – zum Beispiel mit dem Kind auf dem Rücken Wäsche aufhängen, aufräumen oder fegen. Atmen Sie ruhig und lange aus.
- **»Theater«:** Manche Kinder brauchen es, dass wir Eltern eindeutig auch »herunterfahren«. Lesen Sie ein Buch, seien Sie »langweilig«, mimen Sie ebenfalls das Einschlafen (oder schlafen Sie wirklich ein!). Dann weiß das Kind sicher: Jetzt ist Schlafenszeit.
- **Kopf frei:** Wenn Mama neben ihrem Zweijährigen liegt und die ganze Zeit in ihrem Kopf die To-do-Listen rattern, lassen viele Kinder nicht los. Daher: Meditieren Sie, lassen Sie die Gedanken kommen und gehen, seien Sie jetzt präsent in diesem kuscheligen Moment.
- **Timing:** Das Baby sollte müde, aber nicht übermüdet sein. Achten Sie darauf, ob es sich die Augen reibt, einen leeren Blick bekommt, gähnt, stiller oder quengelig wird, und bringen Sie es rechtzeitig zum Schlafen! Babys haben alle fünfzig Minuten ein »Schlaffenster«; wenn wir das verpassen, müssen wir oft auf das nächste Fenster warten. Anders ist es beim Tagschlaf: Wenn Ihr Baby mehr als drei bis fünf Stunden durchschläft, kann der Tag-und-Nacht-Rhythmus durcheinanderkommen. Wecken Sie es dann lieber und gehen sie abends früher ins Bett.

Vom Baby wegschleichen

Manche Babys lassen sich schon früh einfach ablegen, wenn sie eingeschlafen sind. Andere wachen entweder sofort oder kurz danach wieder auf. Wer sein eher unruhig schlafendes Baby also ins Bett legen, selbst aber noch Mails checken, einen Brief schreiben oder aus dem Fenster sehen will, braucht eine Strategie.

Viele Babys haben enorm feinfühlige Sensoren für Druck-, Lage- und Temperaturveränderung, während sie schlafen. Wenn Sie solch ein Baby ablegen, sollten die drei Kriterien gleich bleiben, sonst wird es aufwachen. Sie können zum Beispiel das Baby im Tragetuch in den Schlaf tragen, es dann im Tuch vorsichtig ablegen, kurz daneben liegen bleiben, dann das Tuch um das Baby herum sanft feststecken. So erreichen Sie, dass sich für das Kind sowohl Lage als auch Druck und Temperatur nicht allzu sehr verändern.

Babys suchen eine Wärmequelle, eine körperwarme Wärmflasche im Bett hilft beim Weiterschlafen. Wenn Sie das Kind nicht tragen, sondern etwa sitzend in den Schlaf stillen, wickeln Sie es vorher locker in ein Baumwolltuch, mit dem Sie es später auch ablegen können, um den gleichen Effekt zu erzielen. Beim Ablegen ist es wichtig, dass erst mal der Körperkontakt mit dem tragenden Menschen an den Stellen erhalten bleibt, an denen er zunächst auch war. Erst langsam sollte er gelöst und möglichst durch etwas anderes ersetzt werden: Stillkissen, Wärmflasche, zusammengerollte Decke – ein anderer warmer Mensch …

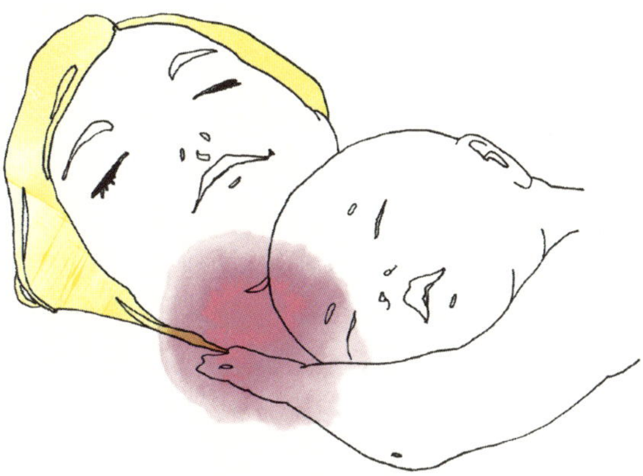

So erkennt man, ob das Baby »ablegefähig« ist

Oft wachen unsere mühsam in den Schlaf gewiegten Kinder wieder auf, weil wir sie zu früh ablegen. Testen Sie deshalb, ob Ihr Baby »ablegefähig« ist: Heben Sie sanft einen Babyarm hoch und lassen Sie ihn aus circa 5 Zentimeter Höhe auf einen weichen Untergrund herabfallen. Wenn er einfach fällt wie der Arm einer Puppe, dann schläft Ihr Kind tief und fest. Wenn das Ärmchen zuckt, kontrolliert fällt oder das Baby sonst wie körperlich reagiert, warten Sie noch ein paar Minuten, bis es richtig schläft. Legen Sie es dann nicht wie eine Puppe mit dem Rücken aufs Bett, sondern rollen Sie es eher in einer Spiralbewegung nach unten: erst die Füße, dann über die Beine auf den Po und über die Seite auf den Rücken.

Zehn Tipps für sicheren Schlaf – im Bett oder Babybalkon

- **Simplify:** Je einfacher Ihre Bettstatt ist, desto sicherer das gemeinsame Schlafen.
- **Fest:** Das Baby sollte (neben oder mit Ihnen) auf einer sauberen, festen Matratze liegen.
- **Abstand:** Stellen Sie Bett oder Matratze weg von Wänden oder Möbeln.
- **Raus hier:** Halten Sie das Bett frei von älteren Kindern, Tieren oder Kuscheltieren.
- **Rückenlage:** Legen Sie das Baby auf den Rücken zum Schlafen. Akzeptiert es dies nicht, achten Sie darauf, dass es in der Bauch- oder Seitenlage den Kopf drehen und gut atmen kann. Drehen Sie es vom Bauch auf den Rücken, sobald es tief genug schläft.
- **Schutz:** Legen Sie das Baby so, dass es nicht aus dem Bett fallen kann.
- **Kein Sofa:** Schlafen Sie niemals mit Ihrem Baby auf einem Sofa, es kann sehr leicht zwischen den Kissen ersticken.

- **Ihre Chance:** Haben Sie vorher geraucht oder Drogen genommen, ist das der Moment, um damit aufzuhören. Geht dies nicht, lassen Sie Ihr Baby im selben Raum, aber auf einer eigenen Matratze schlafen.
- **Geduld:** Haben Sie das Gefühl, Ihr Kind hängt Ihnen während der Nacht ständig an der Brust, halten Sie durch – es macht wahrscheinlich gerade eine Wachstumsphase durch. Hält der Zustand länger als zwei Wochen an und weint Ihr Kind viel, gehen Sie zum Kinderarzt und schließen Sie eine organische Ursache (zum Beispiel nächtlichen Reflux) aus. Klären Sie mit einem Profi, zum Beispiel nach der Emotionellen Ersten Hilfe, ob das Kind seine Geburt noch verarbeiten muss – oder auch die Eltern …
- **Kopf frei:** Legen Sie Ihr Baby so hoch ins Bett, dass Sie Ihre Decke über Ihren eigenen Kopf ziehen müssten, um seinen Kopf zuzudecken.

Co-Sleeping und Flaschenernährung

Stillende Mütter tendieren dazu, sich seitlich zu ihrem Baby zu drehen, die Knie unter ihm anzuziehen und so einen sicheren Rahmen für ihr schlafendes Kind zu bieten, der auch der Stillposition nachts entspricht. Dies ermöglicht eine sehr enge Kommunikation zwischen den zwei schlafenden Menschen. Die Mütter erwachen bei der kleinsten Bewegung und reagieren sogar auf Atemveränderungen ihrer Babys, wie Dr. Sears berichtet.[51]

Bei Familien, die ausschließlich mit der Flasche füttern, funktioniert dieses evolutionäre System offenbar anders. Dr. Helen Ball von der Universität von Durham (USA) stellte in ihrem Eltern-Kind-Schlaflabor fest, dass sowohl Eltern als auch Babys bei Flaschenfütterung im Familienbett weniger sensibel auf die Bewegungen des anderen reagieren. McKenna empfiehlt daher, dass flaschengefütterte Babys in einem Babybalkon oder einem Babybett direkt neben den Eltern schlafen. Er räumt jedoch ein, die Eltern seien letztlich in der besten Position, um exakt zu beurteilen, wie sensibel und reaktionsfähig sie gegenüber ihrem Baby sein können. Er empfiehlt auf jeden Fall, den nachts fehlenden Körperkontakt durch vermehrtes Tragen und Kuscheln am Tage auszugleichen.

Schlafrhythmen angleichen

Wenn Eltern und Kinder nach der Geburt sofort gemeinsam schlafen, etablieren sich parallele Schlafrhythmen. Das heißt: Wenn das Baby in eine leichtere Schlafphase kommt, geht Mama mit und umgekehrt. »Parallele Aufwachmuster« sind ein Sicherheitssystem, das den Babys hilft, durch die Nacht zu kommen. So sorgt die Natur außerdem dafür, dass keine Mama von ihrem Kind aus dem Tiefschlaf gerissen wird. Dieser Effekt wird verstärkt, wenn Eltern ihre Kinder gern bei sich im Bett haben, wenn die Mütter stillen und die Familie insgesamt achtsam miteinander umgeht (was zum Beispiel bei Drogenkonsum oder psychischen Störungen erschwert ist).

Bei postpartaler Depression, Stress oder massivem Druck funktioniert das Schlafarrangement häufig nicht. Eine Mutter im Burnout wird nachts weniger achtsam sein und kann dann das gemeinsame Schlafen als zusätzliche Belastung empfinden. Auch eine völlig übermüdete Mutter riskiert, nachts nicht aufmerksam genug für den gemeinsamen Schlaf zu sein.

Falls Eltern und Kind nach der Geburt getrennt werden, kann es ebenfalls sein, dass sich die Schlafrhythmen nicht anpassen. Studien zeigen: Wenn Eltern ihr Baby erst später mit ins Bett nehmen, steigt die Unzufriedenheit mit dem Arrangement. Die Kinder schlafen unruhiger und holen die Eltern evtl. auch aus dem Tiefschlaf.

Vorteile von Co-Sleeping für Eltern und Kind

Zehn Vorteile fürs Baby

1. Mehr Milch durch nächtliches Stillen und Hautkontakt.
2. Besser regulierte Körpertemperatur.
3. Bessere Eltern-Kind-Kommunikation auch tagsüber.

4. Häufigeres Stillen – weniger Weinen und ein entspannteres Baby.
5. Längeres Stillen – besseres Wachstum.
6. Längere Stillzeit – optimale Nährstoff- und Antikörperversorgung über einen längeren Zeitraum.
7. Sichere Schlafumgebung – Stimulanz durch Geruch, Bewegung und Geräusche.
8. Effektiverer Schlaf – Babys schlafen nicht zu tief.
9. Weniger Stress – das Baby muss nicht allein im Dunkeln Angst haben.
10. Schlaf als »Freund« statt als »Angstgegner«.

Zehn Vorteile für Mama

1. Höhere Milchproduktion – stärkeres Selbstwirksamkeitsempfinden: »Ich kann das!«
2. Durch häufigeres Stillen: Geringeres Brustkrebs- und Krebsrisiko in allen Reproduktionsorganen.
3. Durch häufigeres Stillen: bei manchen schnellerer Gewichtsabbau nach der Schwangerschaft.
4. Bessere Bindung, auch an weitere Bezugspersonen.
5. Berufstätige Mamas können nachts Nähe »nachholen« und Bindung stärken.
6. Weniger Ängste, mehr Vertrauen in sich selbst.
7. Mehr und besserer Schlaf.
8. Geringeres Stressempfinden – Oxytozin und Prolaktin machen zufrieden.
9. Bessere Eltern-Kind-Kommunikation auch tagsüber.
10. Weniger Arbeit – Mama muss zum Stillen nicht aufstehen.

Schlafen lernen für Eltern

Die meisten Tipps zum Thema »Babyschlaf« beschäftigen sich damit, wie wir unseren Babys das Schlafen beibringen: einschlafen und möglichst durchschlafen. Aber wie kommt es, dass unsere Babys das nicht können? Die Antwort ist: Sie können alles, was sie brauchen. Eigentlich sind wir Eltern es, die wieder »artgerecht« schlafen lernen müssen.

Erste Lektion

Es gibt nicht *den* Menschenschlaf. Das Konzept, acht Stunden durchzuschlafen und den Rest des Tages zu arbeiten, ist weder natürlich noch normal. Diese klare Trennung zwischen Tag und Nacht ist etwas, was wir uns ausgedacht haben, weil es gut in unsere Industriegesellschaft passt.

Das Jäger-und-Sammler-Volk der !Kung San zum Beispiel schläft völlig anders. Dort schläft man tags und nachts, wann immer man möchte. Nachts einige Stunden am Feuer zu sitzen und zu reden ist ebenso normal, wie tagsüber immer mal wieder für ein paar Minuten oder sogar Stunden wegzudämmern.

Als Forscher versuchten, das »Schlafverhalten« von Naturvölkern zu untersuchen, kamen sie zu dem Schluss, dass Schlaf einfach eine sehr individuelle Sache ist, die von Mensch zu Mensch, von Tag zu Tag und von Lebensphase zu Lebensphase variiert.

Zweite Lektion

»Aufgeweckt werden« und »gut schlafen« sind Konstrukte. Kulturübergreifende Beobachtungen zeigen: In westlichen Kulturen ist die Idee vom »Durchschlafen« weiter verbreitet als in allen anderen. Hier wird auch das Wecken durch das Kind am dramatischsten empfunden.[52] In anderen Kulturen ist das schon deshalb nicht so schlimm, weil man Schlaf ja jederzeit »nachholen« kann.

Schlaf hat viel mit unserer inneren Einstellung zu tun. Wenn man Studenten im Schlaflabor erzählt, sie hätten gut geschlafen, zeigen sie hinterher bessere Ergebnisse in Tests – egal, wie sie tatsächlich geschlafen haben.

Dritte Lektion

Sorgen Sie für eine artgerechte Umgebung. Unsere Tage sind – durch das nicht artgerechte Leben – oft so strukturiert, dass eine Mutter nur schlafen kann, wenn ihr Baby schläft, weil sie wenig bis keine Unterstützung hat. Wenn sie zudem noch zu den Menschen gehört, die tagsüber nicht schlafen können oder »dürfen«, dann wird Nachtschlaf plötzlich zu einer unverhältnismäßig relevanten Größe. Wenn das Baby nicht schläft, »schaffe ich den Haushalt nicht, habe ich keine Zeit für mich, haben wir keine Zeit als Eltern, kann ich nichts für mich tun, kann ich nicht duschen …«. Vieles von dem, was wir ohne Baby machen wollen oder müssen, muss anfangs während der eigentlich vorgesehenen Schlafenszeit passieren. Schläft das Baby nicht so, wie wir es geplant haben, steigt schnell der Frust. Aber dafür können die Babys nichts. Sie schlafen so, wie sie es seit Jahrtausenden tun.

Betrachten wir nämlich die Welt, in der wir uns entwickelt haben, stellen wir schnell fest, dass wir in unserer angestammten Gruppe aus etwa 25 Mitgliedern mit Großeltern, Geschwistern, Onkeln und Tanten, Nichten und Neffen in früheren Zeiten immer und jederzeit Hilfe hatten, um uns mal eben »aufs Ohr hauen« zu können. Oder zu waschen. Oder nichts zu tun. Wir waren noch nie so allein wie jetzt. Deshalb war Schlaf auch noch nie solch ein Thema wie heute.

Vierte Lektion

Wir verstehen, dass Babys es nicht böse meinen – sie müssen reifen und ursprünglich hat ein ganzer Clan geholfen. Die gute Nachricht ist: Es wird nicht ewig so bleiben. Die nicht so gute: Es dauert länger, als viele Eltern glauben. Mit sechs Monaten schlafen die wenigsten Babys durch und das sollen sie auch nicht. Wenn Eltern total erschöpft sind, lohnt es sich, Hilfe zu holen, etwa bei einem artgerecht-Coach, bevor man zu den – wissenschaftlich bestätigt schädlichen – Schreien-lassen-Methoden greift.

Zeichnet sich ab, dass Sie zu wenig Schlaf bekommen, dann gehen Sie Ein- und Durchschlafen als langfristiges Projekt an, und beginnen Sie damit, lange bevor Sie nur noch die Notbremse ziehen können.

Zehn Tipps für artgerechte Nächte

1. Suchen Sie sich Unterstützung

Die erste Voraussetzung, damit wir mit den Schlafgewohnheiten unserer Babys umgehen können, ist, selbst entspannt zu sein. Wenn Eltern erschöpft sind, haben sie in der Regel zu wenig Unterstützung. Eine Frau aus Afrika sagte mir einmal: »Es soll ja so toll sein in Europa, aber wie zieht ihr nur eure Kinder auf? Ihr seid ja in euren Wohnungen alle so schrecklich allein damit!«

Der erste Schritt besteht also darin, sich Unterstützung durch den Clan zu sichern, damit die Eltern nicht mehr so erschöpft sind und auch das nächtliche Familienleben leichter in ihr Leben einbauen können. Konkret heißt das:

- Suchen Sie sich gleichgesinnte, sympathische andere Eltern (das Internet macht es einfacher) in »Windelfrei-« oder *artgerecht*-Gruppen, auf Handarbeits- oder Sport-, Umweltschutz- oder Gemeinschaftsgründungstreffen – wo immer Menschen sind, die zu Ihnen passen.
- Bitten Sie die Familienmitglieder, Freunde oder Profis, in den ersten Monaten einmal pro Woche zu putzen, statt es selbst zu tun.
- Bekochen Sie sich mit Freunden gegenseitig, sodass nicht jede(r) jeden Tag am Herd stehen muss.
- Treffen Sie sich regelmäßig an einem festen Tag in der Woche mit anderen Eltern, das spart Energie für das Vereinbaren von Terminen und schafft einen kleinen Clan.
- Wenn nötig, ziehen Sie um, falls Sie nur so die gegenseitige Unterstützung besser organisieren können.
- Teilen Sie die Nacht in Zuständigkeitsbereiche ein, zum Beispiel ist der eine Elternteil von 22.00 bis 3.00 Uhr verantwortlich für alles außer natürlich das Stillen (fürs Herumtragen, Trösten, Kuscheln und so weiter), und der stillende oder fütternde Elternteil kann schlafen.

2. Stellen Sie tagsüber die Nacht ein

Wir entscheiden tagsüber darüber, wie unsere Nacht wird. Das gilt vor allem bei und mit Kindern. Das heißt, sorgen Sie für

- viel Himmelslicht (sprich: raus mit Eltern und Kids, raus mit den Kindern aus dem verdeckten Kinderwagen).
- viel Bewegung an der frischen Luft – Babys, die getragen werden, bewegen sich mit dem tragenden Menschen mit.
- wenn nötig, einen geregelten Tagesablauf (viele Kinder schlafen wirklich besser, wenn der Tag regelmäßig und rhythmisch abläuft).
- einen ruhigen Nachmittag (*nicht* noch schnell ins helle, laute, wuselige Einkaufscenter was fürs Abendbrot einkaufen).
- einen ruhigen Abend (Fernseher aus, Radio aus, keine langen Telefonate, keine späte Kitzelattacke und so weiter).

3. Finden Sie heraus, was das Kind braucht

Manche – um nicht zu sagen: viele – Kinder sind nachts schlicht hungrig oder durstig. Ein- bis Zweijährige, die nachts noch viel gestillt werden wollen, haben oft einfach einen leeren Magen. Dagegen hilft Folgendes:

- Bereiten Sie Ihrem Kind ein leckeres, gesundes, nahrhaftes Abendessen (gut satt macht zum Beispiel alles, was Fett enthält, also Sahne, Butter, Nussmus, Avocados und so weiter).
- Nachmittags sollten nicht zu viele Leckereien angeboten, und es sollte auch nicht zu viel gestillt werden – wir wollen, dass das Kind zum Abendessen Hunger hat und genug isst.
- Legen Sie eine Banane in die Nähe des Betts (oder auf jeden Fall etwas zu essen, was man schnell einem hungrigen Kleinkind nachts geben kann, ohne dass es sich bekleckert).
- Stellen Sie eine Trinkflasche neben das Bett (eine, aus der man nachts im Liegen trinken kann) mit einem Getränk, das Ihr Kind mag (manche Eltern nehmen Reismilch oder Tee, manche in der Anfangszeit sogar Kakao – probieren Sie aus, was das Kind nachts akzeptiert, und wechseln Sie im Laufe der Zeit langsam zu einfachem Wasser).

4. Etablieren Sie Nacht-Mantras

Kinder sind sehr lernfähig. Wenn wir ihnen tagsüber bestimmte Mantras beibringen, funktionieren diese auch nachts, zum Beispiel:

- »Mimi schläft jetzt ein bisschen.« – Lehren Sie Ihr Kind Schritt für Schritt Geduld. Das geht so: Tagsüber geben Sie die Brust erst ein paar Minuten später als angefragt, weil die jetzt noch »schläft«. Erst lassen Sie Ihr Kind nur ein paar Augenblicke warten, dann langsam immer länger. Allerdings sollten Sie das Kind niemals schreien lassen: Wenn es nicht warten kann, stillen Sie es gleich.
- »Hast du Hunger? Hast du Durst? Komm, wir essen / trinken jetzt etwas, und *danach* stillen wir.« – Das Kind lernt, dass sein Bedürfnis nach Muttermilch auch anders befriedigt werden kann. So manches zweijährige Kind verlangt immer noch bei Hunger nach der Brust, obwohl es davon längst nicht mehr ausreichend satt wird. Man kann nun gemeinsam sanft üben, Alternativen zu finden. Wenn nötig, geben wir hinterher noch mal die Brust, aber tun Sie auch ruhig mal so, als hätten Sie das vorher besprochene Stillen »vergessen«, und lenken Sie das Kind ab. Dann klappt es mit der Zeit auch nachts ohne Stillen und nur mit Wasser und Banane.

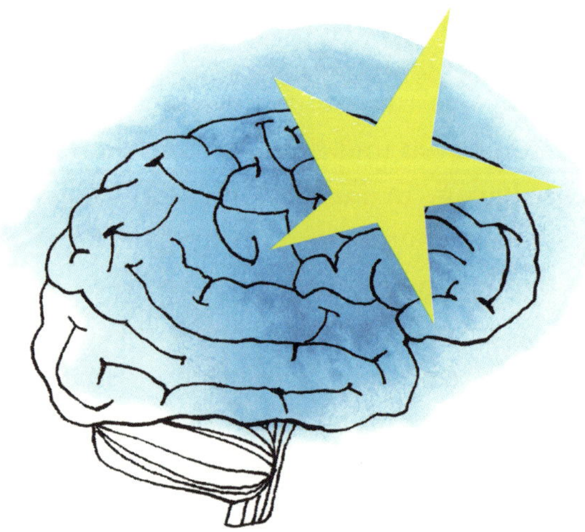

5. Wappnen Sie sich mit Geduld

Alle diese Ratschläge sind keine Rezepte nach der Devise »In drei Nächten schläft das Kind durch«. Fangen Sie mit der Umsetzung am besten an, *bevor* Sie mit den Nerven am Ende sind. Lassen Sie es wachsen. Kinder entwickeln sich, entwickeln Sie sich mit Ihrem Kind. Bleiben Sie in ständiger aufmerksamer Kommunikation. Wenn das Kind schreit, hat es recht. Dann ist es noch nicht so weit, wir sind zu schnell oder haben tagsüber nicht genug geübt. Weitermachen, Geduld aufbringen, dranbleiben. Sie sollten abwarten und üben, bis die Mantras (zum Beispiel »Mimi schläft noch«) auch nachts wirken, *ohne* dass es Geschrei gibt.

6. Bleiben Sie im Gespräch und auf der Suche

Wenn nichts hilft und das Kind nachts weiter schreit, ist vielleicht etwas anderes im Busch. Hatten Sie tagsüber genug Zeit zum Kuscheln? Geschieht gerade irgendetwas Aufregendes in Ihrem Leben? Kinder sind Seismografen, die die kleinsten Erschütterungen im Familiengefüge sofort anzeigen. Sie sollten das prüfen.

Im Gespräch zu bleiben ist ebenfalls wichtig: Man kann auch einem einjährigen Kind erklären, warum man möchte, dass es nachts eine Banane isst und Reismilch trinkt, statt gestillt zu werden. Das funktioniert vielleicht nicht nach drei Nächten, aber es wird gelingen, wenn man beharrlich und freundlich dranbleibt. Versuch und Irrtum sind okay. Wir sollten immer das Baby als Barometer nehmen, wenn wir neue Nachtgewohnheiten einführen, denn es zeigt uns tagsüber, ob es mit unserer Vorstellung von einer guten Nacht klarkommt. Wird das Kind ärgerlich, nölig, distanziert, anhänglich, trotzig oder vermeidet ein älteres Kind den Augenkontakt, dann müssen wir uns überlegen, was hier falschläuft.

7. Schlaf bleibt Schlaf, egal, wann

Schlafen Sie, wann immer Sie können. Mittags, nachmittags, morgens noch mal – holen Sie den Schlaf nach, auch auf Kosten anderer vermeintlicher Pflichten: Putzen, einkaufen, Mails checken – das ist alles in den nächsten Monaten nur halb so wichtig. Schlaf hat oberste Priorität.

8. Tauschen Sie sich mit Menschen aus, die Ihnen guttun

»Na, meiner schläft ja schon durch!« Solche »Informationen« anderer Eltern helfen Ihnen nicht und entsprechen meistens auch nicht der Wahrheit. Suchen Sie sich Eltern, denen es ähnlich geht wie Ihnen, und tauschen Sie sich ehrlich aus. Geben Sie anderen keine »Patentrezepte« – jedes Kind ist anders, Ratschläge sind auch Schläge. Jede Familie muss ihren Weg finden, aber es tut auch gut, sich die realistischen Perspektiven anderer anzuhören.

9. Trinken Sie Kaffee

Nutzen Sie Dinge, die Ihnen guttun – schaffen Sie sich Oasen der Kraft oder, wenn es nicht anders geht, weil die Nacht zu anstrengend ist und Sie noch Kraft für ein paar Tage Geduld brauchen: Trinken Sie einen Kaffee! Oder Tee, einen Energy-Drink, Kakao oder was immer Ihnen hilft, noch weiter Geduld aufzubringen.

10. Hören Sie nur auf Ihr Herz

Wenn ein schreiendes Kind unserem Herzen wehtut, dann hat das seinen Grund. Die These, dass man dem Schreien auf keinen Fall nachgeben dürfe, ist schlichtweg falsch. Schreien ist ein Alarmsignal. Wer schreit, hat ein Problem, auf das wir Eltern zu reagieren haben. Vielleicht müssen wir einen anderen als den bisher verfolgten Weg finden. Wir müssen nicht all unsere Ziele aufgeben, doch überlegen, wie wir ohne Machtkampf dorthin kommen können, wohin wir wollen. Beharrlich, aber sanft.

Einschlafstillen und nächtliches Stillen – sicher und gut

Immer wieder hört man, dass man Babys nicht in den Schlaf stillen sollte: »Die gewöhnen sich noch daran!« Der Einwand ist völlig korrekt: Babys gewöhnen sich daran. Und das sollen sie auch. Denn sie bekommen, worauf wir alle programmiert sind: warme Milch und Körperkontakt zum Einschlafen. Es ist für Mutter und Kind die beste, effektivste, schlaffreundlichste, gesündeste und sanfteste Methode, den nächtlichen Hunger des

Babys zu stillen. Es bietet all die Vorteile, die das Stillen (bessere Rückbildung, Krebsvorsorge, Gewichtsabbau, Geduld und Selbstwirksamkeitsempfinden) und der Körperkontakt (bessere Bindung, besseres Verständnis des Kindes, mehr Freude am Kind) mit sich bringen. Mutter Natur hat sich das prima ausgedacht. Das System gerät erst aus der Balance, wenn wir eingreifen!

Eine Mutter, die nachts aufstehen muss, um ihr Baby zu stillen, hat nicht nur unruhigere Nächte, sie riskiert außerdem,

- einen Mutter-Burn-out wegen ständigen Schlafmangels zu erleiden und dadurch eine weniger gute Beziehung zu ihrem Kind zu haben,
- ihrem Baby ein negatives Bild vom Schlafen anzuerziehen (nachts ist man allein und muss Angst haben),
- vor Erschöpfung beim Stillen auf Stuhl, Sessel oder Sofa einzuschlafen, was die Gefahr des Erstickens für das Kind massiv erhöht.

Wenn die Mutter nicht mehr »einschlafstillen« will, wird sie ihrem Kind nach und nach Alternativen bieten (streicheln, singen, kuscheln, tragen, dem Papa anvertrauen) und dann irgendwann an dem Punkt sein, dass sie klar sagen kann: Jetzt will ich nicht mehr. Das kann nach zwölf Monaten, das kann nach drei Jahren der Fall sein. Bis zu diesem Zeitpunkt haben Mutter und Kind von dieser gesunden und ausgesprochen praktischen Angewohnheit vielfältig profitiert.

Im Hinblick auf das nächtliche Stillen geraten wir schnell an einen gefährlichen Punkt: Wir interpretieren jedes Geräusch und jede Regung des Kindes als »Hunger!« oder »Brust!« und öffnen sofort die Milchbar. Damit signalisieren wir unserem Baby, dass es für jede Störung nachts die Brust braucht, um wieder in den Schlaf zu finden. Daher ist es klug, des Nachts erst mal zu prüfen, was das Baby gerade wirklich braucht, ob es mit einem Streicheln, einem »Schschschhhhh« oder einfach einer warmen Hand zufrieden ist. Klappt das nicht, bieten wir selbstverständlich die Brust an. So lernt das Kind, dass es auch andere Brücken in den Schlaf gibt, und ist nicht allein aufs Stillen fixiert.

Zugegebenermaßen ist Stillen die einfachste und schnellste Lösung, allerdings kann es ein nervenaufreibendes Geschäft werden, ein 14 Monate altes Kind jedes Mal wieder in den Schlaf zu stillen – und dann entsprechend oft nachts abzuhalten oder zu wickeln, weil die Blase ja ständig vollläuft.

Dies ist ausdrücklich kein Plädoyer dafür, den Babys nachts die Brust zu verweigern oder sie unnötig warten zu lassen. Ein hungriger Säugling muss gestillt werden. Es wird lediglich empfohlen, erst einmal zu prüfen, ob die Unruhe durch Hunger oder ein anderes Bedürfnis verursacht ist. Und es geht darum, dem Baby ein breites Verhaltensrepertoire zu erhalten, das es ja von Anfang an hat.

Windelfrei schlafen

Windelfrei die Nacht zu verbringen hat viele Vorteile. Vor allem hilft es den Babys, ihr Körpergefühl auch nachts zu erhalten und auf einen Blasevoll-Reiz mit Aufwachen zu reagieren, statt es einfach laufen zu lassen. Viele Babys werden zudem nachts gegen 4.00 Uhr unruhig, wälzen sich bis zum Morgen hin und her und schlafen dann erst gegen 6.00 oder 7.00 Uhr wieder ruhiger – oder wachen gar ganz auf. Oft hat dies mit einer vollen Blase zu tun. Gegen Morgen fangen die Nieren wieder an zu arbeiten, die Blase füllt sich. Die meisten Babys machen nachts von sich aus nicht ins Bett, möglicherweise wollen sie das »Nest« nicht beschmutzen. Daher werden sie unruhig und »melden«, dass sie mal müssen. Sie wachen oft nicht ganz auf, weil das auch nicht notwendig wäre, geben aber auch keine Ruhe. Wenn wir jetzt stillen, statt abzuhalten, wird die Blase immer voller, das Kind immer unruhiger, bis es letztendlich ganz aufwacht – oder sich in die Windel entleert und dann in einer vollen Windel weiterschläft.

Bei manchen Kindern führt ein nächtliches Abhalten daher dazu, dass sie ruhiger und länger weiterschlafen. Dann empfiehlt es sich auf jeden Fall. Auch Familien, in denen Bettnässen in den vorhergehenden Generationen ein Thema war, sollten überlegen, ob sie ihr Baby nachts abhalten, damit das Körpergefühl erhalten bleibt. Mit Windeln, besonders mit Superabsorber-Windeln, lernt das Kind langfristig, seinen nächtlichen

Harndrang zu ignorieren, und es kann Jahre dauern, bis das Bewusstsein dafür wiederkommt.

Ist das nächtliche Abhalten jedoch eher störend, weil das Baby weint, sich wehrt oder schlicht schlafen will, alle weckt und die Eltern nicht wieder einschlafen können, dann ist es nicht empfehlenswert. Schlaf hat absolute Priorität.

Die Schlafphasen des Babys

Es gibt wichtige Schlafphasen, die Eltern kennen sollten. In der ersten Phase nach der Geburt, etwa die ersten sechs Wochen, schlafen viele Babys gut und viel. Manche sogar so viel, dass die Hebamme empfiehlt, das Kind zum Stillen sanft zu wecken. Gerade wenn die Eltern allen ihren Freunden und Bekannten erzählt haben, was sie für einen guten Schläfer haben und dass das Leben mit Neugeborenem ja total entspannt sei, ändert sich das rapide. Plötzlich schläft das Kind in viel kürzeren Abständen, erwacht leichter und braucht länger, um in den Schlaf zu finden.

Diese Phase ist völlig normal. Sie hat etwas mit der Entwicklung der Kinder zu tun. Als Faustregel kann man festhalten: Je mehr die Babys sich der Welt öffnen, je mehr sie sehen und interagieren, desto komplizierter wird es, diese kleinen »Hochleistungssysteme« wieder herunterzufahren.

Es folgen Wochen und oft Monate, in denen das Baby zwar regelmäßig schlafen muss, aber Hilfe braucht, um vom »Welt-Entdecken-« auf den »Einschlaf-Modus« umzuschalten. Manche Kinder brauchen mehr Hilfe, manche weniger. Als Trost für Eltern, deren Kinder viel Hilfe brauchen: Das sind oft die Babys, die sehr schnell lernen und alle Eindrücke wie ein Schwamm aufsaugen, was ihnen später im Leben noch von Vorteil sein wird.

Die zweite Phase ist die des Zahnens, etwa zwischen dem sechsten Monat und Ende des zweiten Lebensjahrs. Manche Kinder bekommen ihre Zähne, ohne dass wir davon etwas merken. Doch nicht wenige tun sich schwer damit, sie schlafen unruhig, sind tagsüber schlecht gelaunt und weinerlich, hängen gefühlt die ganze Nacht an der Brust. Besonders bei den ersten Zähnen, also zwischen Monat sechs und zwölf, leiden viele

Kinder ganz beträchtlich. Versuchen Sie, das Baby mit seinen wunden Kauleisten auf etwas Kühlem, Hartem kauen zu lassen, sie zu massieren oder zu salben.

Als Nächstes kommen die Mittagsschlaf-Wechselphasen. Das passiert zum ersten Mal im Alter von etwa zehn bis achtzehn Monaten, wenn die Babys von zwei oder drei Schläfchen am Tag auf einen Mittagsschlaf umsteigen. Dieser Wechsel geht häufig relativ sanft. Die Eltern wundern sich nur, dass das Kind einfach nicht mehr müde ist, wenn sie es am Nachmittag noch einmal hinlegen wollen.

Irgendwann zwischen dem dritten und vierten Lebensjahr ändern viele Kleinkinder dann ihre Mittagsschlafgewohnheiten erneut – und schaffen oft den Mittagsschlaf ab. Das geht aber selten von einem Tag auf den anderen, sondern es gibt eine Übergangszeit, in der die Kinder nicht mehr in den Schlaf finden, aber trotzdem müde sind. An manchen Tagen quälen sie sich beispielsweise von 12.00 bis 13.30 Uhr, ohne zu schlafen, sind dann aber um 15.00 Uhr so müde, dass sie in einen Tiefschlaf bis um 17.00 Uhr fallen – nur um dann abends entsprechend lange fit zu sein. Entweder wir halten das aus, weil wir abends ebenfalls fit sind, oder wir »ziehen durch«, sorgen also dafür, dass das Kind nachmittags trotz seiner quengeligen Müdigkeit nicht mehr schläft (nicht Auto fahren, nicht im Buggy fahren, nicht lange tragen), damit es dann am frühen Abend ins Bett fallen kann. Dieses unruhige, unzufriedene, quengelnde Kind kann sehr anstrengend sein – aber es will niemanden ärgern! Diese Übergangsphase kann einige Tage oder sogar Wochen dauern, und es ist gut zu wissen, dass es nicht an einem Fehler unsererseits liegt, sondern dass es eine normale Phase ist, die vorübergeht.

Die Rollenverteilung in der Nacht

Viele Eltern denken, dass die stillende Mama nachts die Hauptbetreuungsperson sei. Aber Babys akzeptieren durchaus auch nachts verschiedene Bezugspersonen. Manche stillende oder fütternde Elternteile erledigen die gesamte »Nachtarbeit« allein (Nähren, Herumtragen, Abhalten). Oft zieht der andere Elternteil sogar aus dem Familienbett aus, weil er arbeiten gehen und »funktionieren« muss und daher seinen »Kulturschlaf« braucht. Das andere Extrem sind stillende Mamas, die sagen: »Nachts hab ich Pause!« Und sich ihr Kind nur zum Stillen bringen lassen, während der andere Elternteil den ganzen Rest erledigt.

Irgendwo zwischen diesen beiden Enden des Spektrums wird jede Familie ihren Weg finden. Er hängt nicht zuletzt davon ab, wie flexibel die Tage organisiert werden können. Ein Elternteil, der arbeitet oder nicht stillt und der keinen Mittagsschlaf halten kann (was sehr viele betreffen dürfte), wird von unruhigen Nächten oft rein körperlich mehr mitgenommen als eine stillende Mutter. Hier liegt allerdings auch eine Gefahr: Wenn die Eltern sich nachts gar nicht mehr sehen und die Arbeit nicht teilen, kann das dazu führen, dass der eine den anderen irgendwann einfach nicht mehr versteht.

Es ist auf jeden Fall wichtig, das Schlafbedürfnis und die Not, die entstehen kann, gegenseitig anzuerkennen. Manche Paare fallen in unnötige Auseinandersetzungen mit Vorwürfen wie »Ich schlafe aber viel weniger als du!«, die zu nichts führen.

Und der Sex?

In vielen Kulturen haben Eltern nachts Sex, ob da ein Baby schläft oder nicht. Wer das nicht möchte, kann das Kind abends auch zunächst im Bettchen oder auf seiner Kuscheldecke einschlafen lassen und nach dem ersten Stillaufwachen ins Bett holen. Oder selbst das Bett verlassen und anderswo Spaß haben. Manche Eltern von sehr entspannten Babys legen das Kind auch einfach an einer geeigneten Stelle ab, wenn ihnen nach Zweisamkeit ist, und holen es später wieder zu sich. Der Fantasie sind keine Grenzen gesetzt.

Ob ein Paar noch Sex hat, wenn erst mal ein Baby im Haus ist, hängt von ganz anderen Faktoren ab als davon, wer wo schläft. Es richtet sich vielmehr danach, wie sehr sich das Leben und die gemeinsamen Lebensbereiche verändern. Ebenso kommt es darauf an, wie gut das Paar die Konflikte und Belastungen des Elternlebens ausgleichen kann und ob gemeinsame Momente und positive Kommunikation – überhaupt Kommunikation! – erhalten werden können oder nicht. Stillen und Co-Sleeping sind nie schuld, sondern immer nur »Nebenkriegsschauplätze«, wenn es an anderen Stellen nicht mehr stimmt.

Ich! Muss! Schlafen!
Sanfte Wege zum Schlafen ohne Schreien

Viele Mütter, gerade von Stillkindern, bekommen irgendwann massiven Schlafmangel, wenn ihr Baby Ende des ersten Lebensjahrs nachts noch alle zwei Stunden erwacht und gestillt werden will. Was tun, wenn alle bisher genannten Tipps wie viel frische Luft, ein gutes Abendessen und ein ruhiger Tag nicht zu helfen scheinen? Wenn wir nachts einfach nicht mehr ständig stillen wollen und können?

Prinzipiell ist immer erst einmal auszuschließen, dass das Kind ein körperliches Problem hat: nasse Windeln, Zahnungsschmerzen, Reflux oder etwas Ähnliches.

Grundsätzlich ist zweierlei festzuhalten: Schlafreife ist ein biologischer Prozess, und das Gras wächst nicht schneller, wenn wir daran ziehen. Bis zum Alter von zwölf Monaten ist es normal, dass Stillkinder nachts noch mal Hunger haben, und auch ein anderthalb Jahre altes Kind kann kurz vor dem Einschlafen noch einmal etwas zu essen brauchen, um die Nacht durchzuhalten. Dies gilt ganz besonders für Kinder, die tagsüber kaum essen oder sich stillen lassen, weil die Welt einfach viel zu spannend ist!

Dennoch gibt es noch ein paar Tipps, was man für eine ruhigere Nacht tun kann. In dem Wunsch, alle Bedürfnisse unseres Babys zu erfüllen, sind wir manchmal nachts auch dann in Hab-acht-Stellung, wenn wir gar nicht gebraucht werden. Damit ist ausdrücklich nicht gemeint, dass man ein Baby nachts schreien lassen sollte, bevor man es stillt. Das wäre unklug und ineffektiv. Aber Babys machen nachts eine Menge Geräusche und Bewegungen. Manche davon bedeuten: »Komm und still mich, ich habe Hunger.« Andere: »Ich muss von einer Schlafphase in die nächste wechseln, hilf mir.« Oder aber: »Mir sitzt ein Pups quer, und wenn er weg ist, schlaf ich einfach weiter.«

Das Problem: Auch hier stillen wir meist, es ist häufig der einfachste und sicherste Weg, selbst weiterschlafen zu können. Doch damit machen wir gleich zwei Fehler auf einmal: Wir wecken unter Umständen ein Baby, das eigentlich weitergeschlafen hätte, und wir etablieren Stillen als alleinige Brücke zwischen zwei Schlafphasen. Und als Drittes kommt hinzu: Ein Baby, das nachts oft gestillt wird, muss nachts auch viel pinkeln, was die Nächte noch unruhiger machen kann (vor allem wenn es beim Abhalten jedes Mal wieder einschlafgestillt wird).

Elizabeth Pantley schreibt in ihrem Buch *Schlafen statt Schreien*, der beste langfristige Schlafverbesserer für eine Familienbettmutter sei es, dass sie lernt, sich schlafend zu stellen, während sie den Geräuschen ihres Babys zuhört. Und zu warten. Vielleicht schläft ihr Baby einfach ohne Hilfe wieder ein. Wenn es stillen muss, würden Sie es früh genug wissen![53]

Checkliste: Warum Babys aufwachen

Wenn Babys nachts aufwachen, kann das viele Gründe haben. Prüfen Sie Folgendes und ergreifen Sie die vorgeschlagenen Maßnahmen:

- Zu warm (Fieber?) → checken, gegebenenfalls aufdecken.
- Zu kalt → zudecken, wärmen.
- Blähungen → massieren.
- Vor allem morgens ab 3.00 Uhr Pipi müssen → abhalten.
- Schlafphasen verbinden → kurz abwarten, nichts tun, streicheln, summen.
- Sicherheitscheck »Seid ihr da?« → kuscheln, sich bewegen oder selbst deutlich hörbar atmen.
- Hunger → stillen.
- Wach → aufstehen, abhalten.

Wir sollten also zumindest versuchen, unserem Kind auch andere Brücken zwischen zwei Schlafphasen anzubieten als die Brust. Wir streicheln, klopfen, summen, singen, brummen und schauen, ob unser Baby wieder einschläft. Wenn Mama nicht mehr einschlafstillen will – oder kann –, dann üben Sie gemeinsam: Bringen Sie das Baby oder Kleinkind bis kurz vor den Einschlafpunkt und docken Sie es dann ab, legen es hin oder wiegen es in den Schlaf. Wenn es einschläft, prima. Wenn es schimpft und wieder wacher wird, docken Sie es wieder an und versuchen es von Neuem. Es kann ein paar Tage dauern, in denen Sie Ihr Kind mehrmals in den Schlaf wiegen und stillen müssen, bis es dann endlich schläft, aber irgendwann wird das Nuckeln müder, und Sie docken ab, legen das Baby sanft hin – oder liegen schon mit ihm, und es nuckelt sich ohne Ihre Brust einfach weiter in den Schlaf. Manchmal hilft es, einen Finger sanft unter Kinn oder Lippe zu halten, damit das Kind weiterhin ein ähnliches Gefühl hat wie beim Nuckeln an der Brust. Wenn Sie so gemeinsam üben, ohne Brust einzuschlafen, können Sie neue Einschlafbrücken etablieren – am besten solche, die auch Sie selbst auf Dauer durchhalten können.

Die Regeln lauten: Üben und probieren Sie immer wieder, lassen Sie sich nicht entmutigen, wenn es an den ersten Tagen immer wieder Protest gibt. Lassen Sie Ihr Kind nie schreien – dann schläft es noch schwerer wieder ein –, sondern geben Sie ihm die Brust schon vorher wieder, jedoch nicht ohne sie wieder abzudocken, kurz bevor es schläft. Wenn es gar nicht geht – »einschlafstillen« Sie und versuchen Sie es am nächsten Tag

Vorsicht vor Schlaftrainings!

Schlaftrainings mit kontrolliertem oder unkontrolliertem Schreienlassen sind für Eltern und Kinder eine Folter. Sie bewirken in erster Linie eine erlernte Hilflosigkeit beim Baby: »Wenn ich mich verlassen fühle und schreie, kommt keiner, also gebe ich auf und versuche es irgendwann gar nicht mehr.« Oft stören sie die Bindung zwischen Eltern und Kind massiv. In jedem Fall lernt das Kleine, dass Schlaf eine traurige, einsame Sache ist, eine Erfahrung, die es ein ganzes Leben lang begleiten wird.

Viele Experten schreiben, dass man solche Programme im »Notfall« anwenden sollte, bevor Eltern ihr Baby schütteln, verlassen oder ihm oder sich selbst etwas antun.

Aus *artgerecht*-Sicht sieht das anders aus: Wenn Eltern so überfordert sind, dass sie ihr Baby am liebsten schütteln würden, dann brauchen sie kein Schlaftraining, sondern dringend Unterstützung. Sie brauchen Beratung und vor allem viel, viel praktische Hilfe. Jemand muss herausfinden, wie sich die Situation so festfahren konnte, welche – sanften! – Schritte jetzt einzuleiten sind, damit alle wieder schlafen, aber die Bindung zwischen Eltern und Kind nicht leidet. Und die Eltern brauchen Ruheinseln am Tag, damit sie den Lernprozess, der nachts unweigerlich bevorsteht, besser schaffen können.

noch mal. Auch wenn es nicht so aussieht, es wird Schritt für Schritt besser werden. Oft hilft es, wenn Mama »zerstreut« ist, sich also nicht 100 Prozent auf den Prozess konzentriert (»Schläfst du? Ja, schläfst du schon? Schlaf doch einfach!«), sondern abdockt, weil sie etwas anderes zu tun hat, ein Buch liest oder gerade mit den Gedanken woanders ist. Je mehr das Kind »nebenbei läuft«, desto besser schläft es oft ein.

Pucken

Im Bauch hat unser Baby immer eine enge Begrenzung nach allen Seiten, es wird von der Gebärmutter eng umschlossen. Wenn die Babys im Tragetuch oder Sling sitzen, ist eine vergleichbare Situation hergestellt – sie können die Zeit der Schwangerschaft sozusagen außerhalb des Mutterleibes fortsetzen, den sie wegen ihrer großen Köpfe zeitig haben verlassen müssen. Liegen unsere Kinder jedoch in der vorgeschriebenen Rückenlage im Bett, kann es vorkommen, dass sie im Schlaf ein Schreckreflex – der sogenannte Moro-Reflex – überkommt und sie aufweckt. Daher hilft es unseren Kindern, wenn sie beim Schlafen eine seitliche Begrenzung haben – die Mutter, ein Stillkissen oder etwas Ähnliches.

Wenn die Kinder allein im Bett liegen sollen, stecken manche Eltern sie in einen Pucksack, der die Bewegungsfähigkeit des Babys stark einschränkt. Dies geht auf die jahrtausendealte Praxis des Wickelns oder »Fatschens« (vom lateinischen *fascis* für »Bündel«) zurück. Die Methode des Puckens (wahrscheinlich vom niederdeutschen *pucken* für »Packen« oder »Bündel«) ist umstritten, da die Babys so tiefer – was sie ja nicht sollen – und länger schlafen, sich aber weniger bewegen können. Wenn es dazu führt, dass das Baby wirklich lange und tief schläft, verleitet es manche Eltern dazu, ihr Kind sehr häufig zu pucken, was sich negativ auf die Entwicklung der Motorik und auf die Bindung auswirkt.

Insofern gilt für Pucken das Gleiche wie für Schnuller und alle anderen Hilfsmittel: Nutzen Sie es wie ein Medikament, wenn es hilfreich ist. Aber nutzen Sie es nicht als Ersatz für Körperkontakt, Tragen oder gemeinsames Kuscheln.

Raus jetzt!

Unter bedürfnisorientiert erziehenden Eltern hält sich hartnäckig die Geschichte, dass Familienbettkinder mit zwei bis drei Jahren von ganz allein wieder aus dem Bett ausziehen. Das stimmt. Und es stimmt nicht. Ja, einige Kinder ziehen freiwillig aus, bauen sich eine eigene Bettstatt oder sind stolz auf ihr Kinderbett. Andere jedoch bleiben lange – für manche Eltern zu lange. Was also tun, wenn der Nachwuchs noch kuscheln will, die Erwachsenen aber nicht mehr? In einer artgerechten Umgebung würde das Kind früher oder später in ein anderes Co-Sleeping-Arrangement umziehen, zu Geschwistern, Verwandten oder in das Kinderzelt. Grundsätzlich gilt, dass erst Kleinkinder überhaupt aus dem Familienbett ausziehen (siehe »artgerecht – Das andere Kleinkinderbuch«).

Bevor es also über die Schlaffrage zum Konflikt kommt, lohnt sich ein strategisches Vorgehen. Die erste Frage lautet, ob die Option besteht, ein möglichst artgerechtes neues Schlafarrangement zu schaffen. In einer größeren Familie könnten zum Beispiel zwei Geschwister gleichzeitig aus dem Bett ausziehen oder das kleine Geschwister zum großen Geschwister ins Kinderzimmer wechseln. Oder unser Drei- oder Vierjähriges kann bei Oma und Opa ins Zimmer ziehen. In den meisten Familienkonstellationen wird all das jedoch nicht möglich sein. Falls das Kind nicht freudig und freiwillig in sein Kinderzimmer umzieht, können wir ein paar sanfte Umwege gehen:

- Machen Sie die neue Schlafstatt des Kindes zu etwas Besonderem. Bauen Sie das Bett selbst, kaufen Sie es gemeinsam, dekorieren Sie es zusammen. Das ist jetzt »sein« Bett. Das funktioniert besonders gut in Phasen, in denen »Mein« und »Ich allein« wichtige Themen des Kindes sind.
- Gehen Sie schrittweise vor: Legen Sie das Kind zuerst auf eine Matratze vor Ihr Bett. Dort kann es jetzt erst mal »allein« schlafen lernen. Wenn es nachts angekrabbelt kommt, können Sie es bei sich lassen oder, sobald es eingeschlafen ist, wieder auf die Matratze legen – je nachdem, wie viel Energie Sie in den Prozess investieren wollen.
- Alternativ können Sie sich auch zum Kind auf die Matratze legen und

warten, bis es dort eingeschlafen ist. Sobald es auf der Matratze nachts gut durchschläft, können Sie den nächsten Schritt einleiten.

- Bringen Sie das Kind abends in seinem neuen Spezialsuperbett zum Schlafen. Wenn es jetzt noch ins Elternzimmer kommen will, gibt es eine Regel: »Du kommst so leise wie eine Maus, ohne jemanden zu wecken.«
- Erfahrungsgemäß werden die Besuche mit den Jahren seltener und hören schließlich auf.

Falsche Erwartungen

Es schläft viel und allein

Viele Eltern haben die Erwartung, dass ihr Neugeborenes vor allem in einer Wiege liegt, es dann zwischendurch mal kurz gestillt wird und dann wieder abgelegt werden kann. Manche Babys sind auch so. Aber bei Weitem die meisten verlangen – zu Recht! – sehr viel mehr Körperkontakt als nur das. Wir sind in der ersten Zeit sehr viel damit beschäftigt, unser Kind zu stillen und es in den Schlaf zu tragen. Je nach Temperament unseres Neuankömmlings werden wir praktisch den ganzen Tag ein Baby im Arm haben.

Aber unseres schläft ganz toll

Viele Babys schlafen mit etwa sechs Wochen nachts durchaus viele Stunden ohne Unterbrechung, und die Eltern denken: »Ach, alles halb so schlimm!« Aber diese Phase endet schnell – was aus Sicht des Gehirnwachstums gut ist –, und dann gehen die Nächte los, in denen das Kind viel Milch braucht und oft Hilfe, um wieder in den Schlaf zu finden. Davon erzählen die meisten Eltern niemandem etwas, und auch unsere eigenen Mütter erinnern sich selten daran, weil das menschliche Gehirn diese anstrengenden Phasen alsbald mit dem Mantel des seligen Vergessens überdeckt. Also bleiben wir freundlich, aber kritisch, wenn wir Erzählungen vom »schnellen Durchschlafen« hören.

Es klebt an mir!

Ja, es ist ebenfalls normal, dass viele Babys nur beim Stillen oder Tragen einschlafen. Das ist der sicherste Ort für sie, und das wissen sie instinktiv. Auch wenn die Kinder von Freundinnen sich immer brav ins Bett legen lassen – freuen Sie sich, dass Sie ein kleines, kluges, evolutionäres Erfolgsmodell haben, das sich die Luxusvariante der Säuglingspflege holt!

Jedes Kind schläft anders

Auch beim Schlafen gilt: Jedes Kind ist anders. In den ersten Monaten schlafen die meisten Säuglinge noch zwischen fünfzehn und zwanzig Stunden am Tag, danach wird es immer weniger. Mit einem Jahr schlafen manche Kinder noch immer dreizehn Stunden und machen zwei Mittagsschläfchen, andere brauchen nur elf Stunden und schlafen nur einmal mittags.

Im zweiten Jahr geht es ähnlich weiter: Während ein Kind noch Mittagsschlaf macht und dreizehn Stunden Schlaf braucht, hat ein anderes seinen Schlafbedarf auf zehn Stunden reduziert und ist den ganzen Tag putzmunter.

Diese Unterschiede sind manchmal schwer zu ertragen. Die Freundin erzählt, dass ihr achtzehn Monate altes Kind abends von 19.00 Uhr bis morgens um 7.00 durchschläft und mittags noch mal neunzig Minuten schlummert, während unser Kind abends bis um 21.00 Uhr fit ist, morgens um 7.00 Uhr ebenfalls auf der Matte steht und sich offenbar denkt: »Mittagsschlaf? Wozu?« Es hilft nichts: Ebenso wenig, wie man einen Vielschläfer vom Schlafen abhalten kann, kann man einen Wenigschläfer zum Schlafen zwingen. Und es liegt mal wieder nicht an uns. Ob ein Kind zu wenig schläft, merken Eltern dann, wenn das Kind tagsüber auffallend unausgeglichen ist, leicht weint und zappelig wird.

Warum schlafen Babys anders? Das sagt die Wissenschaft

Co-Sleeping (Familienbettkinder): Meret Keller und Wendy Goldberg von der Universität Kalifornien veröffentlichten 2004 jene bereits zitierte Studie, die Mütter und ihre Vorschulkinder daraufhin untersuchte, ob Co-Sleeping die Unabhängigkeit von Kindern eher fördert oder behindert.[54] Ihre Ergebnisse lassen sich so zusammenfassen:

- Alleinschläfer schliefen allein ein, schliefen die Nacht durch und wurden früher abgestillt als Familienbettkinder.
- Familienbettkinder waren im Gegenzug selbstständiger (zum Beispiel konnten sie sich früher allein anziehen) und sozial unabhängiger (zum Beispiel fanden sie neue Freunde ohne die Hilfe der Mutter).

Familienbettkinder entwickeln sich anders als Alleinschläfer. Sie brauchen für manche Entwicklungsschritte länger, vor allem das Allein-Einschlafen und später das Durchschlafen. Dafür stärkt das Familienbett ihre sozialen Fähigkeiten und oft schlicht ihr Selbstbewusstsein. Es ist der Weg, für den der Homo sapiens gebaut ist.

Menschen, die gemeinsam schlafen, teilen mehr als nur eine Matratze. Sie tauschen sich aus durch Bewegungen, Gerüche, Berührungen, Geräusche. Es ist unbestritten, dass das auch für Babys gilt. Einem Baby, das allein in einer Wiege im Kinderzimmer schläft, entgeht all diese Kommunikation. Wenn es dann auch noch tief durchschläft, wird es gefährlich.

Babyschlaf unterscheidet sich deutlich vom Erwachsenenschlaf. Die kleinen Wesen müssen sozusagen erst lernen, sich sicher durch die Nacht und diesen komischen Zustand zu navigieren. Unsere Babys können ihre Körpertemperatur, ihre Herzfrequenz und ihre Atmung nicht gut regulieren und brauchen konstant Nahrung, um ihr schnelles Wachstum in den ersten zwei Jahren zu bewältigen. Die Milch von Menschen hat einen vergleichsweise geringen Fett- und Eiweißanteil. Das deutet darauf hin, dass wir sehr häufig stillen, um unsere Babys zu stabilisieren und ihr Wachstum zu fördern – auch nachts. Babys schlafen daher im besten Fall eben nicht »durch«, wobei »durchschlafen« von Forschenden und Eltern zudem völlig unterschiedlich bewertet wird: In der Wissenschaft gelten fünf Stunden durchgehender Schlaf als durchgeschlafen, Eltern hingegen träumen oft von acht bis zwölf Stunden.

Kulturschlaf: Wenn wir uns die Schlafgewohnheiten in anderen Kulturen ansehen, stellen wir erfreut fest: In einer Studie mit 186 vorindustriellen Gesellschaften schlief kein Kind vor dem zwölften Monat überhaupt allein, und auch danach waren noch zwei Drittel der Kinder im selben Bett oder im selben Raum wie die Eltern. In einer anderen Studie mit 172 Gesellschaften schliefen alle Kinder bei ihren Eltern – in Hängematten aus Haut oder Schnüren, auf Matratzen aus Bambus, auf Decken oder Fellen, in Körbchen …[55] Interessant: In der Hälfte der Fälle schliefen Mutter und Kind an einem Ort zusammen, der Vater aber woanders. Nur in 16 Prozent der Fälle schliefen alle zusammen. Wenn wir also auch heute kurzzeitig getrennte Betten haben, so ist das durchaus nicht ungewöhnlich.

Schlafphasen: Wir haben uns wahrscheinlich seit Jahrtausenden dahingehend entwickelt, dass wir die Bedürfnisse unseres wertvollen Nachwuchses auch in der kritischen Nachtphase möglichst optimal erfüllen (eine Menschenfrau bekommt ja nicht zweimal im Jahr zwanzig Junge, sondern nur etwa eins bis fünf in ihrem ganzen Leben). James McKenna schreibt, dass durchschnittliche Stillmütter ihre ganz kleinen Babys nachts etwa alle ein bis anderthalb Stunden stillen – dies entspricht genau dem menschlichen Schlafrhythmus. Er mutmaßt: »Dies erhöht die Wahrscheinlichkeit, dass die Nahrungsbedürfnisse von Stillkindern die durchschnittliche Länge des Erwachsenen-Schlafzyklus festgelegt haben.«[56] Sprich: Wir kommen alle 90 Minuten aus unserer Tiefschlafphase in einen leichteren Schlaf, weil unsere Babys schon seit Jahrtausenden eben dann wieder Hunger haben. So profitieren beide: Die Mutter muss gar nicht erst richtig aufwachen und aufstehen, um das Kind zu stillen. Und das Baby muss nicht erst laut weinen, damit es gestillt wird.

Schlafüberwachung: Im Schlaflabor von McKenna zeigte sich, dass Mütter und Babys im Familienbett ihre Schlafrhythmen koordinieren.

Wird das Baby wach, kommt die Mutter oft schon kurz vorher ebenfalls in eine leichtere Schlafphase. Das hat zwei Vorteile: Das Baby muss lediglich kleine Stillzeichen von sich geben und wird von der nur leicht schlafenden Mutter sofort gehört. Die Vereinigung der Amerikanischen Kinderärzte gibt zu bedenken: »Schreien ist ein spätes Hungerzeichen«, und McKenna schreibt: »Ein Baby sollte nicht schreien müssen, um nachts gefüttert zu werden.«[57] Die Mutter wird bei diesem parallelen Schlaf zum Stillen nicht aus dem Tiefschlaf gerissen, was ihr zu einem subjektiv besseren Gefühl verhilft, »gut geschlafen« zu haben. Beim Stillen werden zudem Hormone freigesetzt, die helfen, schnell wieder einzuschlafen.

Sicherheitsschlaf: Studien zeigen, dass Babys besser wachsen und mehr Immunstoffe bekommen, je öfter sie gestillt werden – auch nachts. Das ist nicht zu vernachlässigen: In den USA sterben jährlich etwa 700 Babys an schnell voranschreitenden Infektionskrankheiten. Wenn die Kinder gestillt werden, unterstützt das Immunsystem der Mutter die Kleinen, indem es für sie perfekt abgestimmte Antikörper fix und fertig zur Verfügung stellt und so der Infektion ein Schnippchen schlägt. Je mehr Babys von der tollen Immun- und Nährstoffmischung »Muttermilch« kriegen, desto sicherer sind sie.

Stabilisierungsschlaf: Auch »nur« das gemeinsame Liegen, Kuscheln und Schlafen ist schon sinnvoll. An Frühchen haben Wissenschaftler festgestellt, dass Hautkontakt ihnen hilft, regelmäßiger zu atmen; sie wachsen schneller und sind insgesamt stabiler. Auch ihre Herzen schlagen regelmäßiger. Für alle Neugeborenen gilt, dass enger Kontakt zur Mutter ihnen hilft, die Geburt zu verarbeiten und sich von der Erschöpfung zu erholen.[58] Durch das gemeinsame Schlafen und Kuscheln, durch jede Berührung wird ihre Bindung zum Kind stabiler. Das gilt übrigens auch für alle anderen mitschlafenden Bezugspersonen.

Schlafatmung: Auch wenn in unseren Breitengraden »Durchschlafen« als Segen gilt, ist es wie gesagt wahrscheinlich weder artgerecht noch biologisch sinnvoll, wenn Babys zu tief schlafen. Denn das unreife Nervensystem unserer physiologischen Frühgeburten muss neben vielem anderen auch das richtige Atmen erst noch lernen. Normalerweise reagiert das

Gehirn auf einen sinkenden Sauerstoffpegel mit einem automatischen Einatmen. Aber manche Babys vergessen plötzlich, wieder einzuatmen, die Reaktion kommt verzögert – oder bleibt im schlimmsten Falle aus. Ein Aussetzer, der tödlich enden kann. Ob Menschenmütter das wissen? Immer wieder liest man, dass frischgebackene Mütter ständig prüfen, »ob das Kind noch lebt«. Sie berühren es, pusten es an oder machen ein Geräusch, und sofort atmet das Baby wieder ein. Tagsüber helfen den Babys die Reize von außen, das Getragenwerden und die Geräusche, nicht zu tief zu schlafen und so auf die Eindrücke von außen auch mit aktivem Atmen zu reagieren. Nachts helfen Mamas Körper und ihr Atem.

In Experimenten zeigt sich, dass Säugetierbabys ihre Atemgeschwindigkeit nach dem Atem der Mutter ausrichten. Auch unsere Babys reagieren auf unseren Atemrhythmus, sie werden von der Bewegung unseres Brustkorbs, unseren Geräuschen und sogar dem CO_2-Gehalt unserer Ausatmungsluft stimuliert, auch selbst regelmäßig zu atmen.

Milchschlaf: Mütter, die mit ihren Kindern schlafen, profitieren ebenfalls nachweislich davon. Kuscheln erhöht den Oxytozinspiegel, was die Milchproduktion unterstützt und dabei hilft, dass sich die Gebärmutter nach der Geburt wieder gut zurückbildet. In einem Bericht zeigte sich, dass Mütter mit Hautkontakt zu ihren Kindern entspannter sind, weniger Ängste haben und sich besser um ihre Babys kümmern konnten.[59]

Gefährliches Durchschlafen: Wenn unsere Babys zu lange und zu tief schlafen, gehen wir eine Reihe von Risiken ein:

- Das Baby kann eine Gedeihstörung entwickeln[60], wenn es nachts nicht genug Nahrung für sein schnelles und wichtiges Wachstum bekommt. Das besonders nachts schnell wachsende kleine Gehirn wird nicht optimal versorgt. Auch Flaschenkinder profitieren nachweislich von der nächtlichen Fütterung nach Bedarf.
- Das nächtliche Stillen stellt bei der Mutter die Milchmenge ein. Stillt das Kind nachts selten oder gar nicht, wird im Körper der Mutter das Prolaktinniveau nicht gehalten. Der Körper »denkt«, dass nicht mehr so viel Milch gebraucht wird. Da unser Körper mit seinen Kalorien in der Entwicklungsgeschichte immer haushalten musste, stellt er die auf-

wendige Milchproduktion sehr bald ein. Das Kind wird plötzlich nicht mehr optimal versorgt, es muss möglicherweise zugefüttert werden. Aber beim Zufüttern ist das Baby nicht mehr bestmöglich versorgt, weil es eine auf das Menschenbaby nicht optimal abgestimmte Nahrung bekommt, die zudem keinerlei Antikörper und Zusatzstoffe mehr hat. Es ist – überspitzt gesagt – wie Fastfood statt Bio-Gemüse.

- Ein »durchschlafendes« Baby schläft außerdem oft zu tief. McKenna warnt, dass Babys in den ganz tiefen Schlafphasen ihre Atemaussetzer nur schwer beenden können.

Hätten Sie's gewusst?

- Der menschliche Schlafrhythmus hat sich möglicherweise zu Neunzig-Minuten-Intervallen entwickelt, weil unsere Babys alle neunzig Minuten hungrig sind.
- Säuglinge, die neben der Mutter schlafen, drehen ihr die meiste Zeit das Gesicht zu.[61]
- Obwohl die Babys weniger tief schlafen, bekommen Familienbett-Mütter genauso viel Schlaf wie getrennt schlafende Mütter.[62]
- »Durchschlafen« heißt für Forschende alles ab fünf Stunden Nachtschlaf, der nur durch Wickeln, Stillen oder Füttern unterbrochen wird.
- Kinder entwickeln erst mit zweieinhalb bis drei Jahren »erwachsene« Schlafmuster.
- Der CO_2-Gehalt im Atem der Mutter nimmt dem Baby nicht den Sauerstoff weg, sondern regt es zum selbstständigen Atmen an.
- Die Häufigkeit des plötzlichen Kindstodes ist zwischen 1991 und 2019 von 1285 Fällen auf 107 Fälle pro Jahr gesunken.[63]

Gastbeitrag:
Gemeinsam schlafen – aber sicher!

VON PROF. DR. MED. GERHARD JORCH, KLINIKDIREKTOR
DER UNIVERSITÄTSKINDERKLINIK MAGDEBURG

Wir und andere fanden in epidemiologischen Fallkontrollstudien eine Erhöhung des Risikos für Säuglinge, unerwartet im Bett tot aufgefunden zu werden, ohne dass eine Ursache bewiesen werden konnte (so lautet die Definition für die Todesart SIDS [*sudden infant death syndrome* oder *Plötzlicher Kindstod*]). Daraus wurde die Empfehlung abgeleitet, Säuglinge nicht zusammen mit ihren Eltern in einem Bett schlafen zu lassen. Für diese Empfehlung spricht, dass unabhängig voneinander in mehreren Studien gefunden wurde, dass das Todesrisiko sich im Elternbett erhöht und auch bei Berücksichtigung verschiedener anderer gleichzeitiger Risikofaktoren in der Ergebnisanalyse weiterbestand.

Gegen diese pauschale Empfehlung spricht jedoch, dass vermutlich nur sehr wenige Säuglinge – wenn überhaupt – von der Einhaltung dieser Empfehlung profitieren. Eltern sollten daher gut abwägen, ob sie ihren Säugling allein schlafen lassen. Die Gründe sind folgende:

- Nur das Schlafen des Säuglings im eigenen Bett im Elternschlafzimmer ist sicherer als das gemeinsame Schlafen. Wenn die Verbannung aus dem Elternbett aber dazu führt, dass das Kind in einem anderen Zimmer schläft, ist das Risiko mindestens gleich hoch.
- Betroffen vom Elternbettrisiko sind (fast) nur junge Säuglinge in den ersten drei Lebensmonaten.
- In den meisten Fällen von SIDS im Elternbett lagen gravierende weitere Risikofaktoren vor, insbesondere Rauchen, Alkohol, Bauchlage und Überdeckung.
- Wenn die Verbannung aus dem Elternbett dazu führt, dass abgestillt wird oder das elterliche Stressniveau steigt, wird das SIDS-Risiko auf diese Weise möglicherweise wieder gesteigert.
- Ohnehin ist es nicht zielführend, alle Empfehlungen zum richtigen

Umgang mit einem Säugling nur oder überwiegend unter dem Gesichtspunkt der Minderung des SIDS-Risikos auszusprechen. Das gilt insbesondere dann, wenn selbst nach den epidemiologischen Daten die statistische Risikoerhöhung nur geringfügig ist.

Eltern sollten wissen, dass das SIDS-Risiko unter bestimmten Voraussetzungen im Elternbett steigen kann, sie sollten Zigaretten und Alkohol meiden, ihr Kind konsequent in Rückenlage hinlegen und das Risiko der Überdeckung durch den eigenen Körper oder Bettwäsche minimieren. Ansonsten sollten Eltern immer selbst abwägen, wie wichtig ihnen das Mitschlafen im Elternbett unter dem Gesichtspunkt der menschlichen Nähe, des Stillens und der engen Beobachtung ist.

FAQ

Ab wann müssen Babys durchschlafen?

Babys »müssen« überhaupt nicht durchschlafen. Durchschlafen gilt für Experten als eine Zeit von fünf Stunden, die nicht durch längere Still- oder Abhaltepausen unterbrochen wird. Dies ist bei Stillkindern vor allem im ersten halben Jahr gar nicht gewünscht, weil die Babys dann nachts zu wenig Milch bekommen. Noch mit zwei Jahren oder sogar im Kindergarten- oder Schulalter wachen manche Kinder nachts einmal auf und wollen zum Beispiel einen Schluck Wasser trinken – und vielen Erwachsenen geht es ähnlich. Der Trick ist, dass wir alle lernen, danach auch wieder schnell und gut einzuschlafen.

Was ist artgerecht schlafen für Eltern?

Es gibt nicht *die eine* artgerechte Weise zu schlafen. Sicher ist: Unsere Vorstellung von acht Stunden durchgängigen Schlafs in der Nacht ist ein kulturelles Konstrukt.

Wie kriege ich mein Kind dazu, mehr zu schlafen?

Der Tag stellt die Nacht ein. Die Zutaten für eine gute Nacht sind: Verkürzen Sie die Mittagsschläfchen, seien Sie viel draußen, sorgen Sie für reichliches Abendessen und einen ruhigen Abend.

Ab wann hat mein Kind eine Schlafstörung?

Im ersten Jahr ist häufiges Aufwachen keine Schlafstörung, sondern eine biologische Notwendigkeit. Das Problem ist unsere Wahrnehmung und unsere Erwartung – und unsere mangelnde Unterstützung. Wenn immer jemand am Feuer säße, der das wache Kind eine Stunde lang gern »bespaßte«, hätten wir keine Schlafprobleme.

Darf das Baby jetzt mit ins Bett oder nicht?

Experten sagen: Wenn Sie das Kind stillen, ist der Faktor häufiges nächtliches »Stillen« als Schutz vor dem plötzlichen Kindstod höher zu bewerten als das Risiko des Familienbetts. Dies gilt aber nur dann, wenn andere Risikofaktoren ausgeschaltet sind (falsches Bett, Alkohol und so weiter).

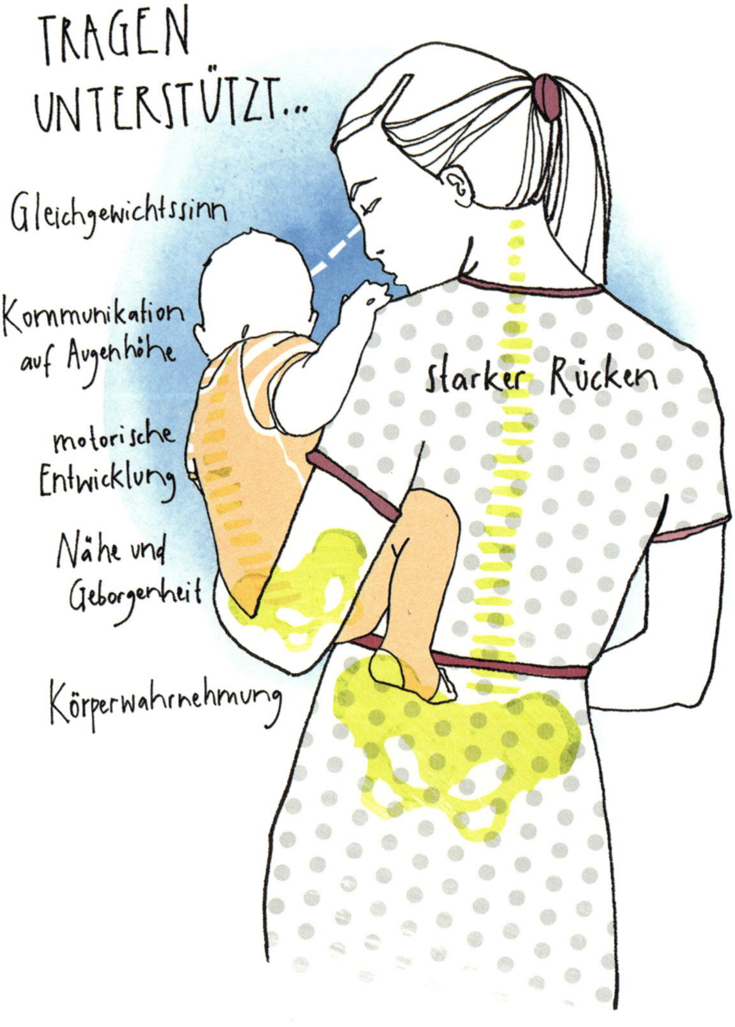

TRAGEN UNTERSTÜTZT...
Gleichgewichtssinn
Kommunikation auf Augenhöhe
motorische Entwicklung
Nähe und Geborgenheit
Körperwahrnehmung
starker Rücken

Artgerecht tragen

Der Mangel an Gespür für das Vergehen der Zeit ist für ein Kind im Mutterleib oder während der Phase des Getragenwerdens kein Nachteil: Es fühlt sich einfach richtig.

JEAN LIEDLOFF

Während ein neugeborenes Fohlen sofort nach der Geburt aufsteht, ist bei unseren Babys fast ein ganzes Jahr lang an Laufen überhaupt nicht zu denken. Der Homo sapiens leistet sich Nachkommen, die auch noch weit nach dem Alter, in dem sie laufen können, über längere Strecken getragen werden müssen. Das hat evolutionär gesehen viele Vorteile: Unsere Kinder sind durch ihre lange Entwicklungszeit sehr flexibel und können sich den unterschiedlichsten Umständen anpassen. Der Nachteil liegt auf der Hand, wie die !Kung sagen: »Wer zu schnell zu viele Kinder bekommt, erntet nichts als Rückenschmerzen!«

Für Säuglinge existieren Dinge etwa bis zum neunten Monat nur, wenn sie wahrnehmbar sind. Körperliche Nähe schafft Geborgenheit, Bindung, Sicherheit, Ruhe – und eine gute Verdauung! Gerade in der für unsere Säuglinge schwierigen und potenziell gefährlichen Einschlafsituation brauchen sie besonders viel Geborgenheit. Gleichzeitig benötigen sie Hilfe dabei, ihren Tag und die Anspannung loszulassen. Beides bietet das Getragenwerden: Mamas Bewegung baut die Spannung ab, und ihr Körper vermittelt Geborgenheit und Sicherheit. So manche Mutter läuft mit dem Baby im Tuch Treppen auf und ab oder im Marschschritt ums Haus, um mit ihm zusammen den Tag loszulassen. Wiegend in den Schlaf – das hat mit unserer Stammesgeschichte zu tun.

Jäger und Sammler wandern herum auf Nahrungssuche. Eine !Kung-Frau legt mit ihrem Kind auf dem Arm in den ersten zwei Jahren etwa 4800 Kilometer zurück.[64] An diesen Zustand sind wir biologisch angepasst. Was war in solch einer Welt wichtig für die Kleinen? Richtig: auf dem Arm sein, wenn es wieder weitergeht. Einen Säugling konnte man nicht einfach irgendwo ablegen, und wenn die Erwachsenen sich vom Feuer oder Rastplatz erhoben, wurde er mitgenommen. Würden Sie ein Baby auf dem Waldboden ablegen, wenn Sie zum See gehen, Wasser zu holen? Bei Nässe, Kälte, Ameisen? Abgelegt zu werden war eine lebensbedrohliche Situation, und wir können davon ausgehen, dass unsere Babys eine Menge Mechanismen entwickelt haben, um dieser prekären Lage zu entgehen. Wir können sicher annehmen, dass das in den vergangenen 100 000, wahrscheinlich sogar vier Millionen Jahren so war – die 10 000

Jahre, in denen wir Kinder in Häusern sicher unterbringen können, sind dagegen ein evolutionärer Wimpernschlag.

Unsere Babys sind also ans »Mitgenommenwerden« von ständig umherziehenden Erwachsenen angepasst[65] – daher sind Körperkontakt plus Bewegung die urtümlichsten Zeichen dafür, dass das Baby in Sicherheit ist.

Der in den ersten Lebenswochen sehr ausgeprägte Greifreflex bei Säuglingen erinnert an dieses stammesgeschichtliche Erbe und an Zeiten, in denen sich unsere Nachkommen wie Affenkinder an unser Fell klammern konnten. Heute geht das nicht mehr – kein Fell, nicht genug Kraft in der Babyhand, und mit unseren »laufoptimierten« Füßen können wir uns kaum noch festhalten. Aber unsere Babys fanden einen neuen Platz: den auf der Hüfte. Wir Menschenfrauen haben nämlich im Gegensatz zu anderen Primatendamen unsere tolle Taille nicht nur, weil es schön aussieht, sondern weil man da sehr praktisch ein Kind reinsetzen kann!

Das Kind tragt ihr noch in die Schule! Das Kind wird eingeengt

Du machst dir den Rücken kaputt! Die Mutter-Kind-Bindung wird viel zu eng

So lernt das Kind nie laufen! Mein Kind will nicht getragen werden

Ammenmärchen

Das Kind kriegt keine Luft!

Das gibt Haltungsschäden!

Nesthocker, Nestflüchter und Traglinge

- **Nesthocker** (zum Beispiel Kaninchen, Mäuse oder Katzen) sind blind, nackt, oft taub. Fortbewegung ist kaum möglich. Die Muttermilch ist sehr fetthaltig.
- **Nestflüchter** (zum Beispiel Pferde oder Schafe) können sich schnell eigenständig fortbewegen, sehen und hören (sie haben ausgereifte Sinnesorgane). Die Muttermilch hat weniger Fett, ist eher eiweißhaltig für den Muskelaufbau. Das Kleine folgt dem Muttertier.
- **Traglinge,** passiv und aktiv (zum Beispiel Affen, Primaten oder Menschen): Die Muttermilch hat einen geringen Fett- und hohen Eiweißanteil. Es besteht keine Fortbewegungsmöglichkeit nach der Geburt. Sie haben Klammerreflexe. Sie reagieren mit Kontaktweinen, wenn sie verlassen werden. Die Sinnesorgane sind noch unreif.

Der Wegbereiter der Verhaltensbiologie Bernhard Hassenstein forschte in den Siebzigerjahren dazu und fand heraus, dass es drei Jungentypen gibt: Nesthocker, Nestflüchter und Traglinge. Menschenkinder sind weder Nestflüchter, die sofort nach der Geburt loslaufen können wie kleine Pferde, noch Nesthocker, die blind und taub im Körbchen warten, bis Mama wiederkommt, wie kleine Katzen. Sie sind vielmehr »Traglinge«, da sie daran angepasst sind, mitgenommen zu werden, aber im Unterschied zu Affenkindern von der Mutter festgehalten werden müssen. Und sie sind dabei alles andere als passiv! Wenn wir ein Baby hochnehmen, nimmt es automatisch die perfekte Tragehaltung ein, und ein häufig getragenes Baby entwickelt schnell einen »Reitersitz«, mit dem es sich mit seinen kleinen Beinchen fest an Mamas Seiten klammert. Dies ist alles sehr sinnvoll, denn unsere Spezies musste einen Weg finden, den ganzen Tag auf den Beinen zu sein und ihre Nachkommen immer dabeizuhaben.

So geht's: Jäger-und-Sammler-Babys on the road

Säuglinge sind Traglinge, aber wir haben kein Fell, und unsere Babys halten sich nicht von selbst fest. Also hilft uns Eltern ein wenig Transportzubehör für unser Baby. Alle Tragen sind dafür gedacht, das Kind ohne große Anstrengung direkt am Körper zu haben. Es sollte immer mit dem Gesicht zum Träger sitzen. So vermeiden Sie eine Überreizung, und das Kind kann bei Bedarf jederzeit einschlafen, sich wegdrehen, Ruhe bei Ihnen finden. Ältere Babys wollen vielleicht die Welt erkunden, gehören aber trotzdem nicht mit dem Gesicht nach vorne vor Mamas Bauch. Sie sollten sie auf dem Rücken tragen: Von dort können sie einerseits alles sehen, sich aber andererseits jederzeit abwenden, wenn sie genug haben.

Berücksichtigen Sie bei der Auswahl einer Tragehilfe sowohl die eigenen Vorlieben als auch die Bedürfnisse und das Alter Ihres Babys. Entsprechend werden Sie im Laufe der Zeit verschiedene Babytragen verwenden, sie austauschen oder an Ihre Bedürfnisse anpassen. In Sling (siehe unten), Tragetuch und Tragehilfe lassen sich die Kinder unterwegs diskret stillen. Hat Ihr Baby ein starkes Saugbedürfnis, können Sie es im Sling nach Bedarf nuckeln lassen und gleichzeitig Ihren Tagesablauf weiterverfolgen.

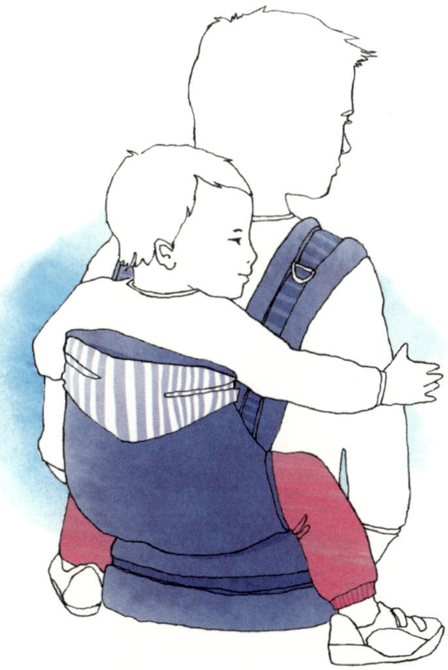

Die perfekte Tragehaltung

Wenn Sie sich fragen, was die perfekte Tragehaltung für Ihr Baby ist – fragen Sie Ihr Baby: Heben Sie Ihr nacktes Baby vom Boden auf und beobachten Sie, wie es die Beine anhockt. Es nimmt automatisch seine persönliche Anhock-Spreiz-Haltung ein: die Knie leicht geöffnet, die Beinchen angezogen. So passt es auf Ihre Hüfte! Oder vor Ihren Bauch! Oder auf Ihren Rücken!

Die medizinisch empfohlenen Winkel für die Hüftreifung sind 30 bis 40 Grad Spreizung und 90 bis 120 Grad Anhockung der Beine – aber das sind nur Durchschnittswerte, schauen Sie auf Ihr Kind, es wird Ihnen seine persönlich favorisierten Winkel deutlich zeigen.

Auch heute hören Eltern noch, das Tragen von Säuglingen in aufrechter Position würde ihre Wirbelsäule schädigen – doch dafür gibt es keinerlei wissenschaftliche Belege. Klar ist: Ein Säugling wird in den ersten sechs Wochen sowieso wenig getragen, weil er mit Mama ins Wochenbett gehört. Wenn die Mutter aufsteht, hat sie das Kind auf dem Arm oder im Tuch. Die renommierte Verhaltensbiologin Evelin Kirkilionis erklärt, dass sich sogar die Wirbelsäulen von Säuglingen, die sechs bis zehn Stunden täglich aufrecht getragen wurden, vollkommen normal entwickeln.[66]

Was ich gern vorher gewusst hätte …

FRANZI Dass man ein Kind tragen kann und es dafür Berater gibt genauso wie fürs Stillen.

VANESSA Tragen, tragen, tragen … Körperkontakt auch nackt!!!

MAREN Ich konnte nicht alleine aufs Klo gehen! Da hätte ich ein paar Dinge zum Tragen gerne gewusst. Kam im Vorbereitungskurs aber gar nicht vor.

DOMINIQUE Dass auch getragene, voll gestillte, windelfreie Babys noch viel schreien können …

Das Equipment

Wie finde ich die richtige Tragehilfe für mein Kind, um es gesund und bequem zu tragen? Während unsere Vorfahren gar keine Tragehilfen hatten, viele indigene Völker einfache Ledertragen benutzen und man in weiten Teilen Ostafrikas einfach eine Kanga verwendet (ein rechteckiges Tuch, das etwa 1 Meter breit und 1,5 Meter lang ist), stehen Eltern in Deutschland einer riesigen Auswahl an Produkten gegenüber. Im Prinzip können wir jedes Baby in jedem Alter einfach in einen Sling setzen – ein Tuch, das wir über der Schulter knoten und bei dem das Kind in der Schlinge auf der Hüfte sitzt. Diese Art zu tragen ist aber auf Dauer anstrengend, weil die Schulter einseitig stark belastet wird.

Daher gibt es eine große Auswahl an Tragehilfen, mit denen wir das Kind auf der Hüfte, vor dem Bauch oder auf dem Rücken tragen können.

Grundsätzlich unterscheiden wir vier Arten von Tragen:

- Tuch (ein etwa 3 bis 6 Meter langes, speziell gewebtes Tuch),
- Mei Tai (fest genähter Sitzteil, alles andere wird gebunden),
- Half Buckle (fest genähter Sitzteil, Schnallen am Hüftgurt, sonst Bänder),
- Full Buckle (alles wird über Schnallen eingestellt wie beim Trekkingrucksack).

Beginnen wir mit den einfachsten Tragehilfen, für die wir uns nicht auf eine Shoppingtour begeben müssen und die unser Budget schonen.

Bettlaken

Das einfachste Trageutensil ist ein Bettlaken. Falten Sie es längs oder schneiden Sie es in der Mitte auseinander – und Sie haben ein Tragetuch. Die Bindeweise ist wie beim Kanga.

Vorteil: günstig, einfach, im Notfall überall herzustellen oder verfügbar. Wenn Sie zum Beispiel im Urlaub am Strand feststellen, dass sie die Tragehilfe vergessen haben, kann man zur Not auch mal ein günstiges Strandtuch kaufen oder ein breites Handtuch benutzen und das müde, quengelige Kind dort hineinsetzen.

Zehn Vorteile des Tragens für Eltern und Kind

1. Tragen hilft im Alltag – wir Großen haben die Hände frei.
2. Tragen erhält dem Baby seine Mama – es spürt ihren Körper, ihre Stimme, ihren Herzschlag wie im Bauch.
3. Tragen hilft jedem Baby dabei, den Schritt von Mamas Bauch hin zur aufregenden Welt in seinem Tempo zu bewältigen.
4. Tragen verhindert »Mutter-Entzugserscheinungen«, wenn die Zeiten mal stressig sind.
5. Tragen hilft unruhigen Babys, ihre Umgebung besser zu verstehen, weil sie sehen, woher etwa plötzliche Geräusche kommen, und kann ihnen helfen, sich schneller wieder zu beruhigen.
6. Tragen erspart uns den Kampf mit Treppen, Buseinstiegen oder engen Durchgängen – Kinderwagen machen Sie unbeweglich wie einen Rollstuhlfahrer, mit Kind in der Trage bleiben Sie flexibel. Wenn Sie einen großen Einkauf planen: Kind in die Trage, Tüten in den Wagen!
7. Tragen stärkt Muskeln, Knochen und Gleichgewichtssinn – von Baby und Tragemensch.
8. Das Tragen ist ideal für Papa, Partnerin oder andere Bezugspersonen, um mit dem Baby in Kontakt zu kommen.
9. Das Tragen reduziert Blähungen, Weinen und Unruhe.
10. Tragen macht selbstbewusst und klug, weil es die Körpersinne schult.

Kanga

Die Kanga ist ein typisches ostafrikanisches Kleidungsstück, das als Kleid, Rock, Decke oder eben Babytrage verwendet werden kann. Die Bindeweise ist wie folgt:

- **Schritt 1:** Legen Sie sich Ihr Baby auf den eigenen Rücken, indem Sie sich nach vorn beugen und das Kind langsam über Ihre Seite nach hinten schieben und mit einer Hand festhalten.
- **Schritt 2:** eine Ecke der Kanga zwischen die Zähne nehmen, den Rest der Kanga über das Baby schwingen, sodass es vom Nacken bis zu den Kniekehlen bedeckt ist.
- **Schritt 3:** Kanga über der Brust feststecken, indem man die Tuchbahnen übereinanderlegt und den oberen Rand einrollt.
- **Schritt 4:** die Kanga unter dem Busen am unteren Rand der Tuchbahnen feststecken; dabei ausatmen und das Tuch nochmals sehr fest stecken, um später optimalen Halt zu erreichen.
- **Schritt 5:** die Kanga über der Brust noch einmal öffnen und erneut feststecken – fertig!

Vorteil: Die Kanga lässt sich bei Bedarf auch als Rock, Kleid, Sonnenschutz, Wickelunterlage, Hängematte, Schal oder Decke verwenden.

Sling

Diese Tragehilfe lässt sich ebenfalls aus einem einfachen rechteckigen Tuch oder einem festen Schal herstellen. Legen Sie den Sling über die Schulter, sodass Sie eine Tuchbahn an Ihrem Bauch und eine an Ihrem Rücken herabhängen lassen. Nehmen Sie die Enden, ziehen Sie sie auf Ihren gegenüberliegenden Hüftknochen und knoten Sie sie auf Hüfthöhe einmal. Wenn Sie das Baby jetzt hineinsetzen, hätte es am Nacken nicht genug Halt, weil das Tuch an der oberen Kante zu lang ist (in der Mitte ist die Länge okay, da sitzt ja der Po). Wir müssen daher jetzt die obere Tuchkante festziehen, indem wir nur diese obere Kante noch mal nachziehen, sodass das Tuch eher einer Hängematte ähnelt, die an den Rändern etwas kürzer ist als in der Mitte.

Klingt kompliziert, ist aber ganz leicht, probieren Sie es einfach aus. Wenn die Tuchkante straff genug ist, den zweiten Knoten schlingen und das Baby hineinsetzen.

Es gibt Slings vorgefertigt zu kaufen. Mit Slingringen erhält man eine mühelos verstellbare Tragehilfe für den Hüft- und Rückensitz.

Vorteil: Ein Sling ist leicht zu verstauen, schnell angelegt, und man kann super stillen, wenn man ihn verwendet.

Diagonalelastisches Tragetuch

Diese Trage besteht aus weicher, diagonalelastisch gewebter Baum- oder Schurwolle. Sie wird in bestimmten Techniken gebunden und kann auf Bauch, Rücken oder Hüfte genutzt werden. Sie ist sehr gut für Säuglinge geeignet, da die Beinchen optimal in der Spreiz-Anhock-Haltung bleiben und sich der Kopf optimal stützen lässt. Tragetücher sind sehr belastbar und auch für Kleinkinder geeignet.

Ein korrekt gebundenes Tragetuch stützt den ganzen Körper des Babys optimal.

Vorteil: Es ist viel länger und daher flexibler als die kurzen Tücher, erlaubt es, das Kind vor dem Bauch, auf der Hüfte oder auf dem Rücken zu tragen, und verteilt das Gewicht für den Träger angenehm auf Schultern und Rücken. Dieses Tuch lässt sich vielseitig nutzen: als Wickelunterlage, Decke, Regen- oder Sonnenschutz, Einkaufstasche, aber auch als Schaukel und Hängematte.

Handelsübliche Tragehilfen

Es ist eigentlich einfach, die richtige Trage zu finden, wenn wir wenige grundlegende Dinge beachten:

- Für **Neugeborene** eignen sich Tuch oder Mei Tai – vor allem, wenn mehrere Leute das Kind tragen.
- Im **Sitz- bis Laufalter** sind Mei Tai oder Full Buckle zu bevorzugen.
- Im **Laufalter und darüber hinaus** verwenden Sie am besten den Full Buckle – da ist die Gewichtsverteilung wie beim Trekkingrucksack.
- Die Trage sollte dort, wo der Babypo sitzt, in der Breite verstellbar sein

(der sogenannte »Hüftsteg«, der festlegt, wie breit die Beine von unserem Baby vor unserem Bauch oder hinter unserem Rücken auseinandergedrückt sind).

- Die Trage sollte sich der schwindenden Rundung des kindlichen Rückens in jeder Wachstumsphase anpassen.
- Die Trage sollte in der Höhe am Rücken verstellbar sein, manche Babys haben einen langen Rücken, manche einen eher kurzen, alle wachsen sie ständig.
- Die Trage darf an keiner Stelle Druck auf den Rücken unseres kleinen Babys ausüben (weil zum Beispiel ein Gurt dort ansetzt), sondern sie sollte den Rücken gleichmäßig stützen und den Tragedruck gut verteilen.
- Die Trage sollte aus Tragetuchstoff sein, der sich durch seine Webart besonders gut an die Rückenrundung des Kindes anpasst (diagonalelastisch).

Achten Sie auch auf die Elternfreundlichkeit der Trage:

- Sie soll sich beim Tragen komfortabel anfühlen.
- Wenn zwei Leute das Kind tragen, sollte sie leicht einzustellen sein. Gut ist alles, was wenig Schnallen und stattdessen Bänder hat, die man einfach dort knotet, wo es für jeden passt.
- Viele Eltern finden es sehr gemütlich, wenn man die Tragegurte auf dem Rücken überkreuzt, was bei Gurten schwerer ist, bei Bändern leichter – ausprobieren.
- Die meisten Deutschen tragen ihre Kinder lange vor dem Bauch, wer hier eine Trage mit vielen Schnallen bevorzugt, muss gelenkig genug sein, um auch Schnallen zu stecken, die hinter dem eigenen Rücken geschlossen werden müssen.

Diese Listen zeigen, warum viele Eltern das Tragetuch am Anfang bevorzugen: Es passt sich auf den Millimeter genau an unser Kind an, sowohl in der Höhe als auch in der Breite, und verteilt das Gewicht bestmöglich; außerdem passt es sich perfekt an jeden Träger an und ist so die flexibelste Lösung – wenn es gut gebunden ist.

Ein Tuch zu binden ist kein Hexenwerk und kann von jedem Exemplar der Spezies Homo sapiens ohne Weiteres erlernt werden – dazu haben wir ja den tollen Neokortex. Wem das jedoch zu viel Aufwand ist, der kann auch Tragen kaufen, die alle Vorteile des Tuchs mit dem Komfort eines Rucksacks verbinden. Machen Sie den Anhocktest (siehe oben: »Die perfekte Tragehaltung«) und schauen Sie, ob Ihr Kind seine physiologisch sinnvolle Haltung in der Trage einigermaßen beibehalten kann, ohne zu überspreizen.

Worauf beim Tragen zu achten ist

- Tragen Sie Ihr Kind aufrecht.
- Tragen Sie Ihr Kind immer zu sich gewandt.
- Tragen Sie Ihr Kind so, dass es Luft bekommt (Vorsicht zum Beispiel, wenn Sie im Winter einen Schal tragen und das Kind vor dem Bauch den Kopf in Ihrem Schal vergräbt – es muss den Kopf drehen und Luft holen können).
- Achten Sie darauf, dass Ihrem Kind nicht zu heiß wird – viele Eltern ziehen die Kinder in der Trage viel zu warm an, weil sie ihre eigene Heizwirkung unterschätzen. Lieber das Kind und sich dünn anziehen und dann eine dicke Jacke über beide.
- Im Sommer müssen alle ausreichend trinken – Getragene und Träger.
- Üben Sie die Bindeweisen mit Freunden oder Trage-Fachleuten – das macht doppelt Spaß und sichert Ihnen Feedback.
- Investieren Sie in Kleidung, die praktisch fürs Tragen ist – es erleichtert den Alltag enorm.

Die zehn wichtigsten Tipps zu Tragehilfen

1. Probieren Sie jede Tragehilfe vorher aus – was zu Ihnen und Ihrem Baby passt, ist immer eine subjektive Entscheidung.
2. Selbst wenn Sie einen Kinderwagen nutzen, haben Sie immer mindestens einen Sling dabei – so können Sie das Kind jederzeit herausnehmen, wenn es Köperkontakt braucht, oder stillen, auch wenn Sie es eilig haben.
3. Denken Sie daran, dass das Kind vom Tragetuch zusätzlich gewärmt wird, die Beinchen aber der Witterung trotzen müssen – auch der Sonne. Ziehen Sie es entsprechend an.
4. Babylegs, Stulpen für Babys, wärmen die Beinchen von Tragekindern.
5. Für den Sommer sind elastische Jerseytücher eine leichte Alternative zum klassischen Tragetuch, allerdings müssen sie dreilagig gebunden werden, damit sie gut sitzen – was dann wieder warm werden kann.
6. Wenn es schnell gehen soll: Es gibt auch Tragen mit Klettverschluss.
7. Benutzen Sie Ihren gesunden Menschenverstand – wie würden Sie getragen werden wollen?
8. Tragen Sie und Ihr Partner oder Ihre Partnerin sich (wenn das möglich ist) gegenseitig huckepack und auf dem Arm und fühlen Sie, wie Sie selbst gern getragen werden möchten. (Probieren Sie es mal mit Gesicht nach vorne oder herabhängenden Beinen aus – wie fühlt sich das an?)
9. Kaufen Sie eine Trage, die handwerklich gut ist – auch wenn eine andere schicker, moderner oder cooler aussieht.
10. Wählen Sie eine Trage, die Sie im Alltag auch wirklich bedienen und benutzen können. Wenn es gar nicht geht – geben Sie sie zurück und probieren Sie eine neue!

Gefahren bei Tragehilfen

- Die Wiegetrage wird zwar von einigen Anbietern erklärt und gezeigt, allerdings ist davon eher abzuraten. Die Babys in der Wiegetrage können zu wenig Sauerstoff bekommen. Wenn Sie überhaupt so tragen wollen, sollten Sie immer darauf achten, dass eine ausreichende Luftzufuhr gewährleistet ist und das Kinn des Babys nicht auf die eigene Brust sinkt, sonst wird das Atmen erschwert.
- Babys mit dem Gesicht nach vorn zu tragen ist anatomisch extrem ungünstig, weil der runde Rücken durch unseren Körper durchgedrückt wird und die Beine gerade nach unten weghängen und so im falschen Winkel auf die Hüftgelenkspfanne drücken. Zudem kann das Kind sich bei Überreizung nicht wegdrehen oder gar einschlafen. Daher noch einmal der Hinweis: Kinder bitte immer mit dem Gesicht zur tragenden Person tragen. Neugierige kleine Weltentdecker gehören auf den Rücken und schauen sich seit Jahrtausenden die Welt von dort an.
- Testen Sie an Händen, Füßen und vor allem am Hals, ob das Kind friert oder schwitzt, und regulieren Sie Ihre und seine Kleidung entsprechend.

Falsche Erwartungen

Tragebabys weinen nie

Richtig ist: Getragene Babys weinen weniger als Babys, die nicht getragen werden. Dennoch weinen Babys nun mal, und es gibt auch bei Tragekindern den Schreihöhepunkt in den ersten drei Monaten. Wir können getrost davon ausgehen, dass unser Baby weniger weint, wenn wir es viel tragen. Wir dürfen aber nicht enttäuscht sein, wenn es trotzdem mal weint und kein ewig zufriedenes Buddha-Baby ist. Wenn wir es nicht trügen, würde unser unruhiges oder sehr bedürftiges Baby aber wahrscheinlich noch viel mehr weinen.

Babys liegen brav im Kinderwagen

Überall sehen Sie Babys, die brav im Kinderwagen liegen. Nur Ihr Kind fängt sofort an zu weinen, wenn es in den Kinderwagen kommt? Es gibt in der Tat Babys, die sich einfach ablegen lassen und dort liegen bleiben. Manche schlafen sogar im Wagen länger als im Tuch (ob das gut ist, sei allerdings dahingestellt). Es gibt aber eine große Menge Babys, die lauthals protestieren, wenn man sie ablegen will, und die erst selig einschlafen, wenn man sie trägt. Das ist ganz normal. Es ist völlig gesund. Diese Kinder fordern die Luxusversion der Säuglingspflege ein, und sie sollen sie auch bekommen.

Wir werden nie einen Kinderwagen brauchen

Ja, manche »Trageeltern« brauchen niemals einen Kinderwagen oder Buggy. Besonders in der Stadt und in öffentlichen Verkehrsmitteln ist eine Tragehilfe auch viel praktischer. Andere Eltern stellen fest, dass man prima das Kind tragen und den Einkauf im Buggy transportieren kann. Dass die große Schwester Stunde um Stunde selig im Tuch geschlafen hat, der kleine Bruder aber das Geruckel im Wagen zu lieben scheint. Oder dass es klug ist, auf dem Weg nach draußen den Buggy dabeizuhaben, damit man nach dem Spielplatzbesuch nicht das Baby und gleichzeitig das müde gespielte ältere Kleinkind nach Hause tragen muss. Halten Sie sich nicht an irgendwelche Dogmen, sondern probieren Sie aus, was zu Ihrer Familie am besten passt.

Tragebabys haben keine Blähungen

Fakt ist: Tragen massiert den Bauch ständig und sorgt dafür, dass Pupser leichter abgehen. Das heißt aber nicht, dass ein ständig getragenes Kind nie Blähungen hat. Hier hilft eine Bauchmassage, ruhigeres Stillen, ein warmes Bad oder – weitertragen.

Es will nicht in die Trage

Besonders ältere Babys drücken sich manchmal vom Tragenden weg, wenn man sie in die Trage setzt. Vielleicht will es lieber noch ein bisschen die Welt entdecken oder krabbeln? Ist das Baby aber ganz klar müde, dann kann es auch daran liegen, dass es noch mal muss (siehe: »Tragen und Windelfrei«) oder dass es schlicht den Unterarmstütz übt, den es gerade lernt.

Tragen und Stillen

Tragen und Stillen sind ein wunderbares Team. Besonders bei Babys, die oft oder lange trinken, kann es eine wahre Wohltat sein, wenn Mutter und Kind lernen, in der Trage oder im Tuch zu stillen. So kann Mama weiter spazieren gehen, einkaufen oder Wäsche aufhängen, Mails beantworten oder telefonieren – und hat die Hände frei. Es geht nicht immer, ist aber immer einen Versuch wert. Probieren Sie es aus, sobald die Stillbeziehung gut etabliert ist, Stillpositionen und Andocken problemlos funktionieren und sich Angebot und Nachfrage reguliert haben.

Abhängig von ihrem Körperbau muss die Mutter das Kind unter Umständen in der Trage etwas »abseilen«, also die Trage tiefer und lockerer einstellen, damit das Kind an die Brust kommt. Je älter das Baby ist, desto besser wird es in der Lage sein, die Brust festzuhalten und gemütlich zu trinken. Wenn das Kind dabei einschläft, denken Sie daran, dass es nach dem nächsten Aufwachen garantiert mal muss (siehe den nächsten Abschnitt)!

Tragen kann Stillen gut unterstützen, weil der Körperkontakt die Milchproduktion anregt.

Tragen und Windelfrei

Es gibt drei wichtige Zusammenhänge, die Eltern kennen sollten:

- Nicht in die Trage zu wollen heißt oft: Ich muss mal!
- In der Trage signalisieren Kinder ihr Bedürfnis oft deutlicher – und der oder die Tragende merkt es besser.
- Wenn das Kind in der Trage aufwacht, holen Sie es heraus und halten Sie es ab. Wenn Sie das konsequent tun, lernt es, Sie beim Tragen nicht anzupieseln, und Sie können bald die Windeln beim Tragen weglassen.

Wenn ein Kind nicht in die Trage will, kann das an einer vollen Blase oder an einem vollen Darm liegen. Viele Babys wollen ihren Träger nicht beschmutzen, daher weigern sie sich, lassen sich nicht einbinden, zappeln, quengeln oder weinen.

Eine »klassische« Situation: Mama wartet auf ihr schlafendes Kind, weil sie eigentlich längst wegmuss. Das Kind wacht auf, Mama freut sich, nimmt das Kind sofort ins Tuch und will los. Aber nach dem Schlafen ist bei allen Babys die Blase gefüllt. Viele signalisieren jetzt sehr deutlich, dass etwas nicht stimmt, und wollen nicht ins Tuch. Oft wird das fehlinterpretiert: »Mein Kind wird nicht gern getragen.« Einfach mal das Abhalten anbieten – oft geht es danach viel ruhiger zu.

In der Trage oder im Tuch signalisieren Kinder – aus oben beschriebenem Effekt heraus – ihr Bedürfnis oft viel deutlicher. Wenn Sie also anfangen, windelfreie Zeiten einzuplanen, beginnen Sie ruhig mal mit dem Kind in der Trage für einen kurzen Spaziergang.

Wenn das Kind in der Trage aufwacht, sollte es möglichst immer abgehalten werden. So lernt es: Wir entleeren uns nicht in der Trage. Der Effekt ist im Idealfall, dass das Kind in der Trage sehr zuverlässig sein Bedürfnis signalisiert (und der Träger ist oft beim Tragen auch viel sensibler, weil der Körperkontakt so eng ist). Schon kleine Babys warten erstaunlich lange, wenn sie mal müssen.

Lassen wir unser Kind jedoch nach dem Aufwachen in der Trage, bis es in Windel oder Back-up gepullert hat, lernt es: Ich entleere mich auch in der Trage. Wenn wir dann später versuchen, die Windel wegzulassen, wird es sich nicht mehr melden und weiterhin einfach laufen lassen.

Kleidung und Wetter

Ziehen Sie sich im Winter eher dünn an, Ihr Kind sollte Wolle oder Wolle-Seide-Kleidung tragen. Nehmen Sie das Kind in die Trage. Erst darüber legen Sie die wärmenden Schichten für Sie beide: dicke Jacken, weitere Wolljacken und so fort. Das Kind sollte eine Mütze tragen, die bei Überhitzung ausgezogen werden kann.

Im Sommer ist Wolle / Seide ebenfalls ein gutes Material, weil es kühlt und das Kind jedoch gleichzeitig nicht auskühlt, sollte es durch Schweiß nass werden. Für ganz heiße Tage kann man ebenso gut auf Baumwolle zurückgreifen. Auch im Sommer empfiehlt sich ein Mützchen gegen die Sonne, das Sie ausziehen können, wenn es zu warm wird. Dass Tragemensch und Kind sich im Sommer auch mal »anschwitzen«, ist normal.

Das Tragen von Frühchen

Besonders Frühchen profitieren vom Tragen! Als »Känguruh-Methode« wird in der Neugeborenenmedizin eine Methode bezeichnet, bei der schon Frühgeborene Haut an Haut getragen werden; je nach ihrem Zustand und den Gepflogenheiten der Klinik täglich mehr oder weniger lange. Der Körperkontakt hilft den Babys, ihre Körpertemperatur besser zu regulieren, da der Körper der Eltern wie ein Thermostat wirkt. Das Tragen führt zu einer besseren Atmung und stabilerer Herztätigkeit. Die Frühchen nehmen bei gleicher Nahrungsaufnahme mehr zu, wenn sie massiert und getragen werden, also Körper- und Hautkontakt haben (siehe auch unten: »Früh tragen« im Abschnitt »Die Magie des Tragens: Das sagt die Wissenschaft«).

Auch die Eltern profitieren davon: Sie können eine bessere Bindung zu ihren Kindern aufbauen, besonders wenn die Alternative wäre, sie sonst nur im Brutkasten betrachten und berühren zu können. Studien aus Kolumbien von 2009 zeigten, dass auch die Situation zu Hause für die Eltern entspannter ist und sich die Kinder besser entwickeln, wenn sie so viel wie möglich Haut an Haut getragen worden sind.[67] Eltern, die ihre Frühchen tragen, trauen sich mehr zu und können später besser auf die Bedürfnisse ihrer Babys eingehen – man hat sich kennengelernt.[68]

Nicht jedes Krankenhaus bietet diese Möglichkeit an, weil es für das Personal zusätzlichen Aufwand und auch ein Risiko bedeuten kann. Daher lohnt es sich, nachzufragen und zu klären, ob das Tragen in den täglichen Ablauf eingebunden werden kann.

Die Rollenverteilung beim Tragen

»Das Tragen ist das Stillen der Väter« – selbst wer diesen Satz nicht gleich unterschreiben würde, kommt nicht umhin festzustellen, dass immer mehr Väter, Zweitmamas und andere Bezugspersonen ihre Säuglinge mit großer Begeisterung tragen. Die Gründe liegen auf der Hand: Es ist eine wunderbare Möglichkeit, der Mutter Entlastung zu verschaffen und eine enge Bindung zum Kind aufzubauen. Tragende Person und Kind sind in unmittelbarem Kontakt, in ständiger, kuscheliger Kommunikation, und es gibt uns Tragenden ein enormes Selbstwirksamkeits- und Kompetenzgefühl, wenn wir es schaffen, das quengelige, überreizte kleine Wesen in einen seligen Schlaf zu tragen. Ebenso können wir das größere Geschwisterchen tragen, wenn Mamas Arm mit dem Neugeborenen »besetzt« ist, und so den »Entthronungsschock« des größeren Kindes etwas lindern.

Die Buschfrau Nisa erzählt im Interview mit der Anthropologin Marjorie Shostak, dass die !Kung-Männer Kinder bis zum siebten Lebensjahr tragen, wenn es auf weite Strecken geht.[69] Tragen ist in unseren Breitengraden eine praktische Angelegenheit, die vielen Menschen entgegenkommt, weil sie keine Lust haben, sich mit einem sperrigen Kinderwagen durch volle U-Bahnen zu kämpfen. Außerdem ist Tragen evolutionsbiologisch gesehen tatsächlich eine ureigene Angelegenheit von Männern, bei der sie ihre größere Muskelkraft gewinnbringend einsetzen können. Auf längeren Wanderstrecken war das Tragen vor allem der Kleinkinder nicht Aufgabe der Frauen – die haben die Babys getragen –, sondern der Männer.

Körperbewusstsein – Selbstbewusstsein

Tragen stärkt das Körperbewusstsein, indem es unseren Kindern ein Gefühl für ihren Körper vermittelt, ein Gefühl dafür, wo sie beginnen und aufhören, wo sie sich befinden und wo sich ihre Körperteile zueinander befinden. Evelin Kirkilionis geht in ihrem Buch *Ein Baby will getragen sein* noch weiter: »Denn Kinder lernen viel mit Hilfe der Bewegungswahrnehmung, nicht nur, wie ihr Körper ›funktioniert‹, sondern gute Körperbeherrschung steigert auch Selbstvertrauen und Kompetenz, d.h. das Zutrauen, etwas bewirken oder bewältigen zu können.«[70] Körpertherapien setzen später genau hier an: Die Wahrnehmung des eigenen Körpers hat im ganzen Leben eine heilende Wirkung – beim Tragen können wir unseren Kindern von Anfang an eine gute Grundlage mitgeben.

Mit dem Baby auf Reisen: Besser buchen, perfekt packen

Eine Reise fängt oft mit der Buchung an. Informieren Sie Ihr Reisebüro darüber, dass Sie mit Baby oder Kleinkind reisen. Oft haben die Mitarbeiter dort wertvolle Tipps für Sie. Recherchieren Sie im Internet nach Reisen mit Kindern und profitieren Sie von den Erfahrungen anderer Eltern. Buchen Sie hinreichend lange im Voraus, damit Sie den Fensterplatz oder das »Zimmer nach hinten raus« bekommen, das Sie brauchen oder wollen.

Packen Sie nur das ein, was Sie wirklich benötigen. Wenig Gepäck macht Sie flexibel. Wir neigen alle dazu, zu viel zu packen. Auf den meisten Reisen reichen Kleider für eine Woche vollkommen aus, meistens wäscht man ja doch zwischendurch. Tipp: Machen Sie nach jeder Reise eine Liste, was Sie für Ihr Kind wirklich benutzt und gebraucht haben und was Sie besser mitgenommen hätten. So erarbeiten Sie sich nach und nach Ihre ganz persönliche »Muss-mit-Liste«. Sie werden erstaunt sein, wie wenig Sie – und Ihr Kind – wirklich brauchen!

Tragen – jedes Kind ist anders

Es gibt Kinder, die unter keinen Umständen akzeptieren, in einen Kinderwagen gelegt zu werden. Es gibt andere, die spätestens ab dem Krabbelalter beim Tragen sehr bald anfangen, unleidig zu werden. Manche beruhigen sich beim Tragen und schlafen dann gut im Wagen. Jede Kombination ist möglich.

Wichtig ist nicht, sein Kind ausschließlich zu tragen. Wichtig ist vor allem, auf die Bedürfnisse von Eltern und Kind zu achten. Wenn eine Mutter ihr acht Monate altes Baby mit seinen elf Kilo schlicht nicht mehr lange halten kann, muss es für längere Strecken eben der Kinderwagen sein. Wenn ein Baby auch im zweiten Lebensjahr noch weint, sobald es im Buggy sitzt, gehört es auf den Rücken, eben dorthin, wo es sich wohlfühlt. Oft sind sehr schwere Babys dankenswerterweise auch im Wagen zufrieden.

Es geht hier nicht um die goldene »Kinderwagen-nie-benutzt«-Medaille, sondern um eine artgerechte Lösung für alle Beteiligten.

Autofahrten ohne Stress

Wenn Ihr Baby sich juchzend in der Babyschale anschnallen lässt, nur um an der zweiten Kreuzung zuverlässig in einen seligen Schlaf zu fallen – herzlichen Glückwunsch! Freuen Sie sich, genießen Sie es und haben Sie Nachsicht mit all den gestressten Eltern, bei denen es nicht so ist.

Babyschalen sind kein artgerechter Transport. Viele Kinder machen das nur sehr kurz mit, dann beginnen sie zu jammern, zu weinen oder gar zu schreien. Nicht wenige Mütter lernen schnell, sich neben die Schale zu setzen und das unglückliche Baby während der Fahrt dort zu stillen. Viele Eltern greifen zu den abenteuerlichsten Tricks, um das schreiende Kind zu beruhigen. Hier gilt: Autofahren ist natürlich eine »nicht artgerechte Situation«, erlaubt ist also alles, was die Sicherheit nicht gefährdet und Ihnen allen hilft, diese Autofahrten gut zu überstehen. Hier einige Tipps:

- Planen Sie längere Strecken zu einer Tageszeit ein, in der das Kind ohnehin schlafen würde, und stillen Sie es in der Babyschale in den Schlaf.
- Achten Sie in diesem Fall darauf, dass Ihr Baby satt und »leer« ist, wenn Sie es in den Sitz setzen; halten Sie es gegebenenfalls vorher ab.
- Wenn Ihr Baby partout nicht im Auto schläft, fahren Sie zu einer Zeit, in der das Kind im »entspannten Wachzustand« ist und sich zum Beispiel ein Stoffbilderbuch eine Weile interessiert anschauen wird.
- Führen Sie stets spezielle Spielsachen im Auto mit, die es nur dort gibt und die besonders interessant sind. Gut ist alles, was Geräusche macht, weich und ungefährlich ist.
- Haben Sie von allem (Essen, Spielsachen) ausreichend Vorrat neben sich, es wird einiges im Laufe der Fahrt im Fußraum landen.
- Sobald das Kind sicher essen kann, können Sie ihm ungefährliche Knabbersachen in die Hand drücken, an denen es sich während der Fahrt nach Belieben vergnügen kann (nichts, an dem es sich verschlucken könnte!).
- Singen Sie für Ihr Baby und erzählen Sie ihm, an was für tollen Stellen Sie vorbeifahren.
- Sprechen Sie mit Ihrem Baby, erzählen Sie ihm lustige Sachen, lachen Sie mit ihm.
- Schnallen Sie die Babyschale neben sich auf dem Beifahrersitz fest (Airbag ausschalten!) und kitzeln sie das Kind, wenn die Ampel Rot zeigt.
- Sind die Kinder älter, helfen Hörspiele und Bücher.

Grundsätzlich gilt: Anschnallen ist Pflicht, Sicherheit hat Priorität. Wenn wir uns entscheiden, das Baby oder Kleinkind im Auto zu transportieren, müssen wir auch bereit sein, die Konflikte auszuhalten, die ein Anschnallgurt mit sich bringen kann.

Wenn alles nichts hilft: Nutzen Sie die öffentlichen Verkehrsmittel. Es ist umweltfreundlich, viel interessanter für Ihr Baby (all die Menschen auf Augenhöhe!), und Sie können flexibler auf die Bedürfnisse Ihres Kindes reagieren.

Flugreisen ohne Stress

Selbstredend sind Flugreisen nicht artgerecht, sie lassen sich aber gut bewältigen, wenn man ein paar Dinge beachtet. Im Flugzeug haben wir die Sondersituation, dass wir weder spontan anhalten noch uns stets frei bewegen können. Außerdem stellt der wechselnde Luftdruck viele Kinder vor Probleme. Je nachdem, wie lange Sie fliegen, müssen Sie sich ausgiebig vorbereiten. Nehmen Sie ausreichend Getränke, Essen, Windeln, Wechselkleidung, Spielzeug und Kuschelsachen mit. Vergessen Sie Ihr Vorhaben, gemütlich ein Buch zu lesen, bis Sie in Washington landen. Vielleicht schläft Ihr Baby den Großteil der Reise. Vielleicht aber auch nicht. Nehmen Sie es gelassen hin. Je älter die Kinder werden, desto einfacher wird es.

Hier ein paar Tipps für Flugreisen mit dem Baby:

- Halten Sie Ihr Kind ab oder wechseln Sie die Windel und gehen auch Sie selbst auf die Toilette, bevor das Flugzeug startet oder landet. Sind die Anschnallzeichen erst einmal angeschaltet, sitzen Sie fest.
- Stillen Sie Ihr Kind bei Start und Landung, um ihm beim Druckausgleich zu helfen. Kleinkinder können Wasser trinken. Manchmal verweigern die Kinder alles, weil es so auf den Ohren drückt – dafür haben Sie ein besonders leckeres Getränk in einer auslaufsicheren Trinkflasche dabei, um den kleinen Reisenden vielleicht doch noch zu überzeugen.
- Haben Sie auf Langstrecken einen Pucksack dabei oder ein Tragetuch, mit dem Sie ein total verwirrtes Baby sanft pucken können.
- Ist das Flugzeug auf Reiseflughöhe, stehen Sie mit dem Baby auf, tragen Sie es durchs Flugzeug, laufen Sie mit Ihrem Kleinkind herum, entdecken Sie Passagier- und Waschraum, freunden Sie sich mit anderen Kindern oder Passagieren an. Besser ist es, jetzt dieses Bedürfnis zu stillen, als dass es nachher auftaucht, wenn Sie wegen Turbulenzen sitzen müssen.
- Mit einem Stillkind ist ein Fensterplatz besser – so können Sie ungestörter stillen. Ein Kleinkind wird herumlaufen wollen, da sind Sie auf einem Gangplatz besser aufgehoben.

- Lernen Sie Reime und Fingerspiele – sie können wertvolle Dienste leisten, wenn Sie irgendwo stehen und warten müssen.
- Freuen Sie sich über die Hilfe von Flugbegleitern und netten Mitreisenden – jede Minute Unterhaltung wird Ihnen und Ihrem Kind helfen!

Bahnfahrten ohne Stress

Bahnfahren gehört zu den einfacheren Transportmöglichkeiten, weil Sie im Prinzip so flexibel sind wie zu Hause. Das Baby kann herumgetragen werden, das Kleinkind herumlaufen und spielen, im Kinderabteil ist sogar etwas mehr Platz, und die Zahl netter Mitreisender und anderer Kinder ist oft groß. Hier einige Tipps zum Bahnfahren, die im Prinzip auch für das Busfahren nützlich sind:

- Reisen Sie möglichst ohne Kinderwagen – diese sind in den engen Gängen immer ein Problem, verstellen den Platz im Kinderabteil und behindern das Einsteigen.
- Nehmen Sie ausreichend Spielzeug, Malzeug, Bücher und Essen mit.
- Planen Sie die Reise möglichst so, dass Ihr Kind einen Mittagsschlaf machen kann – falls es im Zug einschläft (in den Schlaf stillen, durch die Gänge tragen). Wenn Sie aus Erfahrung wissen, dass es wahrscheinlich nicht einschlafen kann, planen Sie die Fahrt zu einer Zeit, in der es ausgeschlafen und guter Laune ist.
- Buchen Sie – sofern das angeboten wird – ausreichend frühzeitig das Kinderabteil, hier sind oft andere Kinder, die auch schon für Babys interessant sind.
- Lassen Sie sich helfen! Bitten Sie beispielsweise einen kräftigen jungen Menschen, Koffer oder Kinderwagen in den Zug zu heben, lassen Sie sich die Türen aufhalten.
- Setzen Sie sich in Bus oder Zug so hin, dass Ihr Kind bei einer Vollbremsung gegen Ihren Körper gepresst wird.
- Stressen Sie sich nicht – es fühlt sich vielleicht so an, als würden alle genervt gucken, wenn ein Baby weint, aber die meisten sind einfach froh, dass es nicht ihre Aufgabe ist, das müde Kind zu beruhigen. Im Übri-

gen gehen Sie getrost davon aus, dass die Welt das aushalten kann – wenn Sie entspannt sind, wird sich auch das Kind schneller wieder entspannen.

Die Magie des Tragens! Das sagt die Wissenschaft

»Tragekugeln«: Schauen Sie sich Ihr Baby einmal genau an, wenn es auf dem Rücken liegt: Neugeborene halten ihre Beine vor den Rumpf, sie lassen sich noch sehr lange wunderbar wie im Bauch »zusammenklappen« und zu einem kleinen Paket »falten«. Ihr Rücken ist eher rund, die Beinchen setzen seitlich am Körper an, lassen sich komplett am Körper anhocken und fallen an die Seiten, wenn man das Kind auf den Rücken legt. Erst im Laufe des ersten Lebensjahres »entfaltet« sich unser Baby langsam, und das ist sinnvoll, denn so können die unreifen Hüftgelenke optimal nachreifen. Sind die Beine angehockt, drückt die Muskulatur das Oberschenkelgelenk über den Hüftkopf in die Pfanne, und es entsteht im knorpeligen Anteil des Gelenks ein »hydrostatischer Druck«, der hilft, dass das Gelenk fest wird. Um die Beine unserer Babys hingegen von Anfang an gerade hinzulegen, müsste man sie mit Kraft nach innen und unten drücken. Was sich komisch anfühlt, ist auch anatomisch falsch: In dieser gestreckten Haltung drücken die Oberschenkelknochen so ungünstig auf die Hüftgelenke, dass es zu Fehlbildungen kommen kann, wenn Babys auf Dauer so fixiert werden.

Vorsicht also! Bei Völkern, die Babys traditionell auf sogenannte Wickelbretter binden, führte dies einer Untersuchung zufolge in 12,3 Prozent der Fälle zu Fehlbildungen (Hüftgelenksdysplasien und Luxationen).[71] Dies ist ein Beispiel dafür, dass »Naturromantik« uns nicht weiterbringt, sondern sogar schädlich sein kann, wenn deren »traditionelle« Säuglingspflege nicht mit den anatomischen und artgerechten Erfordernissen der Kinder in Einklang steht. Nicht alle Babys bekommen fehlgebildete Hüften, wenn sie zu lange gerade liegen, aber der Aachener Orthopäde Dr. Ewald Fettweis zum Beispiel schreibt: »Es wird vielfach nicht bedacht, dass durch ungünstige Einwirkungen auf den kindlichen Körper aus gut entwickelten Hüftgelenken geschädigte werden können.«[72]

Bewegung hilft: Fehlentwicklungen der Neugeborenenhüfte haben ihre Gründe in der Genetik des Kindes, den Umständen der Schwangerschaft und der Geburtsposition. Dennoch stabilisieren sich die Hälfte aller bei der Geburt instabilen Hüften innerhalb der ersten fünf Tage, 90 Prozent sind nach zwei Monaten unauffällig, und ein Forscher nennt sogar 97 Prozent stabile Hüften nach sechs Monaten. Genetik und Säuglingspflege machen hier jedoch einen großen Unterschied: Im afrikanischen Raum, wo Kinder viel getragen werden, kommen langfristige Hüftschäden praktisch nicht vor, während in anderen Ländern, in denen Kinder ihrer Bewegungsfreiheit beraubt und wenig getragen werden, die Anzahl der Fehlentwicklungen viel höher liegt.[73]

Dies deutet darauf hin, dass unsere Babys nicht an langes Liegen oder sogar Festbinden, sondern an Bewegung und Getragenwerden angepasst sind. Abgesehen von den anatomischen Gegebenheiten gibt es aber noch viele andere Indizien, die dafür sprechen.

Trageruhe: Mitte der Achtzigerjahre führten die Forscher Urs Hunziker und Ronald Barr eine Studie mit 117 Müttern und ihren drei Wochen alten Babys durch, um die Frage zu klären, wie sich Getragenwerden auf das Schreiverhalten des Säuglings auswirkt. Das Ergebnis: Die regelmäßig getragenen Babys weinten deutlich weniger.[74]

In Elternforen wird aus dieser Erkenntnis oft der Ratschlag abgeleitet: Du musst dein Kind nur mehr tragen, dann weint es nicht. Wie schon gesagt wurde, ist das jedoch nicht korrekt – viele Babys weinen trotzdem, manche sogar wirklich viel, und auch ein echtes Schreibaby hat so viele Gründe, um zu schreien, dass wir dies nicht einfach »wegtragen« können.

Trageglück: Aber grundsätzlich ist richtig, dass getragene Babys zufriedener sind. Das hat verschiedene Ursachen, die je nach Kind unterschiedlich ins Gewicht fallen: Der Platz auf der Hüfte eines tragenden Menschen ist der artgerechte, angestammte Platz, für den unsere Babys vorbereitet sind. Dort fühlen sie sich sicher. Die Bewegung beruhigt, Herzschlag und Stimme sind oft bereits »bekannt« aus den Zeiten, als es noch im Bauch der Mutter war (das Baby hat nämlich nicht nur Mama gehört, sondern auch alle vertrauten Personen in deren Umfeld). Körperkontakt stimuliert die Ausschüttung von Hormonen, die eine beruhigende, wohlige Wirkung haben.

Früh tragen: Wenn Frühchen im Verlauf von zwei Wochen täglich dreimal 15 Minuten lang massiert und bewegt wurden, nehmen sie doppelt so viel zu wie Frühchen, die nicht massiert wurden – und das bei gleicher Nahrungsaufnahme! Und die Gewichtszunahme lag auch nicht an längerem Schlaf, denn die massierten Kinder waren insgesamt auch länger wach und aktiver als die anderen.[75] Sie nahmen ihre Umgebung besser wahr und konnten sich bei Aufregung schneller wieder beruhigen.

In einer anderen Studie wurde für Frühchen das Tragen nur simuliert – mit Wiegen und Herztönen –, und sogar diese hatten mit zwei Jahren bessere geistige Fähigkeiten als Frühchen ohne die Tragesimulation.[76]

An Studien mit Frühchen kann man solche Effekte besonders gut sehen, weil ihre Entwicklung noch sehr offen ist und stark von ihrer Umgebung und Pflege abhängt.

Gehirnfutter: Das getragene Kind kann vertraute Gerüche und die Gesichter der umgebenden Menschen sehen. Die Kinder nehmen ihren Körper stärker wahr als Babys, die abgelegt werden. Die Babys profitieren von Berührungen, sie sind leichter zu beruhigen, wacher, aufgeschlossener und aufmerksamer – ein kritischer Aspekt in einem Alter, in dem rasante soziale Lernschritte stattfinden und neuronale Verbindungen angelegt werden, die die Grundlage für lebenslanges Lernen bilden. Getragen zu werden ist wie Dauerkuscheln für unsere Kinder und ein gutes Mittel für Mütter, die viel zu tun oder noch mehr kleine Kinder zu versorgen haben.

Ein Vergleich mit dem Tierreich sei hier eingestreut: Wenn man auf einen geringen IQ gezüchtete Ratten in eine stimulierende Umgebung setzt, nimmt ihre Gehirnaktivität zu, und sie können schlauer werden als normale Tiere, die in einer reizarmen Umgebung sind. Forschende gehen deshalb davon aus, dass die Frage, wie schlau wir werden, viel mit unserem Umfeld zu tun hat.[77]

Ein Kind auf dem Arm hat eine sehr anregende Umgebung, denn es ist auf Augenhöhe und sieht, was die Großen machen und wie sie sich verhalten. Wenn das Kind im Kinderwagen liegt und ein Mobile anstarrt, entgehen ihm all diese Lernreize.[78]

Tragebindung: Im Jahr 1990 gab man in Bindungsstudien Müttern mit niedrigem Einkommen kostenlose Babytragen zur regelmäßigen Benutzung. Man konnte feststellen, dass die Mütter auf ihr 3,5 Monate altes Kind wesentlich besser reagieren konnten und mehr Freude mit dem Kind hatten. Als die Forschenden die Kinder im Alter von dreizehn Monaten erneut besuchten, zeigte sich außerdem, dass das Tragen offenbar eine sichere Bindung begünstigt hatte – die Tragekinder waren eher sicher gebunden als die nicht getragenen.[79]

Gastbeitrag: Tragen macht einfach Freude

VON MICHAELA LEHNER, LEITERIN DER TRAGESCHULE®
ÖSTERREICH UND SCHWEIZ

Frage: Warum tragen wir unsere Kinder überhaupt, was sind die Vorteile?
Michaela Lehner: Wir wissen, dass Körperkontakt das Baby beruhigt und die Körper- und Fernsinne sich so optimal entwickeln. Das Kind ist beim Tragen ganz nah an unserem Körper, das stärkt seine Bindung zu uns und sein Urvertrauen. Und das ist nicht nur schön, das wirkt sich positiv auf Selbstwahrnehmung und damit auf den Selbstwert aus. Heute gibt es nicht mehr die Welt von »Tragen oder Nicht-Tragen«, sondern Tragen ist einfach eine von vielen Lösungen für den Familienalltag.
Frage: Worauf soll ich beim Tragen vor allem achten?
Michaela Lehner: Das Kind hockt mit leicht gespreizten Beinen auf den Sitzbeinhöckern, also den beiden Knochen unten am Po, sie tragen das meiste Gewicht. So ist das Kind nicht in den Kniekehlen oder im Schritt »aufgehängt«. Ebenfalls damit es nicht passiv in der Trage »hängt«, sollten die Händchen nicht nach unten zeigen, sondern die Arme nach oben angewinkelt sein. Die Trage muss den Rücken gut stützen. Außerdem muss das Kind natürlich Luft bekommen und den Kopf bewegen können. Und am Ende zählt: Es sollte für beide entspannt und angenehm sein.
Frage: Tragen bei unreifen Hüften – was sagen Orthopäden aktuell dazu?
Michaela Lehner: Beim Tragen unterstützen wir die Hüftreifung! Tragen kann eine orthopädische Therapie gut unterstützen.
Frage: Wie korrekt muss ich mein Kind tragen? Kann ich es schädigen, wenn ich nicht alles richtig mache?
Michaela Lehner: Die alte Weisheit »Die Dosis macht das Gift« ist an dieser Stelle wohl die beste Antwort. Kinder sind meist sehr robust! Jeder hat mal bessere und schlechtere Tragetage und das ist auch okay.
Frage: Wenn du Eltern nur drei Dinge zum Tragen sagen könntest, was wären diese?

Michaela Lehner: Tragen ist keine Ideologie, sondern fördert ganz klar die gesunde Entwicklung unserer Kinder. Wir Eltern haben außerdem die Hände frei und wir schenken den Kindern Geborgenheit – und es macht unglaublich viel Freude!

FAQ

Ab wann darf ich mein Kind tragen?

Ab der Geburt. Bitte tragen Sie Ihr Baby eng am Körper, vor dem Bauch oder auf der Hüfte. Später auf dem Rücken. Tragen Sie es aufrecht und achten Sie darauf, dass der Babyrücken gut abgestützt ist.

Wie lange darf ich mein Kind tragen?

Es gibt keine Hinweise auf eine maximale Tragedauer, egal, wie klein oder groß das Baby ist. Achten Sie darauf, dass die Beinchen gut angehockt und gemütlich gespreizt sind, dass Ihr Kind weder zu warm noch zu kühl angezogen ist, und los geht's – es wird Ihnen sagen, wenn es keine Lust mehr hat. Beginnen Sie mit kurzen Zeitabschnitten und steigern Sie sich langsam – das kommt auch der Entwicklung Ihrer eigenen Muskulatur zugute. Grundsätzlich können Sie Ihr Kind den ganzen Tag tragen, wenn es für Sie beide okay ist.

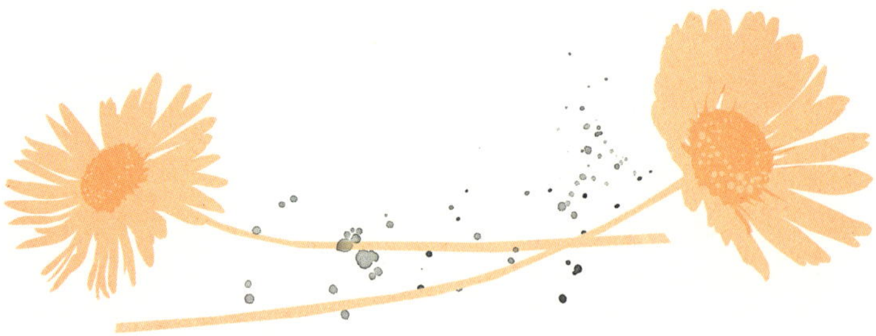

Wie soll ich mein Kind tragen?

Anatomisch am günstigsten ist es, das Baby seitlich auf der Hüfte zu tragen. Beim Tragen vor dem Bauch oder auf dem Rücken ist besonders bei sehr kleinen Säuglingen darauf zu achten, dass die Beine nicht zu weit gespreizt werden, sondern eher am Körper des oder der Tragenden angehockt sind. Grundsätzlich können Sie Ihr Kind wie folgt tragen:

- von Geburt an: im Tuch aufrecht vor der Brust oder von einem Profi eingebunden auf dem Rücken,
- ab dem dritten Monat: im Sling seitlich auf der Hüfte, in einer Tragehilfe oder im Tuch auf dem Rücken.

Muss ich im Tuch tragen?

Nein, müssen Sie nicht. Es gibt mittlerweile gute Tragehilfen, die dem Tuch sehr nahe kommen. Ein Tuch ist praktisch, weil es gleichzeitig Wickelunterlage, Stillkissen, Hängematte und Sonnenschutz sein kann, aber wer lieber zu einer Tragehilfe greift, kann das bedenkenlos tun.

Tragen Eltern lieber im Tuch oder in der Tragehilfe?

Das ist von Mensch zu Mensch verschieden! Manche sagen: »Super, das Tuch ist perfekt flexibel, ich wickle es einfach um mich herum, und es passt.« Andere fürchten die Wickelei und ziehen andere Tragen vor.

Wichtig: Wenn zwei Leute abwechselnd tragen, ist eine Tragehilfe mit möglichst wenig Schnallen hilfreich, weil man sonst alles ständig neu einstellen muss (es sei denn, Mama und Papa haben die gleiche Konfektionsgröße).

»Das Tragen ist das Stillen der Väter« – heißt das, dass Mama möglichst wenig tragen sollte?

Kokolores – jeder und jede trägt dann, wenn es passt, wenn es Spaß macht und es für Tragemensch und Baby gut ist. Punkt.

Woran erkenne ich die perfekte Trage für uns?

Das wichtigste Kriterium ist, dass sich Träger – und zwar alle Beteiligten – und Getragene damit rundum wohlfühlen. Ansonsten werden Sie die Trage nicht lange nutzen, und Ihnen und Ihrem Baby entgehen die vielen Vorteile. Lassen Sie sich beraten, damit Ihre Trage das Gewicht des Kindes optimal verteilt, denn wir sind heute viel weniger trainiert als unsere Vorfahren, unsere Muskeln ermüden schneller und brauchen mehr Unterstützung.

Müssen Babys auf dem Bauch liegen, um krabbeln zu lernen?

Manche Babys liegen nicht gern auf dem Bauch und heben erst sehr spät ihren Kopf – aber das heißt nicht, dass sie nicht krabbeln lernen. Ein getragenes Baby entwickelt seine Muskeln und seinen Gleichgewichtssinn am Körper des Tragenden. Zusätzliches »Training« durch eine erzwungene Bauchlage ist im Allgemeinen nicht notwendig.

Hätten Sie's gewusst?

- Schon nach fünf Minuten Hautkontakt beim Tragen hilft die Brust der Mutter dem Baby, seine Temperatur zu regulieren, und wärmt oder kühlt es nach Bedarf.
- Tragen ist die optimale Voraussetzung für gutes Laufen, weil es die Hüfte stärkt.
- In Kulturen mit Tragetradition sind Hüftprobleme bis zu zehnmal seltener.[80]
- Babys, die in den ersten sechs Monaten nicht getragen werden, fordern das Tragen nicht mehr ein – sie haben sich ans Liegen gewöhnt.
- Die Fettschicht zur »Kälteisolation« ist bei Babys am Rücken viel dichter – Forschende schließen daraus, dass sie mit dem Bauch zur tragenden Person und dem Rücken nach außen getragen werden sollen.[81]
- Babys entwickeln sich schneller, wenn sie regelmäßig massiert werden, so wie es beim Tragen ja automatisch durch den Körperkontakt und die Bewegung der Fall ist.
- Auch bei den Inkas und im alten Ägypten trugen Eltern ihre Kinder in Schlingen auf dem Rücken.
- Der Rundrücken von Babys ist perfekt ans Tragen angepasst und streckt sich erst langsam – von ganz allein.
- Im afrikanischen Kulturraum trainieren Eltern ihre Babys täglich durch Hüpfspiele auf dem Schoß – und diese Babys laufen viel früher als unsere.
- 30 Prozent der »Trageeltern« tragen ihre Kinder nicht aus weltanschaulichen oder gesundheitlichen Gründen, sondern weil es schlicht praktischer ist.[82]

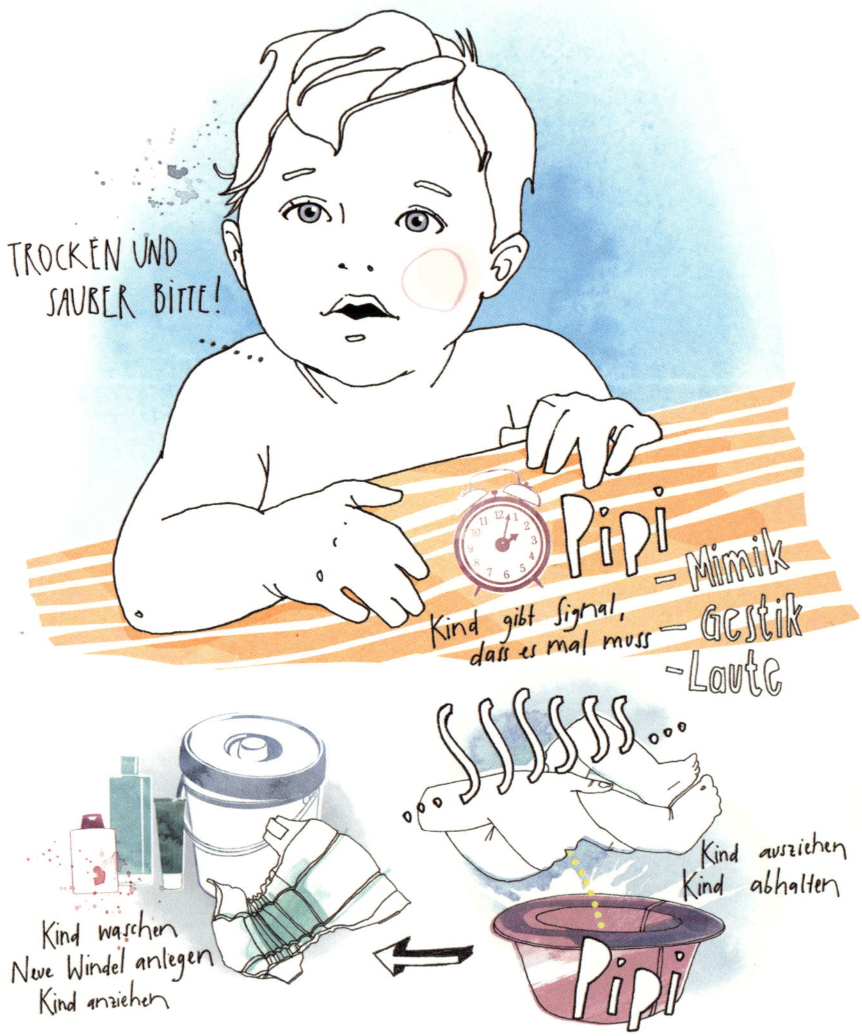
TROCKEN UND SAUBER BITTE!
Pipi
Kind gibt Signal, dass es mal muss
- Mimik
- Gestik
- Laute
SSSSSS...
Kind ausziehen
Kind abhalten
Pipi
Kind waschen
Neue Windel anlegen
Kind anziehen

Artgerecht sauber

Einige Sekunden bevor der Säugling Urin oder Stuhl ausscheidet, stößt er einen kurzen, charakteristischen Schrei aus und macht mit Körper und Beinchen ruckartige Bewegungen. Durch dieses Signal vorgewarnt, hält die Mutter ihn so weit von ihrem Körper weg, dass sie von Urin und Stuhl nicht beschmutzt wird.

REMO LARGO

Babys und Windeln gehören in unserer Welt zusammen – kein Bild, keine Werbung, keine Was-ihr-Neugeborenes-braucht-Liste, auf denen nicht eine Wegwerf- oder Stoffwindel zu finden ist. Dass man ein Baby auch ohne Windeln lassen könnte, ist für viele ein ganz neuer Gedanke. In weiten Teilen der Welt hingegen sind Babys ohne Windeln normal. In vielen Gegenden Japans, in China, besonders aber auch in Indien und Afrika machen schon ganz Kleine mithilfe ihrer Eltern in Töpfchen, Toiletten oder schlicht in den nächsten Busch.

Obwohl das Nervensystem bei der Geburt noch nicht ausgereift ist, haben menschliche Babys das Bedürfnis, trocken und sauber zu sein. Sie weinen nicht nur bei vollen Windeln, sie merken und *signalisieren schon vor ihrem Geschäft,* dass sich im Bauch etwas tut, und *Eltern können darauf reagieren*. Das ist keine ominöse Veranlagung asiatischer oder afrikanischer Babys, alle Neugeborenen verhalten sich so. Wir haben nur verlernt, die Zeichen zu lesen – dabei ist es ganz einfach.

In Deutschland bedeutet Windelfrei meist, dass die Babys trotzdem Wegwerf-, Stoffwindeln oder etwas Ähnliches tragen. Wenn das Baby jedoch signalisiert, dass jetzt etwas kommt, warten die Eltern nicht, bis die Windel voll ist, um sie dann zu wechseln. Nein, sie ziehen ihr Baby gleich aus und halten es über ein Gefäß oder Töpfchen, damit es sich ohne Windel erleichtern kann. Werden Babys regelmäßig und auf ihr Signalisieren hin abgehalten, spielt sich dies immer zuverlässiger ein.

Eine Mutter erzählt in einem Elternforum: »Wie oft passiert es allein schon am Wickeltisch, dass die Kleine ohne Vorwarnung lospullert oder loskäckert. Das ist in den vier Monaten bestimmt schon hundertmal passiert.« Das Baby will niemanden ärgern – es zeigt einfach nur, dass es weiß, dass man sich nicht in die Hose macht. Es entleert sich, sobald es »untenrum frei« ist: ein gutes Zeichen! Entgegen aller medizinischen Meinung stellen Eltern immer wieder fest, dass besonders ganz junge Babys lospullern, sobald man ihnen die Windel ausgezogen hat. Viele Eltern ahnen auch sonst im Alltag schnell, wann ihre Babys mal müssen: »Wenn er so guckt, dann kommt gleich ein großes Geschäft!« Auch wer es nicht gleich sieht, kann mit wenig Übung lernen, wann es so weit ist.

Unsere Babys warten oder sagen uns an, wenn sie mal müssen. Es ist bei allen Menschen gleich: Was oben hineinkommt, muss unten wieder hinaus. Und das möglichst so, dass nicht alle etwas davon haben! Denn eine beschmutzte Mutter ist eine stark riechende Mutter und fällt damit auch Fressfeinden auf oder verbreitet Keime. Dennoch: Auf Bildern von traditionellen Kulturen sitzen die Babys meistens nackt in ihrer Schlinge. Ohne Windeln. Wie kann das sein?

»Jean McKellar erzählte mir von ihren Jahren in Uganda, wo ihr Mann als Arzt praktizierte. Die Mütter aus der Gegend brachten ihre Kinder zur Untersuchung und warteten oft stundenlang geduldig in der Schlange. Sie trugen die Babys nackt im Sling, dennoch waren sowohl Mutter als auch Baby stets sauber. Als Jean fragte, wie sie das machten, sagten sie, dass sie einfach mit den Babys in den Busch gehen, wenn diese mal müssten. Als sie fragte: ›Aber woher wisst ihr, wann sie mal müssen?‹, fragten sie nur verständnislos zurück: ›Woher weißt du denn, wann du mal musst?‹«[83]

Jean nahm an, dass die Mütter einfach ahnten, wann es so weit war. Man kann aber davon ausgehen, dass es eine Mischung aus Timing, Intuition und Zeichen war, die sie wissen ließ, wann sie »in die Büsche« gehen mussten. Es gibt übereinstimmende Berichte über solches Verhalten vieler Völker in Afrika, Asien und Indien.[84] Von der menschlichen Entwicklung her gesehen ist es auch durchaus sinnvoll, dass Babys mit einem Ich-muss-mal-Signal auf die Welt kommen. So lässt sich verhindern, dass der Nachwuchs seine Träger nass macht. Das motiviert auch andere: »Es war sicher einfacher, eine Allomutter [einen Babysitter] für das kleine Baby zu finden, wenn es zuverlässig ansagte, wann es mal muss«, erklärt mir der Kinderarzt und Autor Herbert Renz-Polster im Interview.

Natürlich ist Windelfrei in Ländern am Äquator definitiv einfacher als in Europa. Wird eine Mama dort doch mal von ihrem Baby nass gemacht, amüsieren sich die anderen Mütter, man wischt es weg, lacht gemeinsam und zieht weiter. Doch auch Völker im hohen Norden halten ihre Babys ab und haben für »Unfälle« eben windelähnliche Auffangsysteme – und so funktioniert Windelfrei auch in einer Großstadt.

So geht's: Windelfrei und Spaß dabei

Wie wird das Kind denn nun sauber? Bei der Sauberkeitserziehung stehen sich allgemein gesagt zwei Lager gegenüber: Die einen warten ab, bis das Kind von selbst ohne Windel sein will, im Idealfall ab etwa zwei Jahren. Die anderen glauben an ein straff vorgegebenes strukturiertes Training von früh an.

Windelfrei liegt genau in der Mitte: Es geht davon aus, dass das Baby von Anfang an bereit ist, und bietet dann einen am Kind orientierten strukturierten Ablauf an (Timing[85]/Signal vom Kind, ausziehen, Abhalteposition, Signallaut der Eltern, ausscheiden).

Was Windelfrei in Wirklichkeit heißt

»Windelfrei« ist eigentlich ein irreführender Begriff. Das englische *elimination communication* (»Ausscheidungskommunikation«) trifft's schon eher: Babys kommunizieren von Anfang an, auch über ihre Ausscheidungen. Und die Eltern reagieren einfach darauf – wie sie es ja auch tun, wenn das Kind müde ist oder Hunger hat. Windelfrei ist also in erster Linie: hinhören, abhalten und nach Bedarf wickeln.

Es ist weder mehr noch weniger Arbeit, sondern vor allem ein anderer Ablauf. Der Standard in unserer Kultur ist zum Beispiel der folgende:

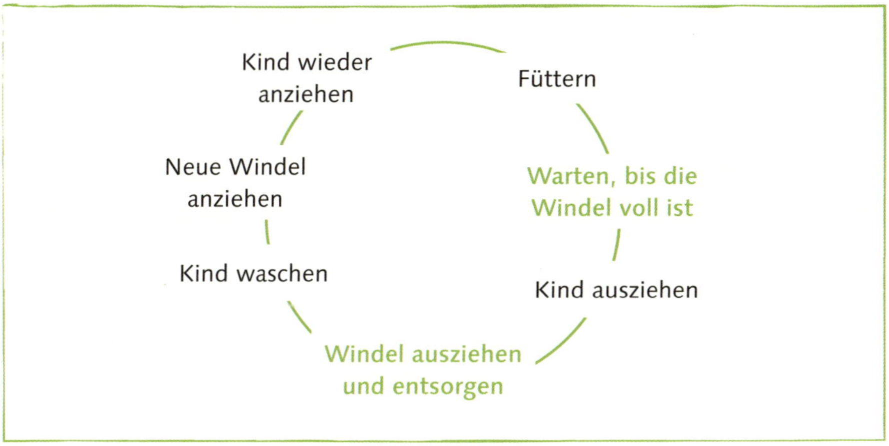

Bei Windelfrei ändern wir diesen Ablauf ein wenig:

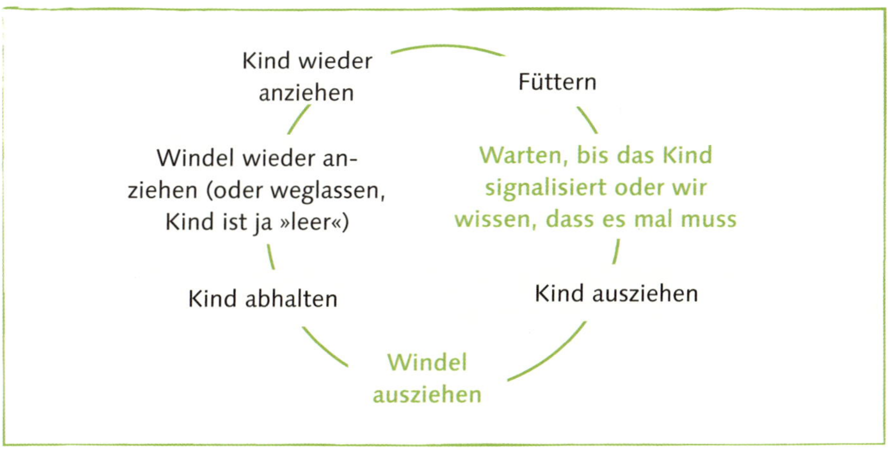

Säuglinge haben einen leicht erlernbaren Rhythmus: *Nach dem Schlafen und meistens nach dem Stillen müssen sie.* Fertig!

Es erspart eine Menge Arbeit mit vollen Windeln und zu waschenden Babyklamotten, wenn Eltern ihr Baby vor allem für große Geschäfte abhalten, statt es in die Windel machen zu lassen. Die kleinen fangen wir auf, wenn es gerade passt, und überlassen sie sonst getrost der Windel. Daher tragen die meisten Windelfrei-Kinder auch häufig Windeln oder sogenannte Back-ups. Diese kleinen Helfer fangen auf, was danebengeht, wenn die Eltern keine Möglichkeit, Zeit oder Ruhe haben, um ihr Baby abzuhalten. Und die gute Nachricht: Zwei Mal am Tag abhalten reicht, um das Körpergefühl der Kinder zu erhalten.

Auch gestresste Großstadteltern können so das Bewusstsein des Babys für seine Ausscheidungen aufrechterhalten. Sie tun es einfach mäßig, aber regelmäßig, zum Beispiel immer nach dem Schlafen und Essen oder immer morgens und abends. Das Baby profitiert von dieser kleinen Aufmerksamkeit: Es wird keinen wunden Po und weniger Blähungen haben, entspannter trinken und ruhiger schlafen. Man spart sich zudem das Sauberkeitstraining im zweiten Lebensjahr.

Vollzeit-Windelkinder lernen, ihre körperlichen Funktionen zu ignorieren. Ein Baby, das auf seine Signale hin abgehalten wird, wird sich hingegen der natürlichen Vorgänge immer bewusst bleiben.

Es klingt anfangs vielleicht fragwürdig, aber es ist für die meisten Eltern verblüffend festzustellen, dass auch unsere eigene Intuition noch funktioniert, wenn man sie einmal »anstupst«. Sie werden bald einfach »wissen«, wann Ihr Baby mal muss. Es wird zur zweiten Natur, ebenso wie man weiß, dass das Kind müde ist oder Hunger hat. Und wenn nicht – dann sind Windeln eben wunderbar!

Was ich gern vorher gewusst hätte …

JULIA Ich hätte es nicht geglaubt, wie glücklich es mich machen kann, wenn mein Kind glucksend abgehalten wird und abends so entspannt wie nie einschläft. Dass man in der Konsequenz auf sein Gefühl vertrauen kann, dem Kind vor allem vertrauen kann! Das Argument (Tipp meiner Hebamme): »Und sollte ich es verwöhnen, dann ist es mein und nicht dein Problem (liebe Schwiegermutter, Mama, Schwestern, Schwägerinnen etc.) …«

EIN VATER Ich bringe dem Kind doch nicht erst bei, dass es in die Windel machen soll, um es ihm hinterher wieder mühsam abzutrainieren!

Sieben Schritte zu Windelfrei

1. **Lernen Sie den Rhythmus Ihres Babys kennen.** Säuglinge entleeren sich direkt nach dem Aufwachen, in den ersten Monaten auch oft beim Wickeln (Eltern berichten, es hätte sie »angepinkelt«). Als ganz kleine Babys halten wir sie beim Stillen ab, später direkt danach. Im Prinzip kann jeder, der ein schlafendes und ein waches Baby unterscheiden kann, windelfrei machen! Wir können einfach das Baby immer nach dem Schlafen abhalten – zwei Mal am Tag reicht, um das Körpergefühl zu erhalten. Wer Lust hat, hält es also morgens und nach dem Mittagsschlaf ab. Wenn wir gerade mehr Zeit haben, halten wir es auch nach den anderen Schläfchen, nach dem Stillen oder einfach bei jedem Wickeln ab.
2. **Wählen Sie zum Abhalten eine Position.** Sie soll für Sie und das Baby gleichermaßen entspannend und sicher sein.
3. **Wählen Sie ein Signalgeräusch.** Machen Sie das Geräusch immer, wenn das Baby sich entleert, zum Beispiel: »Ssssss«. Ein Säugling assoziiert nach wenigen Tagen das Geräusch mit dem Gefühl, das er beim Loslassen hat. Im Umkehrschluss weiß er bald, wenn er das Geräusch hört, dass er »machen« kann. Falls Sie möchten, wählen Sie zusätzlich ein Handzeichen (zum Beispiel geschüttelte Faust oder sanftes Klop-

fen auf den eigenen Bauch), das Sie später in Ihre »persönliche Babyzeichenliste« aufnehmen können.

4. **Wählen Sie zum Abhalten einen warmen Ort und ein Gefäß.** Denkbar sind: ein Baby-Töpfchen (zum Beispiel Asia-Topf, siehe unten: »Die Windelfrei-Shoppingliste«), Badewanne, Waschbecken, ein Eimer, das Bidet, eine Stoffwindel, Wegwerfwickelunterlagen – was immer zu Ihnen und Ihrem Baby passt. Viele Kinder mögen das Waschbecken, weil sie sich dann im Spiegel sehen können. Für Mütter mit kleinen Jungs ist die Badewanne anfangs ein gutes Übungsgebiet, um das »Treffen« zu lernen.
5. **Üben Sie gemeinsam.** Ihr Baby wird nach einigen Tagen loslassen, wenn Sie das Signalgeräusch machen, das Handzeichen geben oder es in die Abhalteposition bringen. Machen Sie das Handzeichen, wenn Sie glauben, dass das Baby mal muss. Halten Sie das Kind ab mit einem freundlichen »Ssss«. Reagiert das Kind nicht innerhalb von ein bis zwei Minuten, wehrt es sich oder ist es angespannt, muss es nicht. Versuchen Sie es fünf oder zehn Minuten später erneut. Das Baby wird ebenfalls Zeichen geben, die Eltern sehr schnell zu lesen lernen. Es macht einen bestimmten Gesichtsausdruck, einen bestimmten Laut oder eine bestimmte Bewegung, bevor es ausscheidet (siehe die Liste »Babyzeichen zur Ankündigung von Geschäften« [nach L. Boucke]). Jetzt keine Hektik – Babys können warten, bis sie ausgezogen und ins Bad gebracht worden sind. Später kann es sein, dass Ihr Baby Ihr Handzeichen imitiert, zum Töpfchen krabbelt oder in Richtung Badezimmer zeigt. Gehen Sie mit ihm dorthin und halten Sie es ab. Seien Sie nicht frustriert, wenn es nun trotzdem nicht macht – Sie lernen beide eine neue Sprache, Missverständnisse gehören dazu.
6. **Bauen Sie das Abhalten in Ihren Tag ein wie Essen und Schlafen.** Wann immer es für Sie beide passt, können Sie Ihr Baby jetzt in ein Gefäß statt die Windel machen lassen, denn es wird schon bald mit Freude dann loslassen und sich entleeren, wenn es in Abhalteposition ist oder das Signalgeräusch hört. Das ist sehr praktisch, zum Beispiel bei der Kinderärztin oder beim Kinderarzt, der sich während der Un-

tersuchung nicht anpieschern lassen muss. Manche Babys machen nach einiger Zeit sogar »nur für Mama«: Wenn sie abgehalten werden und eigentlich gar nicht so doll müssen, kommt nach ein paar Sekunden trotzdem ein Ministrahl, und sie lächeln, als wollten sie sagen: »Na, zufrieden?« Nach dem Abhalten freut man sich entweder über die trocken gebliebene Windel oder lässt das Baby sogar eine Weile unten ohne – jetzt ist es ja »leer«.

7. **Planen Sie Pannen und Rückschritte ein.** Einige Babys signalisieren ihr Bedürfnis mit der Zeit immer deutlicher. Andere scheinen sich ganz auf die Betreuer zu verlassen und stellen das Signalisieren ein. Alle Babys haben Phasen, in denen sie nichts signalisieren: wenn sie anfangen, sich zu drehen, krabbeln oder laufen lernen, zahnen, krank oder sehr abgelenkt sind. In solchen Phasen versuchen Sie, es einfach immer nach dem Aufwachen abzuhalten und sich sonst auf Ihre Intuition zu verlassen. Sind Sie von zu vielen Pfützen oder nassen Hosen genervt, wickeln Sie Ihr Baby wieder häufiger und halten es nur zu den Standardzeiten ab: nach dem Schlafen, nach dem Stillen, vor dem Zubettgehen.

Und: bloß keine Hektik! Wenn Sie eins der Zeichen bemerken, wird Ihr Baby Ihnen zwei bis fünf Minuten Zeit lassen. Das reicht, um es in Ruhe auszuziehen und abzuhalten. Fängt es an zu »meckern«, wenn Sie es nach dem Abhalten wieder anziehen wollen, ist es möglicherweise noch nicht fertig. Geben Sie ihm dann noch einmal die Möglichkeit. Oder das Baby macht plötzlich, wenn man gerade den kleinen Po abgewischt hat. Der sanfte Druck auf den After stimuliert die Peristaltik. Warten Sie einfach noch einen Moment nach dem Saubermachen, ob noch etwas kommt.

Bitte schauen Sie sich weiter unten auch unsere Übersicht »Windelfrei: acht Phasen« an.

»Ich muss mal«-Signale, bis ca. zum 3. Monat (nach L. Boucke[86])

- Stillunlust: Ihr Baby dockt beim Stillen heftig an und ab, will nicht trinken, obwohl es Hunger haben müsste.
- Laute: Ihr Baby schreit oder weint plötzlich auf, stöhnt, kreischt oder quietscht unvermittelt.
- Unruhe: Ihr Baby wälzt sich nachts trotz Stillen unruhig hin und her.
- Grimassen: Ihr Baby verzieht auf eine bestimmte Art das Gesicht.
- Spannung: Ihr Baby spannt den ganzen Körper oder einzelne Muskeln an.
- Stimmungswechsel: Ihr Baby wird plötzlich quengelig. Es hält plötzlich beim Spielen oder Brabbeln inne.
- Zappeln: Ihr Baby zappelt, will aus dem Tragetuch heraus oder nicht hinein.
- Michael-Jackson-Griff: Ihr Baby greift sich in den Schritt, klopft darauf, zieht daran.
- Zeichen: Ihr Baby starrt in Richtung Toilettenplatz. Es macht einen Ankündigungspups vor dem Stuhlgang. Es macht das Toilettenzeichen.
- Intuition: Sie haben Ihr Baby auf dem Arm und spüren plötzlich nasse Wärme, als hätte es Sie schon angepieselt, aber alles ist noch trocken.

Die Windelfrei-Shoppingliste

Im Prinzip braucht man für Windelfrei nur ein Baby, Neugier und Humor. Aber einige Utensilien können die Sache besonders in der Stadt und im Winter erleichtern.

Zum Abhalten nehmen viele Eltern schlicht die Toilette oder, wenn sie nicht immer ins Bad gehen wollen, eine ausrangierte Backschüssel. Aus

Singapur kommen die kleinen »Asia-Töpfchen«. Sie sind ideal mit ihrem breiten, weichen Rand und lassen sich beim Abhalten perfekt zwischen die Oberschenkel klemmen. Ebenso praktisch sind zusammenfaltbare Becher oder Schüsseln aus dem Outdoorladen, die gut in die Handtasche passen. Ein nicht aufgeblasener Wasserball, einmal gefaltet und zu einer Schüssel geformt, tut es auch.

Windelfrei steht und fällt mit der Kleidung, die unsere Kinder tragen. In einer schwedischen Studie[87] zeigte sich, dass sogar bei den Frauen in Vietnam, die seit Generationen ihre Babys abhalten, das Wetter für den »Abhalteerfolg« eine Rolle spielte! Wir sollten es uns daher so einfach wie möglich machen:

- Für Windelfrei-Kinder sind Strumpfhosen eher unpraktisch. Eine gute Alternative sind Wollsocken und Babylegs, einfache Stulpen in einer für Babys passenden Größe. Sie halten Babys Beine warm, wenn man zum Abhalten draußen den Strampler aus- oder die Hose herunterzieht.
- Grundsätzlich gilt: Zweiteiler sind praktischer als Einteiler. Alles, was sich hinunterziehen, zur Seite klappen oder sonst wie leicht entfernen lässt, macht das Abhalten in kalten Zeiten leichter.
- Aus den USA kommt die Idee der Splitpants. Sie sind die wärmere Variante der in China verbreiteten Kaidangku – vorn und hinten im Schritt offene Hosen, mit denen man ein Kleinkind bequem abhalten kann. Die Splitpant hat einen überlappenden Schlitz. So bleibt das Kind warm. Gleichzeitig lässt sich die Hose zum Abhalten bequem zur Seite schieben. Es gibt sie mittlerweile in vielen Varianten, Farben und Stoffen.
- Als Windelalternative empfiehlt sich ein Stoffwindelsystem, das sich seitlich öffnen und wegklappen lässt, sodass wir das Baby abhalten können, ohne alles ausziehen zu müssen. Im Sommer eignet sich auch ein einfacher Windelgürtel (oder Mokomidi/Mokomini) mit einer eingelegten Stoffwindel.
- Sogenannte Trainerhosen für einzelne Phasen des Sauberwerdens haben eine mehr oder weniger dicke Saugeinlage. Die Überhose kann

zum Beispiel aus Baumwolle (weniger dicht) oder aus Polyester (dicht) sein. Oft haben die Trainerwindeln einen zusätzlichen Nässeschutz. Trainerhosen sollten nach jeder »Panne« gewechselt werden.

- Für den Winter bieten einige Hersteller auch abhaltefreundliche Overalls an, deren Reißverschluss sich von hinten so öffnen lässt, dass nichts danebengeht.

Was ist umweltfreundlicher, Stoffwindeln oder Ökowindeln? Am umweltfreundlichsten ist definitiv die Windel, die nicht benutzt wird. Alle anderen Möglichkeiten haben unterschiedliche Vor- und Nachteile. Stoffwindeln sind hautfreundlich, aber halten bei größeren Ladungen nicht dicht. Sie müssen gewaschen, gebügelt, gefaltet oder in einer Plastiktüte nach Hause getragen werden, wenn sie unterwegs nass geworden sind. Konventionelle Wegwerfwindeln halten sehr gut dicht – aber durch das entstehende feuchtwarme Mikroklima werden Babys häufig wund. Sie können Wegwerfwindeln einfach »wegwerfen« – das ist praktisch, aber Pampers & Co. verrotten schlecht auf Mülldeponien (man beachte den »Umweltaspekt«) und sind auch im Einkauf teuer. Wickelsysteme versuchen den Mittelweg zu finden. Sie bestehen meist aus mehr oder weniger wasserundurchlässigen Überhosen und beliebigen Einlagen aus allen möglichen Materialien – Wolle, Stoff, Wegwerfeinlagen, sogar Bambusfasern gibt es schon. Die Hosen sollen dicht halten, einige der Einlagen kann man waschen und wieder verwenden.

Den Spaßfaktor erhalten

Das Wichtigste an Windelfrei ist, dass es allen Spaß macht! Abhalten mit Windeln, Teilzeit-Windelfrei oder Windelfrei – jede Familie passt das System an ihre Bedürfnisse an. Es ist ein Lernprozess ähnlich wie das Sprechenlernen. Man fängt klein an und arbeitet sich dann weiter.

Es gibt Zeiten, in denen es sehr gut funktioniert: Sie werden Ihr Baby oft abhalten, sehr zufrieden damit sein und fast keine Windeln brauchen. Macht das Kind Entwicklungssprünge oder haben Sie gerade wenig Ruhe, verlieren Sie das Abhalten vielleicht ein paar Tage oder Wochen aus den

Augen. Das ist normal und gehört dazu. Es handelt sich ja nicht um Sauberkeitstraining. Ziel ist, dass Sie und Ihr Baby sich seiner Körperfunktionen bewusst bleiben. Nach einer längeren Pause kann es sein, dass Sie beide ein paar Tage brauchen, um wieder das »Dreamteam« zu werden. Freuen Sie sich drauf: Häufig klappt die Kommunikation anschließend besser als zuvor.

Wenn Sie wenig Zeit haben, schaffen Sie sich eine Routine. Machen Sie sich keinen Stress mit Vollzeitwindelfrei, falls das für Sie nicht oder nur schwer zu realisieren ist. Für Ihr Baby ist es wichtiger, dass es sich auf Sie verlassen kann. Halten Sie es zum Beispiel immer morgens, nach dem Mittagsschlaf und vor dem Schlafengehen ab. Ihr Baby wird sich daran gewöhnen und auf Sie warten.

So bewältigen Sie Sondersituationen

Nachts

Schon nach wenigen Wochen machen die meisten Babys nachts keine großen Geschäfte mehr. Nur wenige Babys pinkeln im Tiefschlaf. Ihr Baby erleichtert sich beim Wechsel in einen leichteren Schlaf oder während beziehungsweise nach dem nächtlichen Stillen. Wenn Sie möchten, nutzen Sie diese Gelegenheiten, ihm das Abhalten anzubieten. Manche Babys nehmen dies dankbar an und schlafen anschließend ruhiger weiter. Andere werden dann vollends wach und fallen nur schwer wieder in den Schlaf. Finden Sie heraus, ob und wann es für Sie beide passt. Viele Babys werden zum Beispiel gegen Morgen unruhig, wenn die Blase sehr voll ist. Dann kann es hilfreich sein, es abzuhalten, damit es ruhiger weiterschläft. Dennoch: Schlaf hat Priorität; wenn Sie Ihr Kind durch das Abhalten nachts unnötig wecken müssen, lassen Sie es lieber in die Windel machen.

Wenn Sie nächtliches Abhalten ausprobieren wollen, gehen Sie wie folgt vor: Halten Sie Ihr Baby vor dem Schlafengehen ab, wenn es noch nicht zu müde dafür ist. Wird es nachts unruhig, strampelt es, weint es oder wacht es auf, bieten Sie ihm die Brust und ein Töpfchen an. Es wird sich (mit oder ohne Stillen) erleichtern und anschließend (mit oder ohne

Stillen) weiterschlafen. Manche Babys schlafen so tief, dass sie ihren Harndrang nicht bemerken. In diesem Fall passen Sie eine Zeit des leichten Schlafs ab, um Ihr Baby sanft zu einem »Präventivpipi« abzuhalten.

Wählen Sie Nachtkleidung, die leicht zu entfernen ist. Nutzen Sie zum Auffangen ein Töpfchen, eine Windel, eine Wollmatte oder gehen Sie mit Ihrem Baby ins Badezimmer – was immer am wenigsten störend für Sie ist. Manche ältere Babys bleiben nachts trocken, wenn sie ohne Windel schlafen, entleeren sich aber, wenn sie eine Windel tragen. Probieren Sie verschiedene Strategien, bis Sie eine Nachtroutine gefunden haben, bei der die gesamte Familie kaum aufwachen muss. Dazu gehört auch: nur gedämpftes Licht, das Baby möglichst wenig bewegen und am Körper halten, nicht kalt werden lassen – es so einfach wie möglich machen. Wenn Sie es eine Zeit lang zu aufreibend oder ermüdend finden, machen Sie eine Pause.

Nächtliches Abhalten ist mehr Aufwand, als eine Nachtwindel anzulegen. Viele Babys schlafen jedoch ruhiger, wenn sie sich erleichtern dürfen. Zudem geben Sie Ihrem Baby die Möglichkeit, seine Körpersignale auch nachts zu beachten, was späterem Bettnässen vorbeugen kann.

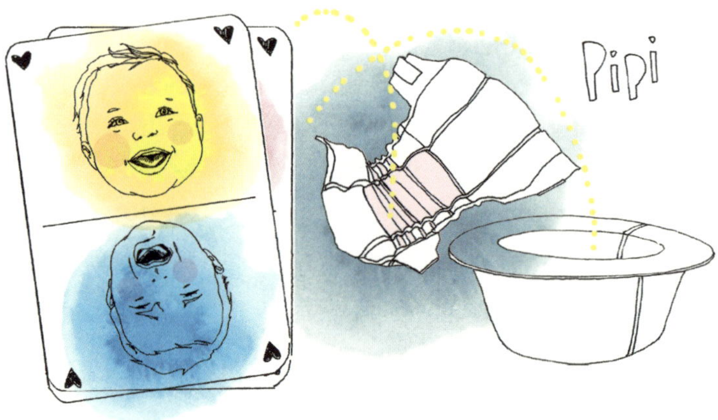

KiTa oder Tageseltern

Auch Babys, die in Fremdbetreuung sind, können von Windelfrei profitieren. Nur wenige Einrichtungen werden Ihr Kind komplett ohne Windeln lassen, weil oft der Betreuungsschlüssel keine so enge Bindung zu den Kindern erlaubt, dass das pädagogische Personal ständig auf die Signale des Kindes achten könnte. Wickeln Sie in diesem Fall Ihr Kind in Stoff- oder Wegwerfwindeln und bitten Sie einfach die Betreuenden Ihr Baby nach dem Schlafen und Essen abzuhalten. Damit bleibt dem Kind das »Prinzip« bewusst. Viele Fachleute reagieren nach anfänglicher Skepsis durchaus positiv – heißt es doch auch für sie weniger zu wechselnde Windeln!

Krankheit

Viele Eltern greifen im Krankheitsfall sofort wieder zu Windeln, um »das nicht auch noch« als Stressfaktor zu haben. Dabei ist das nicht immer die beste Lösung. Es folgen ein paar typische Beispiele:

- Durchfall: Bei Durchfall ist von Wegwerfwindeln eher abzuraten. Die meisten Durchfälle verursachen auf der Kinderhaut schnell Reizungen. In einer dichten Plastikwindel wird dieser Effekt verstärkt, es kommt schnell zu wunder Haut, auf welcher der nächste Durchfall noch mehr schmerzt. Daher empfiehlt es sich,
  - die Windeln sofort und häufig zu wechseln,
  - den Po zu »lüften«, solange es geht,
  - die Stoffwindeln ohne Überhosen zu verwenden (Luftzufuhr!),
  - das Kind auf seine Zeichen hin sofort abzuhalten (bei Durchfall können die Kinder meist nicht warten) oder
  - das Kind wenn möglich ohne Windeln zu lassen.
  - Viele Windelfrei-Kinder zeigen Durchfälle sehr zuverlässig an, weil das Geschehen im Darmtrakt verstärkt und somit auch für das Kind sehr deutlich spürbar ist.
- Fieber: Bei Fieber ist von Wegwerf- beziehungsweise Plastikwindeln ebenfalls abzusehen. Plastikwindeln verhindern, dass der Körper seine Temperatur effektiv reguliert. Sie können den Fiebereffekt ungewollt verstärken. Auch ein dickes Stoffwindelpaket kann dazu führen, dass

der kindliche Körper sich zusätzlich aufheizt. Die Eltern können ihrem fiebernden Kind ja mal von außen in die Wegwerfplastikwindel hineingreifen, um ein Gefühl für die dort erzeugte Temperatur zu bekommen. Soll Fieber – in Absprache mit der Kinderarztpraxis – provoziert werden, ist dies kein Problem. Soll Fieber vom Körper selbst reguliert werden, empfiehlt es sich, das Kind leicht bekleidet und zum Beispiel nur mit einer leichten Stoffwindel als Auslaufschutz zu lassen. Die meisten Kinder haben bei Fieber weniger Ausscheidungen. Wenn das Kind an nächtliches Abhalten gewöhnt ist – also im Schlaf –, lässt es sich auch problemlos bei Fieber im Bett abhalten.

- **Bronchitis:** Bei Bronchitis sind Windeln beziehungsweise Back-ups unter Umständen empfehlenswert. Durch den starken Druck beim Husten auf den Beckenboden verlieren manche Kinder ungewollt Urin oder lassen dann einfach »laufen«. Ärgerlich, wenn das ohnehin geschwächte Kind gerade eingeschlafen ist …

Nichts geht mehr – schnelle Hilfe bei Streiks

Es wird bekanntlich Zeiten geben, in denen Ihr Kind schlicht nicht abgehalten werden will. Sobald Sie Ihr Baby in Position bringen, streckt es sich durch, windet sich, »schimpft« gehörig. Sobald es wieder angezogen ist, macht es prompt in die Hose. Sie sollten sich darüber nicht wundern, diese Phasen gehören bei allen Kindern dazu. Akzeptieren Sie die Entscheidung Ihres Babys und warten Sie voller Vorfreude – an dem Tag, an dem es sich wieder abhalten lässt, wird die Kommunikation ein ganzes Stück besser klappen. Bis dahin hilft nur: entspannen, immer mal wieder anbieten, Protest respektieren. Ein solcher »Streik« kann Stunden, Tage oder Wochen andauern.

Manche Babys brauchen jetzt Abwechslung. Lassen Sie Ihrer Kreativität freien Lauf! Versuchen Sie eine andere Position. Vielleicht möchte Ihr Baby nicht mehr abgehalten werden, sondern mit Ihrer Hilfe hocken oder stehen. Manchmal hilft auch ein Ortswechsel. Versuchen Sie das Abhalten mal über einem anderen Töpfchen, über der Toilette statt über der Badewanne oder auch mal auf der Toilette einer befreundeten Familie.

Haben Sie die Gelegenheit, übers Wochenende wegzufahren? Jetzt wäre ein guter Zeitpunkt dafür. Eine neue Umgebung führt bei manchen Babys zum Ende des Streiks.

Sicher ist: Gerade wenn Sie glauben, jetzt ist es vorbei mit Abhalten und die Bücher haben alle gelogen, genau dann wird sich Ihr Baby wie durch ein Wunder wieder abhalten lassen, als wäre nichts gewesen. Da bildet sich eine kleine Persönlichkeit, seien Sie stolz auf sich, Ihrem Baby diese Ausdrucksmöglichkeit zu bieten.

Zehn Vorteile von Windelfrei

1. Windeldermatitis ist eine der häufigsten Hautkrankheiten im Säuglingsalter und tut weh! Bei Windelfrei – auch mit dem temporären Einsatz von Windeln – gibt es in der Regel kein Wundsein und keine Windeldermatitis, weil durch das Abhalten immer Luft an den Po kommt.
2. Weniger Bettnässen des Kleinkinds.
3. Weniger Machtkämpfe beim Wickeln.
4. Weniger Koliken durch Blähungen.
5. Weniger »Pannen«, wenn das Baby nackt strampeln oder spielen darf.
6. Keine Probleme mit dem »Sauberwerden« im zweiten oder dritten Jahr.
7. Keine geruchsintensiven Windeleimer.
8. Weniger Windelkosten und -müll.
9. Ruhigere Nächte, wenn Ihr Baby sich sonst in der vollen Windel oder bei Harndrang ab morgens um 4.00 Uhr hin- und herwälzt.
10. Ein Job für weitere Bezugspersonen – während Mama mit dem Säugling viel beim Stillen zu tun hat, können sie auch schon mit dem ganz kleinen Baby Spaß beim Abhalten haben.

Abhaltepositionen

Wie man ein Neugeborenes abhält

1 Das Baby liegt mit dem Rücken auf dem Unterarm des Erwachsenen und wird sicher gestützt.
Tipp: Wenn das Baby noch sehr klein ist, reicht statt des Topfes auch eine Stoffwindel als Unterlage.

1

2

2 Sobald das Kind größer und schwerer wird, unbedingt auf eine möglichst schonende Haltung achten: beispielsweise bequem an eine Wand gelehnt, den Topf zwischen die Beine geklemmt, das Baby sicher vor dem Bauch platziert.
Vorteil: Der Druck auf den Bauch des Kindes ist in dieser Position sehr gering, was vor allem Spuckkindern helfen kann.
Hilfreich: Fußkontakt ermöglichen, das gibt dem Baby Halt, und wir können spüren, ob es sich in seiner Position wohlfühlt.

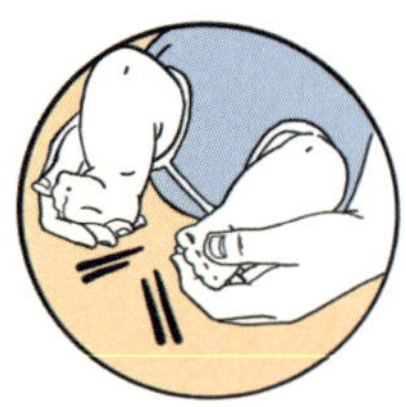

3 Beim Abhalten die Ellbogen auf die Oberschenkel stützen – so können die Arme Gewicht abgeben und der Rücken wird geschont.

4 Ebenfalls eine tolle Erleichterung für die Großen: Abhalten im Ein-Bein-Kniestand (vor allem, wenn es mal länger dauert).

5 Beim Abhalten über dem Waschbecken hilft ein Stuhl oder Hocker. So kann die abhaltende Person ein Bein anwinkeln und darauf den Arm abstützen, der das Gewicht des Kindes trägt.

3 4 5

Ganz egal, ob Sie es sich im Schneidersitz mit einer Schüssel gemütlich machen oder Ihr Kind lieber abhalten, wenn Sie mit ausgestreckten Beinen auf der Wiese sitzen: Finden Sie die Abhalteposition, die sich am besten für Sie und Ihr Kind anfühlt und sich gut in den Alltag integrieren lässt.

Dabei sollte sich das Abhalten an die Bewegungsentwicklung des Kindes anpassen – ein kleines Baby mit geringer Körperspannung halten wir anders ab als ein großes, bewegungsfreudiges Kind. Artgerecht ist, was die Selbstwirksamkeit des Kindes unterstützt, eine aktive gemeinsame Interaktion ermöglicht und dem Rücken der Eltern guttut.

Für wen und für wen nicht?

Windelfrei oder abhalten eignet sich nicht für alle Eltern und alle Babys. Wer es zu stressig oder anstrengend findet, sollte weiterhin Stoff- oder Wegwerfwindeln benutzen. Windelfrei kann vor allem dann eine große Hilfe sein, wenn Babys sich von Anfang an oder später gegen das Wickeln wehren, schnell wund werden, allergisch reagieren und so weiter. Ist in einer Familie Bettnässen ein bekanntes Problem, kann es ebenfalls sinnvoll sein, von Anfang an das Körperbewusstsein eines Babys zu berücksichtigen und aufrechtzuerhalten. Manche Eltern kommen auch ganz von selbst aufs Abhalten, weil ihre Babys es von sich aus einfordern – und sind dann sogar leicht genervt, wenn das Kind auf ein »Nimm doch mal die Windel, Schatz« mit Protest reagiert.

In Foren liest man häufig die Befürchtung, dass Abhalten oder Windelfrei zu einer übertriebenen Aufmerksamkeit auf das Thema führt und sowieso nur für Eltern geeignet ist, »die sonst nichts zu tun haben«. Doch in der frühen Phase mit dem Säugling ist man ja ohnehin mit der Frage »Muss es trinken? Schlafen? Kuscheln?« beschäftigt und fügt dem lediglich ein »Muss es mal?« hinzu. Und wie das Stillen und Füttern wird das Abhalten irgendwann zur zweiten Natur, zur Gewohnheit.

Wenn Sie Ihr Kind regelmäßig abhalten, können Sie es theoretisch immer ohne Windel oder nur mit einer Art Sicherheitswindel lassen (Mokomidi oder Ähnlichem). Sie können es aber auch in eine normale Stoff- oder Wegwerfwindel wickeln oder windelfreie mit Windelzeiten kombinieren.

Manche Familien entscheiden sich zum Beispiel, vor allem die leicht berechenbaren, großen Geschäfte nach dem Schlafen und Essen abzuhalten und die meisten kleineren zwischendurch der Windel zu überlassen. Sie werden feststellen, dass Ihr Kind nachmittags weniger häufig macht als vormittags. Es ist also auch möglich, vormittags eine Windel zu benutzen und das Baby am Nachmittag ohne Windel zu lassen und häufiger abzuhalten. An warmen Tagen werden Sie eher die Windel weglassen wollen als an kalten Tagen.

Es ist vor allem bei jungen Säuglingen quasi unmöglich, bei jedem Geschäft zur Stelle zu sein. Bei älteren Kindern stören Sie mit häufigem Abhalten womöglich das Krabbeln und Spielen. Passen Sie das Konzept immer wieder an die aktuelle Situation an. Wägen Sie ab: Wäre eine nasse Hose jetzt ein Problem? Muss die Babyhaut mal wieder atmen? Und nicht zuletzt: Bin ich gerade entspannt genug oder will ich mich lieber auf eine Windel verlassen?

Die zehn wichtigsten Windelfrei-Tipps

1. Entspannt bleiben: Nicht Vollzeit-Windelfrei ist das Ziel, sondern eine gesunde Kommunikation mit Ihrem Baby.
2. Mäßig, aber regelmäßig windelfrei: kein Stress, lieber weniger, aber feste Zeiten.
3. Pfütze? Lächeln, wischen und waschen.
4. Investieren Sie Geld (oder Arbeit) in das richtige Equipment.
5. Wenn es mal nicht klappt, machen Sie eine Pause.
6. Entfernen Sie, wo möglich, Teppiche.
7. Wenn Sie sich plötzlich fragen: »Sollte ich ihn/sie mal wieder abhalten?«, spricht meistens Ihre Intuition – die Antwort lautet daher immer: »Ja.«
8. Suchen Sie Kontakt zu anderen Eltern (zum Beispiel über soziale Medien oder lokale Gruppen).
9. Haben Sie für ältere Babys im Bad immer ein Bilderbuch griffbereit – auch kleine Menschen schätzen WC-Lektüre.
10. Kleben Sie ein Bild innen in den WC-Deckel und erzählen Sie Ihrem Baby eine Geschichte dazu – oder spielen Sie Zielpinkeln mit einem Stück Klopapier.

Abhalten mit Windel

Auch wenn Sie nicht auf Wegwerfwindeln verzichten möchten, können Sie Ihr Baby zwischendurch abhalten. Ziehen Sie Ihrem Kind die Hose aus und bringen Sie es in Hockposition. Dann ziehen Sie mit einem Zeigefinger die Windel im Schritt vorsichtig zur Seite und machen erst das Signalgeräusch (wie beschrieben), wenn das Kind sich frei entleeren kann. Ist es fertig, ziehen Sie die Windel wieder an Ort und Stelle. Am besten funktioniert das mit Windeln, die nicht zu knapp sitzen und sich noch nicht vollgesaugt haben. Oder Sie öffnen die Windel an einer Seite und klappen sie nach hinten.

Gelassenheit

Je entspannter Eltern mit Windelfrei umgehen, desto besser ist das Resultat. Auch Babys sind »Geschöpfe der Gewohnheit«, und es ist gut, wenn Ihr Baby sich auf eine gewisse Regelmäßigkeit beim Abhalten verlassen kann. Dennoch gilt das Wort von *TopfFit*-Autorin Laurie Boucke: »Ein entspannter Fluss ist entscheidend. Du kannst nicht von dir erwarten, für jedes Pipi zur Stelle zu sein.« Auch andere Eltern verpassen jede Menge Geschäfte. Es fällt nur in vielen Gesellschaften weniger ins Gewicht. Der ohnehin geruchlose Babyurin auf dem Fußboden ist kein »Unfall«, sondern etwas, was eben passiert. Man lacht, wischt und macht weiter – eine kleine Übung in Gelassenheit.

Falsche Erwartungen

Windelfrei-Kinder geben immer Signale

Viele Windelfrei-Kinder geben deutliche Zeichen, wenn sie mal müssen. Aber von Kind zu Kind ändert sich das im Laufe der ersten 24 Monate immer wieder. Wenn andere Dinge wichtiger sind, machen sie auch mal still und leise in Hose oder ins Back-up. Es ist daher völlig normal, dass Eltern selten – oder sogar nie – Zeichen sehen. Dann machen Sie einfach mit Timing weiter.

Hätten Sie's gewusst?

- Die erste Einmalwindel aus Papier stammt aus den Fünfzigerjahren.
- Die erste »Pampers« kam 1961 auf den amerikanischen Markt, ihre Einführung auf dem deutschen Markt war über zehn Jahre später: 1973.
- Ein Baby braucht im Durchschnitt bis zum Sauberwerden 5000 Wegwerfwindeln.
- Die Anzahl Wegwerfwindeln, die in Deutschland täglich in den Müll wandern, beträgt etwa 8,5 Millionen.
- Allein der Jahrgang der 2019 geborenen Babys erzeugt etwa das Gewicht von 3800 Blauwalen in Windelmüll.
- Der jährliche Umsatz mit Wegwerfwindeln in den USA beträgt 3 Milliarden US-Dollar.
- Ein Baby produziert beim Vollzeitwickeln bis zum Sauberwerden etwa 1,5 Tonnen Windelmüll.
- Eine Wegwerfwindel braucht 500 Jahre, um zu verrotten.
- Alle bis heute hergestellten und nicht verbrannten Windeln sind noch auf unserem Planeten!

Windelfrei-Kinder sind früher sauber

Fakt ist: Viele Windelfrei-Kinder sind früher sauber.[88] Weltweit sind sie durchschnittlich mit etwa achtzehn Monaten tags und nachts »mit Hilfe trocken«, Darmkontrolle haben sie im Durchschnitt mit fünfzehn Monaten. Es ist jedoch gar nicht das Ziel von Windelfrei, dass die Babys früher trocken sind, sondern dass sie ihr Körpergefühl behalten. Die Werte sind auch nur Durchschnittswerte. Die Praxis zeigt, dass viele Babys schon mit weniger als acht Monaten ihren Stuhlgang zuverlässig ins Töpfchen machen, dass manche Windelfrei-Kinder aber trotzdem erst mit 24 Monaten oder später selbstständig komplett trocken sind.

Alle werden mich für verrückt halten

Viele kinderärztliche, pädagogische und andere Fachleute stehen Windelfrei immer noch skeptisch gegenüber. Das beruht oft darauf, dass sie es für ein neuartiges Sauberkeitstraining halten oder denken, dass Eltern den ganzen Tag nichts tun, außer auf die Ausscheidungen zu achten. Aber fragen Sie mal Ihre Großmutter – sie wird wahrscheinlich viel weniger erstaunt sein.

Windelfrei in acht Phasen

Der Windelfrei-Beginn ist ideal in den Phasen 1 bis 3. Spätstarter können in Phase 5 anfangen.

Erste Phase: Geburt und Wochenbett

- *Häufigkeit:* etwa alle 10 bis 20 Minuten
- *Empfehlung:*
  - Mekonium (erster Stuhl des Neugeborenen, auch »Kindspech« genannt) auffangen (wenn möglich)
  - Stillen/Füttern über Auffangbehältnis
  - Abhalten nach dem Schlafen (besonders nach Aufwachen in der Trage)
  - Signale beachten
- *Schutz:* Stoffwindeln, Back-ups ohne Überhose

Zweite Phase: circa 8 bis 12 Wochen

- *Häufigkeit:* etwa alle 10 bis 20 Minuten
- *Empfehlung:*
  - Idealer Anfangszeitpunkt für Windelfrei und Windelfrei nachts
  - Wenn möglich, Windelfrei-Kurs besuchen
  - Abhalten nach Schlafen, Stillen/Füttern und Spielen
  - Timing und Signale
- *Schutz:* Stoffwindelsystem, Bio-Windeln

Dritte Phase: Monat 3 bis 4

- *Häufigkeit:* etwa alle 30 bis 60 Minuten, Rhythmus: vormittags häufiger, nachmittags seltener
- *Empfehlung:*
  - Abhalten nach Timing, Signalen, Intuition
  - Austausch mit anderen Windelfrei-Eltern finden (Treffen, Online, Camps)
  - Spielzeug/Bilderbücher an der Toilette griffbereit halten
- *Schutz:* Stoffwindelsystem, Bio-Windeln

Vierte Phase: Monat 4 bis 7

- *Häufigkeit:* etwa alle 30 bis 90 Minuten, Rhythmus: vormittags häufiger, nachmittags seltener
- *Achtung:* Das Baby wird mobil! Windelfrei-Pause einplanen! Signale können verschwinden!
- *Empfehlung:*
  - Abhalten nach Timing und Intuition
  - Entspannt bleiben
  - Wickeln, wischen, waschen, lächeln
  - Gefäße ausprobieren/anbieten
  - Windelfrei-Anfang wird schwieriger, Timing versuchen
- *Schutz:* Stoffwindelsystem, Bio-Windeln, nach dem Abhalten ohne Sicherheits»netz« beziehungsweise Back-ups (zum Beispiel Splitpants nutzen)

Fünfte Phase: Monat 6 bis 12

- *Häufigkeit:* individuell
- *Empfehlung:*
  - Zweiter möglicher Anfangszeitpunkt
  - Baby wird weiter mobil: Streiks ernst nehmen, pausieren
  - Ab hier gut möglich: Babyzeichen
  - Windelfrei nachts nur, wenn stressfrei möglich
- *Schutz:* Stoffwindelsystem, Bio-Windeln, Splitpants, Trainerhosen

Sechste Phase: Monat 12 bis 18

- *Häufigkeit:* individuell
- *Empfehlung:*
  - Baby lernt laufen und die Welt entdecken: unten ohne und wischen/draußen sein oder wickeln, Streiks akzeptieren, pausieren, immer wieder anbieten, Abwechslung bieten, *im Gespräch bleiben!*
  - An- und ausziehen / abwischen / abziehen, erklären und üben
- *Schutz:* Stoffwindelsystem, Bio-Windeln, Splitpants, Trainerhosen

Siebte Phase: Monat 18 bis 21

- *Häufigkeit:* individuell, bis zu etwa 4 Stunden trocken
- *Empfehlung:*
  - Baby lernt, zu sprechen und mit der eigenen Meinung zu experimentieren: verbale Kommunikation: »Musst du mal?« – Jede Antwort akzeptieren, auch wenn es immer »Nein« ist
  - Alternativ Orientierung geben: »Wir gehen jetzt mal Pipi machen« statt einer Frage
  - Toilettensitz anbieten
  - Unten ohne und wischen/draußen sein oder wickeln
  - Streiks akzeptieren, pausieren
  - Wickelstreiks akzeptieren
  - Wechselhosen einpacken
  - Sachlich bleiben
- *Schutz:* Stoffwindelsystem, Bio-Windeln, Splitpants, Trainerhosen, Zeiten ohne Sicherheits»netz« ausdehnen

Achte Phase: Monat 21 bis 26

Das Kind ist sauber.

Jedes Kind ist anders

Manche Kinder machen jeden Tag ein großes Geschäft. Manche nur einmal pro Woche. Manche lassen sich von Anfang an gern abhalten. Manche langweilen sich schnell. Bei manchem Eltern-Kind-Team klappt »Windelfrei mit Windel« besser. Bei anderen macht das Kind sang- und klanglos in die Windel, sobald es eine anhat, meldet sich aber zuverlässig, wenn es nur eine Hose trägt. Bei vielen Eltern klappt es unterwegs besser als zu Hause, weil sie im Tragetuch einen guten Kontakt zu ihrem Kind haben und nicht durch Hausarbeit, Telefon oder Türklingel abgelenkt sind. Bei anderen klappt es daheim besser, weil sie dort entspannter sind. Manche Kinder machen während der Entwicklungssprünge kurze Windelfrei-Pausen, andere lassen sich nicht mehr abhalten, bis sie mit 21 Monaten trocken sind. Betrachten Sie Windelfrei daher als einen Prozess wie laufen und sprechen lernen: Alle lernen es irgendwann, jedes Kind hat seinen eigenen Weg.

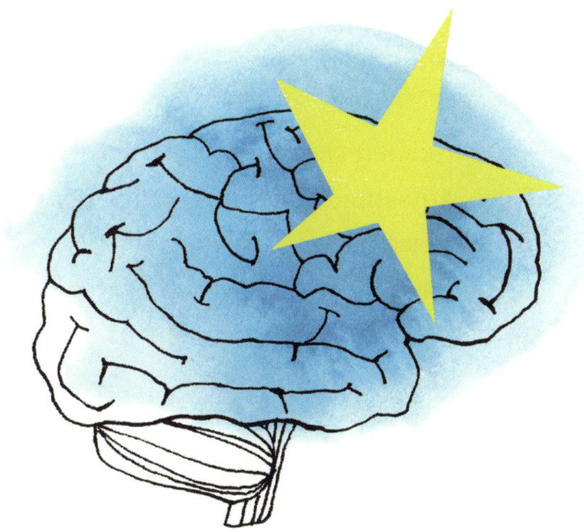

Darf man das? Das sagt die Wissenschaft

Das hier [in Vietnam] beschriebene Vorgehen wird erreicht durch eine fortlaufende Kommunikation zwischen Eltern und Kind.

THI HOA DUONG

Viele Kinderärzte und -ärztinnen verstehen Windelfrei nicht. Sie lernen: »Babys haben vor 24 Monaten keine Schließmuskelkontrolle.« Und: »Das kindliche Nervensystem ist erst zwischen dem 18. und 24. Lebensmonat so weit entwickelt, Harndrang wahrzunehmen.«[89] Viele haben nie ein Baby gesehen, das abgehalten wird. Doch die Wissenschaft weiß schon lange um Windelfrei:

- **1977:** De Vries und de Vries[90] stellen – überrascht – fest, dass Kinder vom Volk der Digo in Westafrika Tag-und-Nacht-Trockenheit mit fünf oder sechs Monaten erreichen. Sie sagen erstmals deutlich, dass nicht der Körper bestimmt, wann ein Kind sauber sein kann, sondern die Kultur.
- **1977:** Largo und Stutzle[91] schreiben, dass es »normal« ist, wenn erst das große, dann das kleine Geschäft ins Töpfchen geht (so ist es auch bei Windelfrei).
- **1985:** Smeets et al.[92] stellen fest, dass es keine negativen Nebeneffekte gibt, wenn auf die Ausscheidungssignale von Babys reagiert wird. Sie sind nur einfach früher trocken.
- **1995:** Yeung[93] zeigt, dass Babys nicht im Tiefschlaf urinieren! Vielmehr geht ein Nervenreiz von der Blase ans Gehirn. Die Kinder kommen in einen leichteren Schlaf und entleeren sich erst dann (daher funktioniert Windelfrei auch nachts).
- **2000:** Gladh[94] drückt Neugeborenen auf ihre volle Blase und stellt fest, dass sich auch die winzig kleinen Neugeborenenblasen nicht manuell entleeren lassen. Der Schließmuskel ist also von Anfang an aktiv!

- **2008:** Rugolotto[95] befragt Eltern, und sie erzählen, ja, 90 Prozent der Kinder signalisieren, wenn sie mal müssen. Wenn Kinder abgehalten werden, haben sie weniger Verstopfung und sind relativ früh trocken. Nebenwirkungen – keine.
- **2012:** Duong, Jansson und Hellström[96] beobachten und befragen 47 vietnamesische Eltern mit ihren Babys zum traditionellen vietnamesischen Töpfchentraining ab der Geburt. Sie stellen fest: Wenn Babys auf ihre Signale hin von Geburt an abgehalten werden, sind die Kinder mit neun Monaten »topffit« und meist mit 24 Monaten tags und nachts sauber (siehe auch unsere Übersicht »Windelfrei in acht Phasen«).
- **2012:** Cole[97] beobachtet Kinder beim Gehen mit und ohne Windeln und resümiert: »Geht nackt!« Kinder laufen mit Windeln schlechter und fallen häufiger. Wir sind nicht zum Windeltragen geschaffen.

Gastbeitrag: Windelfrei – die Balance halten!

VON LAURIE BOUCKE, AUTORIN DES BUCHES TOPFFIT

Achten Sie darauf, dass Sie nicht zu besessen werden mit dem Windelfrei. Erhalten Sie sich eine gesunde Balance bei all Ihrem Tun. Wenn es darum geht, Windeln einzusparen oder wegzulassen, seien Sie nicht so perfektionistisch, dass Sie Ihre Familie aus den Augen verlieren oder wichtige Aufgaben liegen lassen. Es ist besser für Ihr Baby, eine Windel zu benutzen oder mal eine nasse Hose zu haben, als mit einem verspannten und erschöpften Elternteil zusammen zu sein, der sich wegen Windelfrei-Perfektion verrückt macht. Vermeiden Sie auch Deadlines oder Zielmarken, denn Ihr Kind entwickelt sich in seinem individuellen Tempo und braucht einfach nur freundliche Unterstützung. Eltern, die zu hart mit sich sind, brennen aus und geben auf.

Sollten Sie an dem Punkt angelangt sein, dass Sie kaum noch etwas anderes tun als abhalten, dann übertreiben Sie es. Wenn Sie feststellen, dass Sie ständig nach Signalen schauen oder jede kleine Bewegung oder Äußerung als Zeichen interpretieren, dann übertreiben Sie es. Auch wer ständig darüber sinniert, wann das Kind wohl endlich trocken ist, verpasst all die magischen Momente.

Fühlen Sie sich niemals unter dem Druck, etwas leisten zu müssen! Das heißt auch: Sie haben es nicht eilig. Wenn es gerade nicht möglich ist, das Baby freundlich und friedlich abzuhalten, dann machen Sie eine Pause und wickeln Sie eine Weile.

Bleiben Sie einfach dran! Es ist okay, langsam anzufangen und sich Schritt für Schritt zu steigern. Und denken Sie daran: Windeln wechseln, Baby, Bettzeug und Kleidung sauber machen, all das kostet auch Zeit.

Jeder von uns hat mal einen schlechten Tag. Der Unterschied zwischen einem guten Tag und einem schlechten Tag ist oft nicht so sehr, *was* passiert, sondern *unsere Haltung* gegenüber dem, was geschieht, ob wir darüber lachen können. Babys fühlen, wenn wir verärgert sind. Wenn Windelfrei plötzlich gar nicht mehr funktioniert, dann seien Sie nicht verstört. Es braucht viele Monate, viele Missgeschicke, Umarmungen und Lachanfälle, bis es klappt.

Am wichtigsten: Haben Sie Spaß mit Ihrem Baby. Egal, ob Sie ab Geburt, im ersten halben Jahr oder erst mit über einem Jahr starten, ob Sie Vollzeit- oder Teilzeit-Windelfrei machen, Windelfrei kann sich wunderbar in alle anderen Aspekte artgerechten Babylebens einfügen. Aber denken Sie immer daran: Es soll Spaß machen!

FAQ

Trägt das Kind wirklich nie Windeln?

Doch, es trägt manchmal sogar ganz oft eine Windel – und manchmal eben gar nicht. Wie es gerade passt, wie es gerade mit dem Abhalten klappt, in welcher Phase es gerade ist. Es geht keineswegs ums »Nicht-Windeln-Benutzen«, sondern darum, mit dem Kind zu kommunizieren, das Abhalten zu lernen und dadurch die Wahl zu haben – Windel oder nicht.

Wie fängt man an?

Man bietet dem Kind Gelegenheiten an, sich außerhalb der Windel zu erleichtern. Die meisten Eltern erzählen, dass ihre Kinder immer dann pieseln, wenn sie »gerade die Windel abgemacht haben« – das ist die ideale Gelegenheit, das Kind einfach mal beim Wickeln abzuhalten. Dies

- verhindert, dass man vom Pieschern überrascht wird,
- lässt die Windel länger trocken bleiben und
- ist der beste Moment, um dem Kind zu zeigen: »Guck mal, ich helfe dir dabei!«

Es gibt ein paar Standardsituationen, die man Babys auch sonst einfach mal anbieten kann:

- nach dem Aufwachen,
- bis circa vier Monate: beim Stillen/Füttern,
- ab circa vier Monate: nach dem Stillen/Füttern,
- beim Stillen, wenn sie plötzlich heftig an- und abdocken, quengeln oder zappeln,
- wenn sie sich nachts auch kurz nach dem Stillen/Füttern noch unruhig hin- und herwälzen,
- bei älteren Babys: morgens nach dem Aufwachen, nach dem Essen, nach dem Mittagsschlaf.

Wenn sie merken, dass sie regelmäßig und auch auf ihr Signalisieren hin abgehalten werden, melden sich die Kinder mit immer klareren Zeichen, dass sie jetzt mal müssen.

Wann fängt man an?

Es gibt unterschiedliche Anfangszeiten. In manchen Kulturen beginnen die Familien von der Geburt an, in anderen erst mit zwei oder sechs Monaten. Man kann also anfangen, wenn es sich richtig anfühlt – es gibt kein »Zu früh« oder »Zu spät«. Allerdings eignen sich die ersten vier Monate sehr gut, da die Kinder hier sehr deutlich signalisieren, wenn sie müssen.

Wie oft muss man wischen, weil etwas danebengeht?

Eigentlich selten – denn das Kind hat ja meistens etwas an. Auch windelfreie Kinder tragen Kleidung und meistens auch noch so etwas wie ein »Back-up«, also eine gefaltete Stoffwindel in der Unterhose oder eine Mokomidi, etwas, was verhindert, dass ein verpasstes Pipi gleich alles einnässt.

Im Winter, wenn man drei bis vier Stunden mit dem Kinderwagen spazieren geht und das Kind sich vollmacht – was tut man dann? Siehe oben – die Kinder tragen draußen Back-ups, sodass trotz Windelfrei nicht gleich alles nass ist.

Sind die Nächte dadurch nicht sogar unruhiger?

Erstaunlicherweise berichten viele Eltern, dass die Kinder ruhiger schlafen, wenn sie zwischendurch abgehalten werden.

Ist es irgendwann zu spät?

Nein, man kann auch einem Kind mit zwölf, vierzehn oder siebzehn Monaten einfach mal Gelegenheiten bieten.

Führt das nicht zu einer unnatürlichen Konzentration auf die Ausscheidungen, einer Art Fixierung?

Nein, denn in der frühen Phase mit dem Säugling ist man ja ohnehin mit der Frage »Muss es trinken? Schlafen? Kuscheln?« beschäftigt und fügt dem lediglich ein »Muss es mal?« hinzu. Und wie das Stillen oder Füttern wird das Abhalten irgendwann zur zweiten Natur, zur Gewohnheit, man macht es einfach, kennt die Signale oder später die Zeiten oder hat einfach ein Gefühl dafür, wann das Kind mal muss. Der Betreuer beziehungsweise die Betreuerin muss gar nicht mehr darüber nachdenken.

Schadet das dem Baby?

Nein, grundsätzlich nicht, denn es ist kein Sauberkeitstraining. Wichtig ist, dass man weder das Kind noch sich selbst unter Druck setzt. Keine Strafen, keine Belohnungen. Eltern jagen weder Erfolgserlebnissen, trockenen Windeln noch Rekorden nach. Das Ziel ist nicht, dass die Kinder früher sauber sind (auch wenn das ein häufiger Nebeneffekt ist).

Kann es schiefgehen?

Ja, wie alles, was man macht, kann Windelfrei auch »schiefgehen«. Schlafen, Essen, Windelfrei – diese drei Aspekte sind Sensoren für jede Art familiärer Belastung. Auch zu ehrgeizige Eltern führen häufig zum totalen Streik des Kindes. Daher gilt: Das Kind weiß, was gut ist. Wenn es sich beim Abhalten wehrt, weint oder durchstreckt, ist dies ein Stoppsignal. Man kann das Abhalten weiterhin immer mal wieder anbieten. Aber sollte das Kind sich über Wochen oder gar Monate hinweg stets weigern, sind Windeln schlicht die bessere Alternative. Also Schritt zurück, vollzeitwickeln, entspannen, später wieder anfangen.

PRIMÄRE BINDUNGEN
Papa
Mama
Schwester
Bruder
SEKUNDÄRE BINDUNGEN
Nachbarn
Opa
Oma
WEITERE BINDUNGEN
Patenonkel
Tagesmutter
Babysitter

Artgerechte Betreuung

Der beste Beweis der Liebe
ist Vertrauen.

JOYCE BROTHERS

Ist es artgerecht, sein Kind in Betreuung zu geben? Was ist artgerechte Betreuung? Wenn wir bei unseren nächsten Verwandten schauen, sehen wir: Schimpansenmütter umsorgen ihre Kinder weitgehend allein, sie tragen und säugen ihr Baby, schlafen mit ihm im Nest, niemand anders darf an das Kleine heran. Bei den Languren hingegen, einer asiatischen Primatenart, müssen sich die Mamas schon anstrengen, wenn sie ihr Baby sehen wollen, weil die jungen Weibchen sich bereits gleich nach der Geburt mit dem Neuankömmling davonmachen. Die Mutter bleibt zwar die wichtigste Bindungsperson, aber das Baby verbringt nur etwa die Hälfte des Tages bei ihr.

Was gilt nun für Menschen? Schaut man auf Jäger-und-Sammler-Kulturen, stellen wir fest: Eine !Kung-Frau bei den Buschleuten in Namibia zum Beispiel trägt ihr Kind in erster Linie allein, stillt es oft, nimmt es mit auf ihre Sammeltouren, schläft bei ihm und reicht es dann abends am Lagerfeuer herum – es ist etwa drei Viertel der Zeit dicht bei Mama. Bei den Efe-Pygmäen im Kongo hingegen wird das Kind mit mehreren Hebammen geboren, es wird von anderen Frauen versorgt und auch gestillt und ist nur etwa die Hälfte des Tages bei Mama.

Sicher kann man sagen: Dass eine Mutter ihr Baby allein betreut, ist bei einer kooperativ aufziehenden Art wie der unsrigen nicht sinnvoll. Eltern, die den ganzen Tag mit ihren Babys allein sind – ohne andere Verwandte oder Freunde –, befinden sich in einer Ausnahmesituation, auch wenn dies bei uns die Regel ist. Wir merken das daran, dass den meisten Menschen in Elternzeit sehr bald die »Decke auf den Kopf« fällt. Das gilt auch, wenn Eltern als Paar viel zusammen sind. Die Kleinfamilie ist ebenfalls kein artgerechtes Setting, sie schafft eine Belastungssituation, und je nach Temperament des Babys auch eine Überlastungssituation.

Der Unterschied der Betreuung in den vergangenen 100 000 Jahren zu heute ist vor allem, dass es in der Menschheitsgeschichte keine »Fremdbetreuung« gab, also Betreuung durch Personen, die das Kind vorher nicht kannte. Denn es war ja mit allen Menschen der urzeitlichen Gruppe von Geburt an vertraut, es hatte eine mehr oder weniger feste Bindung zu ihnen.

Das Bild von der primären Mutter-Kind-Bindung, in die niemand hineinkommt, ist überholt. Heute wissen wir: Babys und Kleinkinder können sich auch gut anderen Menschen anvertrauen, wenn sie sie gut kennen. »Wichtig sind Zuverlässigkeit und Kontinuität bei liebevoller Pflege«[98], heißt es in dem Buch *Mein Kind in guten Händen*. Und Julia Dibbern schreibt: »Menschen sind enorm anpassungsfähig. Es gibt nicht nur ein Modell, das für uns passt.«[99]

Ein Muster, das wir bei allen Jäger-und-Sammler-Völkern finden, ist: Wir haben immer in der Gruppe gelebt. Und immer – auf die eine oder andere Weise – in der Gruppe unsere Kinder betreut. »Artgerecht« für Eltern und Kinder ist das Leben, das Aufwachsen in einem Clan. Sarah Blaffer Hrdy nennt uns wie gesagt eine »kooperativ aufziehende Art«[100].

Das Dorf, der Clan, die Gruppe aber erfüllen bestimmte Kriterien, wenn es um Betreuung geht, und diese sind klar umrissen:

- Eine bestimmte Person kümmert sich in besonderem Maße um ein Kind.
- Diese Person tut gegebenenfalls etwas nebenher, hat aber nicht mehrere Kinder gleichzeitig.
- Menschen des Clans haben weitreichende soziale Beziehungen zueinander, die nicht auf die reine Kinderbetreuung beschränkt sind.
- Die Beziehungen sind über viele Jahre gewachsen und dauerhaft.
- Die Beziehungen beruhen auf Gegenseitigkeit.[101]

Meistens kommt hinzu, dass die Kinder immer in gemischtaltrigen Gruppen waren. Auch die Betreuungspersonen im artgerechten Setting sind unterschiedlichen Alters: vom babyverliebten Sechsjährigen über die verantwortungsbewusste Dreizehnjährige bis hin zu Oma und Opa.

Wahrscheinlich war Mama vor allem bei den Kleinsten nie allzu weit weg, weil sie ja die Milch »dabeihatte«. Das Baby ohne Mama zu lassen war nur möglich, wenn jemand da war, der es auch stillen konnte. Unsere modernen Babys sind ebenfalls durchaus bereit, an der Brust der besten Freundin zu trinken oder sich füttern zu lassen, wenn sie Hunger haben. Ist die Stillbeziehung sicher etabliert, kann jemand dem Kind auch die Flasche mit abgepumpter Muttermilch geben – sozusagen eine moderne Ammenbeziehung pflegen. Einige Babys machen das wunderbar mit und wechseln problemlos von Mamas Brust zur Flasche. Andere Babys wenden sich jedoch empört von der Flasche ab und verlangen lautstark das Original – hier kann man nur ausprobieren, was funktioniert.

Was ich gern vorher gewusst hätte …

GROBIS HEAVEN Dass man ruhig eifersüchtig auf den Opa sein kann, bei dem der Kleine im Arm direkt einschläft.

Betreuung unter drei macht verhaltensgestört
Weinen beim Abgeben ist normal
Kinderbetreuung gehört in Profihände
Zu Hause lernt es keine Sozialkompetenz

Ammenmärchen

Frühkindliche Bildung gibt's nur in der KiTa
Das Kind wird nie selbstständig
Das wird ein Mamasöhnchen

So geht's: Wie Betreuung zum Gewinn wird

Betreuung bei Tageseltern

Eine Tagesmutter oder ein Tagesvater ist nach der Familie die nächste bindungsorientierte Lösung für die Kinderbetreuung. Dabei ist es wichtig, dass die Eltern die Betreuungsperson mögen und ihr vertrauen und natürlich auch das Kind einen »guten Draht« zu ihr hat. Manche Eltern arbeiten sogar als Tageseltern und behalten zusätzlich zu ihren Tageskindern ihr eigenes Kind zu Hause, so kombinieren sie Geldverdienen und Kinderzeit.

Wenn es möglich ist, eine Tagespflege zu finden, die nicht alle fünf Plätze vergeben hat, sondern nur drei oder vier, ist das immer vorzuziehen, weil es sowohl für die Kinder als auch die Betreuungsperson weniger Stress bedeutet.

Betreuung in der Krippe

Die Krippensituation, in der viele unserer unter Dreijährigen betreut werden, weicht von dem artgerechten Idealbild oft stark ab. Wir haben hier

- fast gleichaltrige Kinder in großen Gruppen,
- wenige Betreuungspersonen, die gleichzeitig mehrere Kinder versorgen,
- Bezugspersonen, die nicht zum sozialen Netzwerk der Eltern zählen und nur in der Betreuungssituation mit dem Kind zu tun haben,
- Wechsel der Bezugspersonen, häufig ohne Übergang (bei Krankheit oder Urlaub zum Beispiel).

Menschenkinder sind erstaunlich anpassungsfähig und robust. Sie können auch in einer so wenig artgerechten Umgebung zurechtkommen. Dabei müssen wir ihnen aber helfen. Sie brauchen

- eine feste Bindung an eine zuverlässig verfügbare Bezugsperson,
- feinfühlige Erziehende, die für unter Dreijährige ausgebildet sind,

- bei der Eingewöhnung die wichtigste Bezugsperson in Reichweite, bis sich die zweite Bindung etabliert hat,
- ihr eigenes Tempo für die Eingewöhnung,
- eine an das Kind angepasste Dauer der Betreuung, besonders wenn die Kindergruppe groß ist,
- einen »echten« Betreuungsschlüssel, der nicht durch Praktikanten oder Aushilfen »aufgefüllt« wird.

Den optimalen Betreuungsschlüssel legt die Deutsche Liga für das Kind (DLFK) nach dem Alter der Kinder und der Art der Gruppe fest (Verhältnis jeweils pädagogisches Fachpersonal zu Kindern)[102]:

- Kinder im ersten Lebensjahr: 1 zu 2.
- Kinder im Alter von ein bis zwei Jahren: 1 zu 3.
- Kinder im Alter von zwei bis drei Jahren: 1 zu 5.

Das heißt zum Beispiel: Eine Tagespflegekraft mit voll besetzten fünf Tageskinderplätzen sollte kein Kind unter zwei Jahren betreuen oder entsprechend weniger Plätze besetzen. Die Gruppengröße in Krippen macht die DLFK ebenfalls vom Alter der Kinder abhängig. Bei altershomogenen Gruppen:

- Unter zwei Jahren: 6 Kinder pro Gruppe.
- Zwischen zwei und drei Jahren: 8 Kinder pro Gruppe.

Altersgemischte Gruppen:

- 15 Kinder pro Gruppe (darunter nicht mehr als 5 Kinder unter drei Jahren).
- 10 Kinder pro Gruppe (wenn Kinder unter einem Jahr dabei sind).

Betreuung: Kinder nicht schreien lassen

Einen Säugling schreien zu lassen ist niemals eine Option. Es wäre für unsere Vorfahren ein sehr ineffektives, gefährliches Verhalten gewesen: Das Baby verliert viel Energie, es macht Fressfeinde auf seine Anwesenheit aufmerksam, und die Betreuungsperson muss viel Energie (sprich Kalorien) investieren, um das Kind wieder zu beruhigen. Zur Erinnerung: !Kung-Mütter der Barr-Studie reagierten in 92 Prozent der Fälle innerhalb von 15 Sekunden auf ein weinendes Baby.[103]

Heute wissen wir außerdem, dass das Kontaktweinen unserer Kinder biologisch sinnvoll ist, da sie als hilflose kleine Wesen auf unsere Anwesenheit angewiesen sind. Ein Baby schreien zu lassen hat weitreichende Folgen: Im Gehirn- und Hormonsystem finden im Zustand des Stresses Umbauten statt, die das Kind auf Gefahr konditionieren. Es wird entweder ein leicht erregbares, unruhiges Kind, das schnell mit Angst reagiert. Oder es fällt in einen Zustand »erlernter Hilflosigkeit« und wird auffallend ruhig. Man hört dann oft von Eltern, das Kind hätte »gelernt«, dass Schreien keinen Sinn habe. Genau das wirkt sich ein Leben lang aus, die Kinder haben ein reduziertes Selbstwirksamkeitsempfinden. Im schlimmsten Fall finden Umbauten im Gehirn statt, die es später dem Erwachsenen erschweren, Beziehungen zu führen und Freundschaften zu halten, weil die Person sich nur schwer in andere hineinversetzen kann. Kurz: Die Narben bleiben ein Leben lang.

Die Feinfühligkeit, mit der Eltern ihre Kinder behandeln (zum Beispiel wie schnell sie aufs Weinen reagieren), ist eng mit der intellektuellen Entwicklung der Kinder verknüpft und der beste Indikator für spätere gute Schulleistungen. Linda Folden Palmer fasst in ihrem Buch *Baby Matters* zusammen: »Es ist eine lineare Beziehung: Die mit dem höchsten Cortisol [Stresshormonen] erreichen die niedrigsten Werte in Tests für mentale oder motorische Entwicklung.«[104]

Aus *artgerecht*-Sicht gilt hier daher einmal mehr: Wer schreit, hat recht. Unser Job als Eltern ist es, sofort feinfühlig und angemessen zu reagieren.

Alles neu: Betreuung, so wie ich sie will

Die artgerechteste Betreuung eines Kindes unter drei erfolgt durch enge Bezugspersonen, die das Kind am besten von klein auf kennt. Verwandte (Papa, Großeltern, große Geschwister, neue Lebenspartner, Tanten und so weiter) oder enge Freunde der Familie stehen daher natürlich ganz oben auf der Liste. Wer seinen Betreuungsbedarf so nicht abdecken kann, hat allerdings noch weitere Betreuungsmöglichkeiten als die bisher erwähnten. Eine Eins-zu-eins-Betreuung ermöglicht eine Kinderfrau oder ein Au-pair oder einfach ein Mensch, der gern stundenweise mit dem Baby zusammen ist (Studierende, »Leih-Oma«, »Nachbar für alle Fälle«). Dies ist oft auch die flexibelste Lösung, weil das Kind in seiner gewohnten Umgebung zu Hause bleiben oder bei Bedarf (etwa zum Stillen, Beruhigen oder Auftanken) zu seinen Eltern gebracht werden kann.

Auch »Rockzipfel« beziehungsweise »Co-Working« ist eine Möglichkeit, bei der der betreuende Elternteil und das Kind beisammenbleiben können: Mehrere Eltern teilen sich ein Büro und haben jeweils ihre Kinder dabei. Manche Modelle kommen ohne weitere Betreuungsperson aus – besonders wenn die Babys noch sehr klein sind –, andere wechseln sich bei der Betreuung ab oder haben jemanden, der mit den Kindern im Büro spielt, solange die Eltern arbeiten. Der Vorteil: Es ist keine Eingewöhnung nötig, da die Eltern immer verfügbar sind, und nach einiger Zeit geht das Zweijährige vielleicht ganz allein mit der Betreuungsperson nach draußen, weil das einfach spannender ist, als ewig im langweiligen Büro zu sein.

Eine weitere Möglichkeit sind Elternteams: Mehrere Väter oder Mütter tun sich zusammen und verbringen die Vormittage mit Baby miteinander. Dabei gewöhnen sich die Kinder an die anderen Erwachsenen, alle haben Austausch und Gesellschaft, und nach einiger Zeit kann immer jemand aus dem Team anderen Aufgaben nachgehen.

Elternteams

So geht's: Gleichgesinnte für Elternteams findet man auf offenen *artgerecht*-Treffen, aber auch in Krabbelgruppen, Pikler-Gruppen (Krabbelgruppen nach dem Vorbild der ungarischen Kinderärztin Emmi Pikler, die auf selbstständiges Entdecken der Welt setzen), Stillgruppen, Rückbildungsgruppen oder durch einen Kurs im Geburtshaus. Es lohnt sich zu fragen, wer Interesse an gemeinsamer Kinderbetreuung und regelmäßigen Treffen hat. Man bildet Teams nach geografischer Nähe, möglichst so, dass niemand mehr als fünf bis zehn Gehminuten zu den anderen Teammitgliedern hat. Das ist wichtig, um das »Dorf«-Gefühl auch in der Stadt oder anderen Zusammenhängen zu stärken. Es führt dazu, dass spontane Verabredungen viel häufiger sind und die Eltern sich leichter tun, sich trotz des oft unvorhersehbaren Tagesablaufs im Leben mit einem Säugling zu treffen.

Das Prinzip: Die Teams treffen sich zweimal pro Woche für circa zwei bis vier Stunden, je nachdem, wie lange es für die Babys okay ist. In dieser Zeit kann immer eine Person etwas für sich machen (Mails checken, baden, einkaufen gehen oder Ähnliches), und die anderen passen auf die Kinder auf. Drei bis vier Eltern pro Team haben sich bewährt, denn bei zweien muss immer eine Person auf zwei Kinder aufpassen, was stressig ist. Bei drei Eltern ist man sofort wieder zu zweit, wenn jemand mal nicht kann. Fünf Kinder in einem Raum, das wird für alle Beteiligten schnell zu anstrengend. Daher sind vier Teammitglieder ideal. Dann sind immer zwei oder drei Elternteile für vier Kinder da. Ideal ist natürlich, wenn auch Großeltern oder ein Teenager dafür gewonnen werden können – einfach mal große Nachbarskinder fragen, oft sind sie interessierter, als man glaubt.

Nach vier bis sechs Wochen – je nach Kind – sind die Kinder erfahrungsgemäß so aneinander und an das Elternteam gewöhnt, dass jemand aus dem Team auch mal weggehen kann. Die Eltern berichten, dass die Kinder zwischen den Treffen ebenfalls ausgeglichener sind als vorher. Auch zwischendurch sind Treffen und Austausch häufiger und helfen weiter. Vieles relativiert sich ganz schnell, wenn man im Team darüber spricht. Die Eltern selbst sind entspannter, weil sie nicht die »7-mal-24-Stunden«-Betreuung leisten müssen, sondern wie in einem Dorf oder einer Großfamilie regelmäßig Unterstützung haben – und es macht sehr viel Spaß, zwischendurch mal ein anderes Baby herumzutragen oder dem eigenen dabei zuzusehen, wie es neue Spiele bei anderen Eltern lernt.

Wichtig: Vereinbaren Sie feste Termine und regelmäßige Treffen, sonst zerfällt das Team. Sie brauchen ein gerüttelt Maß an Toleranz, da jeder im Detail doch individuell entscheidet. Außerdem: Die Eltern mögen nicht aufräumen, putzen oder kochen, bevor die anderen kommen, sondern diese Dinge gemeinsam tun, sobald die anderen da sind. Sich helfen zu lassen ist ein wichtiger, sehr wichtiger Teil der Elternteams. Alle helfen gern. Hilfe anzunehmen bedarf bei uns Erwachsenen kulturell bedingt einer gewissen Eingewöhnung.

Betreuung für über Dreijährige

Im Alter von etwa drei Jahren wechselten Kinder in Jäger-und-Sammler-Kulturen in die Kindergruppe, je nach Kultur etwas früher oder später.[105] Sie spielten dort, wurden von älteren Kindern oder Geschwistern versorgt, waren nicht mehr den größten Teil des Tages bei den Eltern und wurden dementsprechend seltener gestillt.

Auch für unsere Kinder ist oft der dritte Geburtstag spätestens der Übergang in den Kindergarten oder eine andere Betreuungseinrichtung. Idealerweise haben sie dort eine gemischtaltrige Gruppe, denn sie mögen ältere Kinder und lernen viel von ihnen. Es gilt weiterhin, dass das Kind eine sanfte Eingewöhnung von etwa vier Wochen in seinem Tempo braucht, feinfühliges Fachpersonal sowie eine seinem Entwicklungsstand und seinen Bedürfnissen angepasste Betreuungszeit (siehe »artgerecht – Das andere Kleinkinderbuch« für Details zu Eingewöhnung und Tipps für die Betreuung).

Falsche Erwartungen

Sicher gebundene Kinder gehen problemlos in die Betreuung

Wenn ein Kind nicht oder nicht gern in die Betreuung geht, sagt das noch nichts darüber aus, was das Kind für eine Bindung hat. Gerade sicher gebundene Kinder tun sich manchmal schwer damit, sich von den Eltern zu lösen. Ob das Kind sich lösen kann, hat viel mit dem Temperament des Kindes, dem Temperament der Eltern, der häuslichen Situation (ist gerade ein Geschwisterkind unterwegs?) und der Betreuung zu tun.

Wenn mein Kind nicht weint, ist alles okay

Manche Kinder gehen still und leise in den Kindergarten, haben aber trotzdem erhöhten Stress. Indizien dafür sind, dass die Kinder keinen oder sehr wenig Kontakt suchen, nicht mitspielen und viel Zeit allein verbringen.

Wenn es gut klappt, klappt es immer

Kinder haben Phasen, in denen sie gern in die Betreuung gehen, und Phasen, in denen sie nicht gern gehen. Es kann sich ändern, wenn zum Beispiel ein Geschwisterkind unterwegs ist, wenn das Kind eine Erkältung bekommt, wenn es schlecht geschlafen hat oder Mama und Papa am Wochenende nicht da waren, sodass es »nachtanken« muss.

Man muss konsequent sein

Auch hier sind Kinder unterschiedlich: Manche Kinder brauchen eine »lange Leine« und gehen entspannter in die Betreuung, wenn sie wissen, dass sie auf ihren Wunsch hin auch mal zu Hause bleiben können. Andere Kinder brauchen eine klare Vorgabe, die nicht jeden Morgen hinterfragt wird. Finden Sie heraus, was für Sie und Ihr Kind funktioniert.

Jedes Kind gewöhnt sich anders ein

Im Rahmen der Wiener Kinderkrippenstudie (WiKi-Studie)[106] wurden die Eingewöhnungsverläufe von 104 Kindern untersucht, die im Alter zwischen ein- und zweieinhalb Jahren mit dem Besuch einer Kinderkrippe oder einer altersgemischten Kindergartengruppe begonnen hatten. Es zeigte sich: Jedes Kind gewöhnt sich anders an die neue Situation und geht mit den Gefühlen von Angst und Traurigkeit bei der Trennung von den Eltern anders um. Manche Kinder brauchen Wochen, um den Abschied zu bewältigen, eine Bindung an die Betreuenden aufzubauen und die Zeit in der Krippe genießen zu können. Andere können sich leicht lösen und spielen schon nach kurzer Zeit zufrieden in der Runde. Wir sollten immer beachten: Oft sieht es nach wenigen Tagen schon so aus, als ginge das Kind problemlos in die Betreuung. Aber gut gelaunt ist das keine Kunst. Wenn es dann einen schlechten Tag hat, ist es nicht ausreichend eingewöhnt und hat niemanden, von dem es sich trösten lässt. Daher sollten wir die Eingewöhnungszeit von vier Wochen immer einhalten, so beugen wir späteren Rückschritten vor.

Wichtig zu wissen ist, dass Kleinkinder auch »still leiden« können. Nicht jedes Kind, das sich verabschiedet, ohne zu weinen, hat seinen Schmerz bewältigt. Hier ist es von großer Bedeutung, dass das Fachpersonal das Verhalten des Kindes über den Tag hinweg beobachten und deuten kann: Fühlt es sich wohl, genießt es die Zeit oder leidet es still, bis es abgeholt wird?

Ebenso wie die Bring- ist auch die Abholsituation sehr individuell: Manches Kind, das morgens nicht in die Krippe wollte, will jetzt nicht nach Hause. Ein anderes rennt seinem Vater in die Arme und freut sich. Ein drittes läuft zu Mama und weint und weint und weint sich seinen Stress von der Seele. Jedem Kind helfen hier Feinfühligkeit und das sichere Wissen, dass unsere Kinder uns niemals ärgern wollen und immer ihr Bestes geben.

Die Liebe zählt! Das sagt die Wissenschaft

Gut bleibt gut: Bezüglich der Betreuung gibt es höchst unterschiedliche Studienergebnisse. Sicher ist, dass Kleinkinder erhöhte Stresswerte haben, wenn sie betreut werden. Eine Längsschnittstudie des amerikanischen National Institute of Child Health and Human Development (NICHD)[107] unter tausend amerikanischen Kindern kam zu dem Ergebnis: Je früher ein Kind in die Einrichtung kam und je mehr Stunden es dort verbrachte, desto größer war das Risiko für Schäden. Es zeigte sich aber auch: Feinfühlige Familien suchen sich gute Betreuung, und die schadet nicht – hier setzt sich in der Betreuung das Familienklima sozusagen fort.

Die Deutsche Liga für das Kind hat in ihrem Positionspapier *Gute Qualität in Krippe und Kindertagespflege* festgestellt: »Die Sorge, dass frühe Tagesbetreuung Kindern generell schadet, ist aus wissenschaftlicher Perspektive unbegründet. Bei ausreichend guter Tagesbetreuung müssen Eltern nicht befürchten, dass die Sicherheit der Eltern-Kind-Bindung irritiert wird. Entscheidend für das Kind sind die Stabilität der Beziehungen und die Feinfühligkeit der Bezugspersonen gegenüber seinen Signalen. Dabei ist die Qualität der Betreuungssituation entscheidend, nicht die Tatsache, ob es ausschließlich von einem Elternteil zu Hause oder zusätzlich auch von anderen Personen außerhalb seiner Familie betreut wird.«[108]

Bildung folgt Bindung – und Qualität zählt: Fremdbetreute Kinder sind weder grundsätzlich sozial gestört noch aggressiver – was übrigens auch für zu Hause betreute Kinder zutrifft. Dies gilt auch für die Bildung: Durchschnittlich engagierte Eltern fördern ihr Kind nachweislich genauso gut wie eine durchschnittlich gute Einrichtung. Wobei es bei der »Förderung« darum geht, dass das Kind ausreichend klettern, krabbeln, spielen, kuscheln, die Welt erforschen, das Sozialleben mitbekommen kann. Wir reden hier nicht von Chinesisch.

Aus *artgerecht*-Sicht ist bei einer guten Betreuung die Bindung zwischen Bezugsperson und Kind wesentlich wichtiger als das »Bildungsprogramm« der Betreuungseinrichtung. Denn eine gesunde Bindung ist die

Voraussetzung dafür, dass Lernen überhaupt stattfinden kann. Der Teil unseres Gehirns, in dem Lernen stattfindet, ist nur verfügbar, wenn wir uns sicher und geborgen fühlen.

Damit alle Kinder von Betreuung profitieren, müssen also alle Einrichtungen eine ausreichende Qualität haben, sonst profitieren wieder nur die, die ohnehin aus einem achtsamen, feinfühligen Zuhause stammen.

Die beruhigenden Ergebnisse hinsichtlich Betreuung gelten also nur für qualitativ gute Betreuung: »Krippen und Kindertagespflegestellen, die anerkannten Mindestanforderungen an Qualität nicht genügen, können für die dort betreuten Kinder ein erhebliches Entwicklungsrisiko darstellen. Die Anpassungsfähigkeit des Kindes kann überfordert, das Sicherheitsgefühl erschüttert und die seelische Gesundheit beeinträchtigt werden. Risiken ergeben sich insbesondere in den Fällen, in denen eine Einrichtung oder Tagespflegestelle konzeptionell, strukturell oder personell nicht ausreichend für die Altersgruppe der unter Dreijährigen ausgestattet ist.«[109]

Artgerecht spielen

Das Spiel ist die am meisten unterschätzte menschliche Tätigkeit und für unsere Entwicklung immens wichtig. Spielen ist mehr als »nur« Vergnügen. Im Spiel verarbeiten Kinder erlebte Situationen, erproben sich in verschiedenen Rollen, lernen soziale Verhaltensweisen und festigen Freundschaften. Was also wäre artgerechtes Spielen?

- **Natur:** Schon kleine Babys sollten so viel wie möglich mit uns draußen in der Natur sein (im Park, unter Bäumen am Straßenrand, auf dem Spielplatz). Das Rascheln von Blättern, die Reflexe von Sonnenlicht, das Wühlen im Sand – all das stimuliert die kindlichen Sinne auf positive Weise. Vom Regen durchnässt und von der Sonne gewärmt zu werden gehört zu einer artgerechten Kindheit von Anfang an dazu.
- **Ja-Umgebung:** Der Begriff stammt vom amerikanischen Elterncoach und Buchautor Scott Noelle und wurde von der »Unerzogen«-Bewegung bekannt gemacht, einer erziehungs- und schulkritischen Bewegung.[110] Die Ja-Umgebung ist ein Umfeld, das Ja zum Kind sagt und uns ein ständiges Nein erspart. Konkret heißt das zum Beispiel: Wir räumen zu Hause alles hoch, was kaputtgehen kann oder gefährlich ist. Wir sorgen so dafür, dass unser kleines Krabbelkind alles entdecken darf, was es auch entdecken kann.
- **Alltagsgegenstände:** Alles, womit wir hantieren, ist für Babys interessant. Daher tun wir gut daran, besonders spannende Dinge doppelt oder auch in Miniaturausführung zu haben (Schneebesen, Schlüssel, Stifte!) – oder schnell fertig zu werden, damit wir unserem Baby den Spaß mit dem Gegenstand gönnen können.
- **Kooperation:** Kleine Kinder mögen es, das zu tun, was wir tun. Besonders gut geht das im Garten, beim Kochen, Backen oder Putzen, also bei den ganz einfachen täglichen Tätigkeiten. Wenn wir uns von ihm helfen lassen, klappt vielleicht alles weder so schnell noch so perfekt wie sonst, aber unser Kind lernt etwas über die Welt, fühlt sich wertgeschätzt, und wir können eine Menge Spaß zusammen haben.
- **Gefäße und Füllungen:** Viele Kinder wollen Dinge in Gefäße füllen,

umfüllen und herauskippen. Wenn Ihr Kind alt genug ist und nicht mehr alles in den Mund nimmt, geben Sie ihm ein paar Schüsseln, große verschiedenfarbige Bohnen, Steine, Walnüsse oder Holzkugeln und lassen Sie es nach Herzenslust zusammenkippen, sortieren und aus dem Wasser fischen.

- Pikler: Anders als die meisten Animationskurse für kleine Babys setzen die bereits erwähnten Pikler-Kurse darauf, schon Krabbelkinder eine vorbereitete Umgebung selbst erforschen zu lassen. Die Eltern sind da, wenn sie gebraucht werden, mischen sich aber ansonsten nicht ein. Dieses Arrangement kommt wahrscheinlich dem sehr nahe, wie unsere Kinder immer aufgewachsen sind: unter liebevoller Aufsicht, aber frei, das zu erforschen, was sie interessiert.
- Andere Kinder: Kleine Kinder mögen große Kinder. Das bleibt während der ganzen Kindheit so. Manchmal wird Ihr kleines Baby einfach nur mit großen Augen anderen Kindern zusehen – und dabei mehr lernen, als wenn wir es mit einem noch so tollen Mobile ablenkten.
- Elemente: Kinder sind fasziniert von Feuer, Wasser, Erde und Luft. Wann immer wir sie mit Elementen spielen oder Elemente beobachten lassen können, sollten wir das tun. Konkret heißt das: Erforschen Sie gemeinsam mit Ihren Kindern in sicherem Abstand Kamin- oder Lagerfeuer, lassen Sie sie im Matsch spielen, in Pfützen springen, Wasser hin- und herkippen, Dinge anpusten und wegwehen lassen. Es sind Erfahrungen, die das Vertrauen in die Welt und das Aufgehobensein auf diesem Planeten stärken.

Hätten Sie's gewusst?

- Der Krippenbefürworter, Anthropologe und Entwicklungspsychologe Wassilios E. Fthenakis hat seinen eigenen Sohn wieder aus der Krippe geholt, weil es ihm dort nicht gut ging.[111]
- Es kommt nicht so sehr darauf an, wann ein Kind in die Betreuung kommt, sondern wie gut deren Qualität ist.[112]
- Eine Eingewöhnung während wichtiger Entwicklungsschritte ist erschwert. Dies sind vor allem die Fremdelphase, meist zwischen dem fünften und dem neunten Lebensmonat, sowie die Phase starker Trennungsangst, etwa um den ersten Geburtstag herum.[113]
- Die Eingewöhnung kann bis zu sechs Wochen dauern. Das ist normal.
- Betreuung ohne seine direkten Bezugspersonen bedeutet immer (positiven oder negativen) Stress für ein Kind, messbar an erhöhten Cortisolwerten (und daran, dass viele Kinder abends »wie erschlagen« sind).

Artgerechtes Spielen ist Spielen draußen, Spielen mit oder bei anderen Lebewesen, Spielen ohne Unterbrechungen und Ablenkungen, Spielen mit dem, was die Kinder wirklich interessiert, und nicht mit dem, von dem wir Eltern gerade denken, dass es sie interessieren sollte. Ein Baby oder Kleinkind spielen zu lassen erfordert Zeit und Geduld, manchmal werden wir länger an einem einzelnen Grashalm stehen bleiben, als wir je vor einem Gemälde standen. Lassen Sie sich von den Spielideen schon Ihres Krabbelkindes anstecken und schauen Sie mal, was an dem Grashalm so spannend sein könnte. Welche Farben hat er, wie fühlt er sich an, wie schmeckt er, wie klingt er, wer wohnt in der Nähe? Sie werden ganz neue Welten entdecken …

Gastbeitrag: Artgerechtes Draußenspiel

VON NICOLA HENGST-GOHLKE, EXPERTIN FÜR SPIELRÄUME[114]

»Wenn man genügend spielt, solange man klein ist, dann trägt man Schätze mit sich herum, aus denen man später sein ganzes Leben lang schöpfen kann. Dann weiß man, was es heißt, in sich eine warme, geheime Welt zu haben, die einem Kraft gibt, wenn das Leben schwer wird. Was auch geschieht, was man auch erlebt, man hat diese Welt in seinem Innern, an die man sich halten kann.«[115]

Diese wunderbaren Worte von Astrid Lindgren sagen uns: Spiel ist ein Urbedürfnis von uns Menschen und besonders von den kleinen Menschenkindern. Und zwar draußen!

All unsere Sinne wurden und werden immer noch bereits in der ganz frühen Kindheit im Freien geschärft: durch Wind und Wetter, durch Geräusche in der Natur, durch gefärbte Hände vom Beerensammeln, durch Berühren von Wasser, Erde, Stöcken oder durch den Geruch von Regen, Schnee und Feuer.

Wie können wir Eltern bereits Babys und Kleinkindern das artgerechte Draußenspiel ermöglichen?

Letztlich ist es ganz einfach: indem wir mit ihnen rausgehen. In die Grünanlagen und Parks in den Städten, in den Wald, auf die Wiese, in die Natur – raus. Und das zu jeder Jahreszeit. Was gibt es Schöneres, als bei einem Spaziergang im Wald oder im Park einmal anzuhalten, sich – je nach Alter des Kindes noch im Tragetuch oder an der Hand – an einen Baum zu stellen und die Rinde, Äste und Blätter zu berühren?

Je nach Alter wird das Kind die Rinde und die Blätter fasziniert anschauen, sie anfassen, in den Mund nehmen wollen oder hin- und herbewegen. Kurzum: Es wird ganz selbstverständlich und artgerecht auf diese Art und Weise spielerisch die Welt begreifen und erforschen wollen.

Spätestens ab dem Laufalter lieben Kleinkinder Sand, Matsch und Regenpfützen. Geben wir ihnen Gelegenheiten dazu, das alles auszuprobieren und damit zu experimentieren. Die spielerische Beschäftigung damit schärft die Sinne, lässt Verknüpfungen im Gehirn entstehen und tut den Kindern gut.

Artgerechtes Draußenspiel ist kreativ. Kinder brauchen dazu nicht tonnenweise Plastikspielzeug. Sie nutzen die Materialien, die sie vorfinden.

Artgerechtes Draußenspiel von Kleinkindern erfordert seitens der Eltern und Bezugspersonen Interesse, Achtsamkeit, Respekt, Vertrauen und viel, viel Geduld. Oftmals sind Babys und Kleinkinder sehr lange nur damit beschäftigt, andere Kinder beim Spiel zu beobachten, bevor sie dann selbst das gerade Gesehene ausprobieren.

Insgesamt ein Schatz, den man sein ganzes Leben mit und in sich trägt.

FAQ

Ab wann darf ich mein Kind in die Betreuung geben?

Ein Menschenkind kann vom ersten Tag an von anderen Menschen als der eigenen Mutter herumgetragen, gewickelt, angezogen und gestreichelt werden. Wichtig ist eine feste Bindung an diese neue Person, die Verfügbarkeit der primären Bindungsperson (oft, aber nicht immer ist das Mama oder Papa) in der Eingewöhnungsphase und eine feinfühlige Betreuung. Zudem sollte bei Stillkindern das Stillen fest etabliert sein, bevor es an Fütterung mit Becher, Flasche oder anderem geht.

Ab wann kann mein Kind in den Kindergarten gehen?

Der Kindergarten ist noch mal ein anderes Niveau an Betreuung als Babysitter oder Oma und fordert vom Kind mehr Reife. Ein Kind gilt als kindergartenreif, wenn es mehrere Stunden Trennung von der Bezugsperson aushalten kann, mit anderen Kindern zusammen sein möchte, auf andere Kinder offen zugehen und mit ihnen spielen kann, sich allein an- und ausziehen, mit Stiften, Pinsel und Schere umgehen kann, wenn es durch Sprache seine Bedürfnisse mitteilen kann.

Woran merke ich, dass es eine gute Betreuung ist?

Eine gute Betreuung zeichnet sich durch Feinfühligkeit und Empathie dem Kind gegenüber aus. Es muss in seinen Gefühlen und seinem Trennungsschmerz aufgefangen statt abgeblockt werden. Das Konzept muss zur Familie passen. Im Idealfall ist es eine altersgemischte Gruppe.

Wann sollte ich mein Kind wieder aus der Betreuung nehmen?

Wenn das Kind sich jeden Morgen weigert, in die Betreuung zu gehen, lohnt es sich, mit dem Kind und der Betreuungsperson gemeinsam Lösungen zu erarbeiten. So lernen Kinder, wie Probleme gelöst werden.

Ernst zu nehmende Warnzeichen jedoch sind: auffallende Aggressivität, auffallendes Desinteresse und Apathie, Schlafstörungen, Resignation, Angstanfälle, Essensverweigerung, häufiges Kranksein.[116]

NATUR
BABY
GESELLSCHAFT
UMWELT
FAMILIE / CLAN

Artgerecht leben

Wer sein Kind liebt,
braucht es nicht zu erziehen.

AUS INDIEN

Artgerechtes Leben für Familien – was brauchen wir wirklich? Familien brauchen auf jeden Fall einen Clan, der sie unterstützt und in dessen Kreis sie sich sicher fühlen. Sie brauchen gesellschaftliche Wertschätzung, Zeit und die Freiheit, sich um ihre sozialen Belange ausreichend kümmern zu können. Was sie nicht brauchen, sind Zeitdruck, Geldsorgen und Leistungsdruck.

Wir reagieren auf Druck von außen oft mit Zweifeln an uns selbst. Sind wir falsch? Müssen wir besser, organisierter, strukturierter werden? Die anderen schaffen es doch auch alle – oder? Oft sehen wir nur die Fassaden und fühlen uns mit unseren Problemen allein. Sobald wir mit anderen ins Gespräch kommen, zeigt sich jedoch: Alle machen Ähnliches durch.

Wenn ich nach meinen Vorträgen und Seminaren Eltern frage, was sie davon abhält, mit ihrer Familie artgerecht zu leben, dann lauten die Gründe:

- der Druck der Arbeitswelt,
- eigene Ansprüche,
- Angst, Hilfe anzunehmen,
- Gruppendynamiken und Familiendynamiken à la »So macht man das nicht«,
- Angst, »anders« zu sein,
- Geldnot,
- Konsumbedürfnisse (man will sich etwas leisten),
- Frühförderungsdruck oder
- Druck zur Selbstoptimierung.

Wir weichen dem aus, indem wir weniger schlafen, hektischer essen, mehr arbeiten, eine traditionelle Aufgabenverteilung wählen (einer arbeitet, einer hütet die Kinder) oder ähnliche Modelle leben. Ich nenne es das »Heidi-Klum-Prinzip«: Du musst dich nur genug anstrengen!

Und doch bleibt bei vielen Familien etwas auf der Strecke. Wir speisen unsere Kinder mit Mutterattrappen ab (Schnuller, Kuscheltuch, Teddybär) und uns selbst mit Kompensation (Arbeit, Kaffee, Alkohol, Zucker), um das durchhalten zu können.

Das hat der später alles vergessen

Schreien ist normal

Ammenmärchen

Das Baby will euch nur tyrannisieren

Das merken die gar nicht

Schreien stärkt die Lunge

Der will euch nur testen

Was ich gern vorher gewusst hätte ...

LI wie viel flexibilität einem da abverlangt ist – weil man ja nie weiß, WANN man mal eine ruhige minute hat und WIE LANG die »minute« dauern wird.

GROBIS HEAVEN Dass frau nicht perfekt Haushalt und Baby managen kann! Dass frau ihre Ansprüche an sich runterschrauben muss und dass frau unbedingt auf IHR Bauchgefühl achten soll. Dass frau nicht jeden Trend mitmachen muss. Ob es jetzt PEKiP [Prager Eltern-Kind-Programm], Tragen oder Einrenken der Babys ist. Uuuuund: Alles ist nur eine Phase!!! Und dass es o.k. ist, sich zwischenzeitlich die alte Freiheit zurückzuwünschen!

NICKI Dass man viele Freunde verliert, die keine Kinder haben und einen dann nicht mehr verstehen.

So geht's: artgerecht – auch für die Eltern!

Eltern – Ruheinseln und Segler im Sturm

Wir lieben unsere Kinder, oft ist die Liebe größer als alles, was wir vorher erfahren haben. Und doch gibt es diese heimlichen – oder unheimlichen – Momente der Erschöpfung, wenn wir einfach nicht mehr können, nicht mehr wollen. Einmal allein in die Dusche gehen! Einmal in Ruhe essen! Endlich wieder so lange schlafen, wie ich will! Es ist ein Tabuthema – aber allgegenwärtig.

Bedürfnisorientierter Umgang plus wenig Unterstützung von außen ist häufig ein Ticket in den Burn-out von einem oder beiden Elternteilen. Aber wer gibt schon gern zu, dass manchmal alles zu viel ist, dass entweder der Haushalt, die Partnerschaft, der Job oder die eigenen Bedürfnisse zu lange auf der Strecke bleiben? Dass wir manchmal schreien wollen, Teller werfen oder eiskalt den Müll nicht trennen, weil wir einfach nicht mehr können?

So manches Paar wünscht sich ein Kind als Krönung seiner Liebe – und stellt dann fest, dass die Elternschaft mit ungeahnten Problemen verbunden ist. »Eine Reihe von Studien zum Übergang zur Elternschaft weisen darauf hin, dass die Partnerschaft nach der Geburt des ersten Kindes eine Krisensituation durchläuft. Nach einer ersten Phase der Euphorie kurz nach der Geburt des Kindes nimmt die partnerschaftliche Qualität ab«[117], schreibt Doris Klepp in ihrer Arbeit über die Lebenssituation von Frauen mit Kindern unter sechs Jahren. Kinder in diesem Alter sind einer der Hauptgründe für Trennungen und ungesunde Lebensweisen.

In Mutter-Kind-Kuren zeigt sich, dass Mütter weit mehr als Frauen ohne Kinder unter Rückenschmerzen und Stress, unter Übermüdung und Erschöpfung leiden. Ihre Hauptbelastungen sind das Bücken, Heben, Tragen, die ständig erforderliche Verfügbarkeit, andauernde Unterbrechungen, die Isolation sowie der Mangel an Zeit für die Regeneration.

Aber es betrifft nicht nur die Mütter. Ja, Mütter treiben dem DAK-Gesundheitsreport 2014 zufolge weniger Sport, schlafen weniger und ernähren sich schlechter als Frauen ohne Kinder. Aber auch die Männer kämpfen mit ihrer Rolle: 43 Prozent klagen über zu wenig Zeit für sich selbst, genauso viele Väter plagt das schlechte Gewissen gegenüber ihren Kindern, weil sie glauben, nicht genug für ihren Nachwuchs da zu sein. Eine Zerreißprobe zwischen Familienernährer, modernem Vater und dem Bedürfnis, selbst noch Mensch zu sein. Insgesamt ist die psychische und physische Gesamtbelastung für Eltern – gleich welcher Geschlechtsidentität – mit Kindern unter sechs Jahren enorm. Dasselbe gilt, das ist naheliegend, umso mehr für Eltern, die ihre Kinder getrennt- oder alleinerziehend ins Leben begleiten.

Fazit einmal mehr: Bedürfnisorientierter Umgang mit Kindern ist zwar total artgerecht. Aber das zu zweit oder allein mit einem oder gar mehreren Kindern schaffen zu müssen – das ist überhaupt nicht artgerecht. Oft hilft es schon, sich das bewusst zu machen: Wir sind nicht dafür gebaut, es »allein« zu schaffen. Wenn wir uns überfordert fühlen, dann ist diese Überforderung echt. Wir bilden uns das nicht ein. Wir sind nicht zu schwach und auch nicht zu faul. Wir sind Menschen – das ist alles.

Man kann es nicht oft genug sagen: Wir brauchen einen Clan, das sprichwörtliche »Dorf, um ein Kind zu erziehen«. Der Clan kann uns helfen, nicht auszubrennen, sondern gesund zu bleiben und die Zeit mit unseren Kindern zu genießen: »Die empfundene soziale Unterstützung zeigt in dieser Studie einen wesentlichen Einfluss auf die Einschätzung der Gesundheit. So beurteilen Mütter, die über stärkeren sozialen Rückhalt verfügen, ihre Gesundheit deutlich günstiger als die anderen«, schreibt Klepp in ihrer empirischen Studie. Dies gilt in besonderem Maße für Alleinerziehende. Ihre Situation bringt eine noch größere Belastung und entsprechende Risiken mit sich. Es zeigt sich auch hier, dass der Clan das A und O ist: »In vielen Studien wird auf die große Bedeutung der sozialen Netzwerke und der sozialen Unterstützung für Alleinerziehende hingewiesen«, wenn es um ihre psychische und physische Gesundheit geht, so Klepp weiter.

Wenn wir im Wildnis- oder *artgerecht*-Camp mit 20 Erwachsenen und ihren Kindern draußen im Wald eine Woche lang zelten, gibt es eine

Menge unbequeme Bedingungen: kein Klo neben dem Schlafzimmer, keine eigene Küche, Mücken, kühle Nächte, schmutzige Kinderklamotten. Und doch ist das Feedback nach den Camps: Es war so schön, wäre es doch immer so! Plötzlich funktionierte Windelfrei, weil die andere Mutter im Tipi die Zeichen meines Kindes erkannt und erklärt hat. Auf einmal schlief das Baby durch, weil es von einem Tag an frischer Luft, Sonne und mit einer Menschengruppe am Feuer erfüllt und entspannt war. Spontan läuft der schüchterne Zweijährige los und erkundet die Umgebung, weil er Vertrauen in die schnatternden Erwachsenen hat, die auf der Wiese Kräuter sammeln.

All das ist so »schön«, weil plötzlich das soziale Netzwerk da ist – und zwar 24 Stunden am Tag und in unmittelbarer Nähe. Gleichzeitig hat man genug Raum zum Rückzug, und es gibt immer Hände, die mal eine halbe Stunde das Baby halten, falls jemand spazieren gehen will.

Wenn wir das wissen, was können wir in unserem Leben verändern? Hier sind sieben Schritte »zurück ins Dorf«:

1. Wir können einander unterstützen, um Hilfe fragen und Hilfe anbieten.
2. Wir können lernen, Hilfe anzunehmen – und zwar nicht erst, wenn es zu spät ist, sondern von Anfang an.
3. Wir können uns zusammentun und vernetzen.
4. Wir können unser Wohnen, unseren Transport, unseren Urlaub so ausrichten, dass wir dort möglichst viele Aspekte eines artgerechten Lebens verwirklichen.
5. Wir können Autos teilen, gemeinsam oder füreinander einkaufen, gemeinsam oder füreinander kochen.
6. Wir können lernen, Geduld mit uns und unseren Kindern zu haben – alles zu seiner Zeit, Schritt für Schritt.
7. Wir können aber vor allem und als ersten Schritt uns und andere Eltern darüber informieren, dass unsere Überforderung echt ist und dies nicht daran liegt, dass wir unzulänglich wären.

In jedem Wohnblock, in jedem Hochhaus, in jedem Dorf und in jeder Stadt gibt es andere hilfsbereite Menschen, und oft ist die Unterstützung nur ein paar Türen weit entfernt.

Ich! Kann! Nicht! Mehr! – Ein Seglertrick gegen die Überforderung

Eltern, die immer mit Volldampf fahren, können außerdem lernen, besser mit ihrer Energie hauszuhalten. Viele Menschen arbeiten und leben permanent mit hundertprozentiger Auslastung. Wenn dann Belastungsspitzen kommen, haben sie keine Reserven mehr und müssen auf gefühlt 110 Prozent hochgehen – was auf Dauer mehr ist, als ein Mensch leisten kann. So kommt es immer wieder zu Zusammenbrüchen – der eine wird ernsthaft krank, die andere bekommt Rückenleiden oder einen Hörsturz, wieder andere leiden unter ständigen Infekten, sind gereizt oder können nicht schlafen. Sie ackern also mit »110 Prozent« Auslastung, bis es nicht mehr geht, fallen irgendwann wegen völliger Überlastung komplett aus, meinen dann anschließend, alles nachholen zu müssen, fahren wieder auf »110 Prozent« hoch – und der Kreislauf beginnt von Neuem.

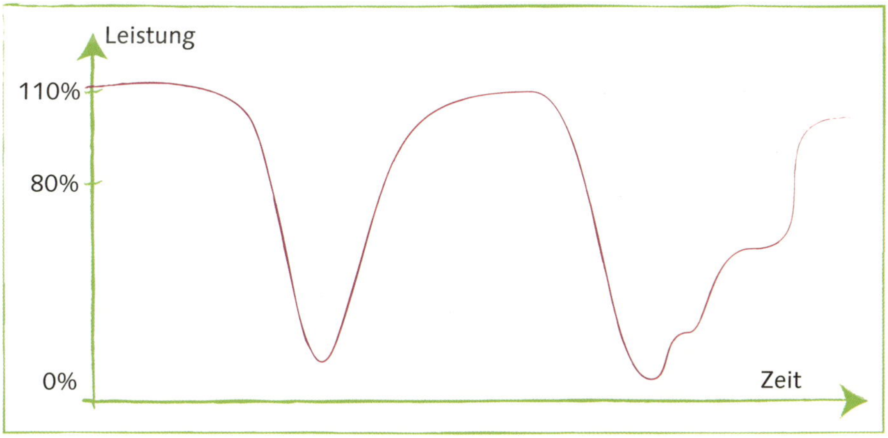

Der Ausweg ist, wie ein erfahrener Segler vorzugehen: Wenn dieser weiß, dass in der Nacht ein Sturm kommt, macht er zuerst sein Boot sturmsicher. Dann wartet er. Er unternimmt ab hier nur noch das Nötigste, damit er Energie hat, wenn sie später gebraucht wird. Eltern segeln in den ersten zwei Jahren mit Baby quasi ständig im Sturm. Daher gilt: Fahren Sie auf 80 Prozent Leistung, nicht mehr. Tun Sie das Nötige, aber nicht mehr als das. Achten Sie penibel auf ausreichend Schlaf, gutes Essen, ausreichend Unterhaltung und Frohsinn, genug Hilfe und Ruhepausen. Wenn dann der »Sturm« in Form von Zahnungsproblemen, Erkältungen, Durchfallerkrankungen oder Wachstumsschüben des Babys kommt, haben Sie Reserven, um kurzzeitig auf 100 Prozent Leistung hochzufahren.

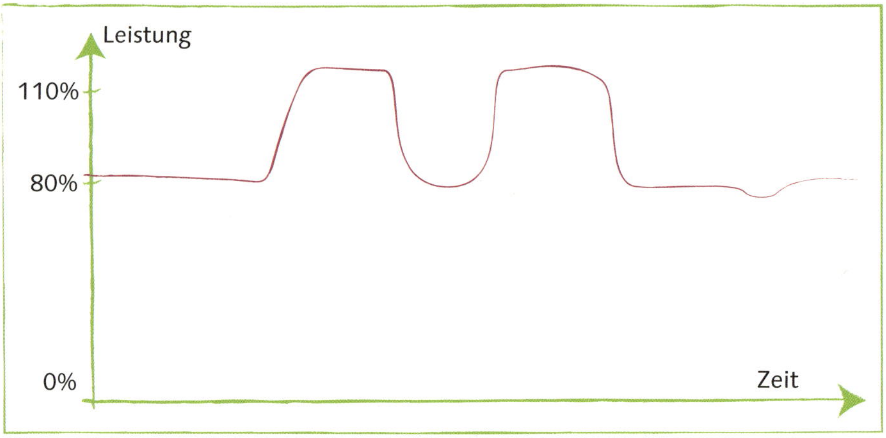

Achten Sie mal auf Katzen, die machen das ähnlich: Sie jagen kurz, intensiv und mit vollem Einsatz und legen sich danach in die Sonne, um zu verdauen und die »Akkus« wieder aufzuladen. Das können wir ebenso: uns einfach mal fünf Minuten hinsetzen. Es ist noch so viel zu tun? Klar ist noch so viel zu tun. Es ist immer viel zu tun. Aber: Hinsetzen muss auch »getan« werden! Einfach mal fünf Minuten sitzen bleiben. Auf die Uhr schauen und versuchen, das durchzuhalten. Das tut unglaublich gut.

Und es tut auch den Kindern gut. Sie sehen, dass ihre Eltern auf sich achtgeben. Das ist eine Ruheinsel im Wuselalltag.

Starke Väter, starke Familien

Was dich zu einem Mann macht,
ist nicht deine Fähigkeit, ein Kind zu haben,
sondern die Courage, es großzuziehen.

BARACK OBAMA

Wo man in der »Elternszene« auch hinschaut: Facebook, Foren, Stilltreffen, Kongresse – überall Frauen. Es gibt erste Initiativen und Angebote, die sich gezielt an Väter richten (Wildniscamps, Papaladen und so weiter), aber meist erst dann, wenn man mit den Kindern »etwas anfangen« kann – also ab etwa zwei bis fünf Jahren. Und vorher?

Es gibt wie immer nicht *die eine* »artgerechte« Verhaltensweise von Vätern, denn Menschen sind einfach unglaublich flexibel in ihrem Verhalten. Manche Väter wollen und können von Anfang an voll dabei sein, anderen ist ein Baby so fremd, dass sie lieber mit Grundschulkindern spielen.

In Jäger-und-Sammler-Kulturen ist es ganz unterschiedlich, wie stark sich die Väter an der Kindererziehung beteiligen. Aber sicher ist: Menschen brauchen einen Clan. Und in herausfordernden Zeiten brauchen wir Menschen, die uns ähnlich sind – das ist nicht automatisch eine Frage des Geschlechts, kann aber so sein. In Jäger-und-Sammler-Gesellschaften haben Männer oft Orte, Zeiten und Rituale, zu denen sie unter sich sind, und sie haben nahe Vertraute, mit denen sie das besprechen können, was passiert. Außerdem gibt es unter Männern in vielen Kulturen eine Gesprächskultur, die uns fehlt – wo sie sagen können, was wirklich ist, wenn sie der Schuh drückt, wo sie Perspektiven vom Kreis einholen und erfahren, wie andere durch solche Phasen hindurchgekommen sind, und Hilfe erbitten können. Das hilft, schwierige Situationen im Leben – mit oder ohne Kind – zu bewältigen. Vätern hilft der Austausch mit dem besten

Freund, mit anderen Vätern, mit einem älteren Mentor oder eben einem Kreis von gleichgesinnten Männern: Wie geht es euch damit? Wie habt ihr das geschafft? Hat das ewig gedauert? Wann hattet ihr wieder Sex? Wie hat sich das entwickelt? Was hat euch gestresst? Worüber habt ihr gestritten? Wie seid ihr damit umgegangen?

Was ich gern vorher gewusst hätte ...

JENNIFER Für meinen Mann war es schwierig, mit seiner neuen Rolle und vor allem all diesen intensiven neuen Gefühlen zurechtzukommen. Ich glaube, uns Frauen fällt das tendenziell leichter, weil man es uns meist auch zugesteht, unsere Gefühle zu zeigen und drüber zu reden ... vielleicht könnte es den Männern helfen, wenn sie wüssten, dass auch sie erst mal in ein Gefühlschaos gestürzt werden und das auch o.k. ist, dass das Umfeld Verständnis dafür haben sollte. (Hoffe, das macht Sinn.)

TIM niemand erzählt einem werdenden vater, wie wichtig seine rolle während der schwangerschaft, geburt und säuglingszeit ist. auch gibt es momente, in denen ich meiner frau nicht helfen kann und konnte. auch wird man nicht auf die situation eines schreikindes vorbereitet, niemand erzählt einem, dass es 24-h-kinder gibt, jedenfalls hat es mir niemand erzählt. auch weiß ich in gewissen situationen nicht, wie ich reagieren soll, wenn das kind zur mutter will, diese jedoch grad nicht anwesend ist, und man weiß als vater: jetzt hilft eigentlich nur die mutter (liebevolle artgerechte kinderbetreuung durch den vater kommt zu kurz).

Wenn ein Kind geboren wird, und nicht nur beim ersten, kann der Freundeskreis ein Lebensretter sein. Denn je nachdem, wie stark er sich einbringen will oder kann, verändert sich das Leben des Vaters mit einem Baby. Väter berichten,

- sie hätten plötzlich viel weniger Zeit für sich selbst und
- viel mehr Verantwortung,
- es gäbe Veränderungen in der Paarbeziehung,

- es tauchten neue Fragen über sich selbst und den eigenen Vater auf,
- sie seien auf der Suche nach Mentoren und Vorbildern,
- sie sähen die Notwendigkeit von Unterstützung und hätten
- eine Frau, die sich radikal verändert: von der Vergesslichkeit als Begleiterscheinung des Stillens bis zum plötzlichen Perfektionswahn.

Die Hormon- und Gefühlsachterbahn betrifft schon während der Schwangerschaft auch den mit im Haushalt lebenden Mann. Sein Prolaktinspiegel steigt, sein Testosteronspiegel sinkt. Viele Männer nehmen während der Schwangerschaft ordentlich zu und sind so »mit schwanger«, erleben sich dank Prolaktin oft in Nestbaustimmung. Beschützergefühle werden stärker, Verantwortung wird deutlicher empfunden.

Dann konkret Vater zu werden ist ein bisschen, wie zum Abteilungsleiter in einer Branche zu avancieren, in der man nie zuvor gearbeitet hat: Gerade bei der Geburt ist der Vater oft gefragt, aber in einer völlig fremden und dadurch oft überfordernden Situation. Viele Männer werden sich hinterher erst darüber klar, was für eine existenzielle Erfahrung da auf sie gewartet hat, auf die sie niemand vorbereitet hatte, für die sie keine Vorbilder hatten und kaum Hilfe. Der Geburtsvorbereitungskurs vermittelt ja nur einen Bruchteil dessen, was da passiert. Daher ist es klug, sich vorher nicht nur zu informieren, sondern auch mit anderen Vätern auszutauschen: Wie war das für dich? Was hättest du gern vorher gewusst? Was würdest du beim nächsten Mal genau gleich, was anders machen?

Die Bindungshormone katapultieren auch den Vater bei viel Haut- und Körperkontakt (Tragen, Tragen, Tragen!) nach der Geburt in einen Liebesrausch mit dem Baby und rühren ganz neue Saiten in ihm an.

Und nach der Geburt geht es bei vielen Paaren erst richtig los: Die Partnerin ist vielleicht überfordert oder hat sogar eine postpartale Depression, das Baby schreit dauernd, sie ist körperlich geschwächt oder plötzlich ganz euphorisches, hingegebenes »Muttertier«, hat 24 Stunden mehr oder weniger das Baby an sich und jongliert Stillen, Nachwehen, Abhalten und ihre neue Rolle. Besuch kündigt sich an, der Haushalt bleibt liegen, Pläne funktionieren nicht mehr. Die Mutter wird im Idealfall noch gut versorgt, aber der Mann ist mit seiner neuen Rolle, der neuen Situation und den vielen Fragen oft sehr allein, ohne Mentoren, Älteste oder als stärkend empfundene Vorbilder. Er spürt eine große Verantwortung, vor allem für die Versorgung der Familie, und sieht sich gleichzeitig mit neuen Forderungen seiner Frau konfrontiert, auch im Hause mehr da zu sein. Ein neues Leben – für alle!

Jetzt ist der ideale Moment gekommen, um herauszufinden, was nicht nur für das Kind, sondern auch für die Eltern, den Vater artgerecht ist, was jeder braucht und wie sich das unter einen Hut kriegen lässt.

Denn Väter sind enorm wichtig: Eine Untersuchung der Tufts University in Massachusetts/USA fand in einer Studie[118] mit 985 Babys mit geringem Geburtsgewicht heraus, dass sie sich besser entwickeln, wenn die Väter viel zu Hause sind und sich mit den Kindern beschäftigen. Die Kinder mit den aktiven Vätern erreichen im Alter von drei Jahren sechs Punkte mehr in IQ-Tests als solche mit uninteressierten Vätern.

Ein Studienüberblick von 2007 stellte fest: »Es gibt Hinweise, die die These unterstützen, dass ein engagierter Vater einen positiven Einfluss darauf hat, wie seine Kinder sich entwickeln bezüglich ihres Sozialverhaltens, ihres Verhaltens und ihrer Psyche.«[119] Neben den bereits erwähnten Gesprächen im »Kreis der Männer« helfen auch Gespräche mit dem und über den eigenen Vater, sein Vorbild zu erkennen, für sich zu prüfen und bewusst zu entscheiden, was man davon übernehmen sollte und was nicht.

Starke Männer können ihre Frauen wunderbar unterstützen und eine starke, liebevolle Familie bilden. Dafür ist es wichtig, die eigenen Gefühle zu erkennen und sich auszutauschen, wie andere damit umgegangen sind. Und jede Frau kann etwas für ihren Mann tun. Sie sollte

- ihm klar sagen, was sie sich wünscht und was sie braucht, welche Unterstützung sie benötigt,
- ihn fragen, was *er* sich wünscht und braucht,
- Raum und Zeit schaffen, damit er für sich sorgen kann (seine Freunde treffen, zum Sport gehen und so weiter),
- für sich selbst sorgen, damit sie auch selbst Kraft für die Beziehung hat,

- ihm zugestehen, dass er eigene Wege mit dem Baby findet, was zum Beispiel das Tragen, Schlafen oder Beruhigen angeht,
- anerkennen, dass Männer Dinge anders machen, aber deshalb nicht weniger gut,
- den Perfektionswahn ablegen (wenn das Tragetuch nicht hundertprozentig gebunden ist oder die Windel nicht perfekt sitzt, macht das nichts, Hauptsache, Papa und Baby haben Zeit miteinander und Spaß),
- die Konsequenzen jeden selbst tragen lassen. – Ist die Windel nicht richtig zu? Dann bitte jetzt das bis oben volle Baby sauber machen!

Leben – jetzt!

Es lohnt sich, hier genau in uns hineinzuspüren. Was genau wollen wir? Wie können wir das erreichen? Jeder Weg hat seinen Preis. Wir können nicht ein international tätiges Unternehmen leiten, viel Sport treiben und gleichzeitig für unser Baby da sein. Es gibt Zeiten für Karriere und Zeiten für Kindererziehung – beides gleichzeitig führt zu einer Rushhour in der Lebensmitte zwischen dreißig und vierzig, in der wir plötzlich alles simultan erledigen müssen und sich die Aufgaben stauen. Passt das zu uns? Haben wir genug Unterstützung? Prima, weitermachen. Passt es nicht, sind wir gestresst? Dann neu nachdenken.

In ihrem Buch *Die Alles ist möglich-Lüge* schreiben die Autorinnen Susanne Garsoffky und Britta Sembach: Wir brauchen ein »Konzept, das statt des heutigen Durcheinanders in der Rushhour ein Nacheinander der unterschiedlichen Aufgaben ermöglicht und dieses Nacheinander auch sozial absichert«[120].

Das wäre auch für den Planeten gut: Der Nachhaltigkeitsexperte Nico Paech geht davon aus, dass weniger Arbeit auch ressourcenschonender wäre: Wir wären zufriedener und weniger abhängig von der globalen Ressourcenkette, wenn wir nur noch zwanzig Stunden pro Woche arbeiteten und so mehr Zeit für den Selbstanbau von Obst und Gemüse hätten und zum Warten und Reparieren sowie Tauschen und Teilen von Gegenständen. An vielen Orten in Deutschland gibt es bereits entsprechende Ansätze:

- Repair-Cafés, in denen man Dinge gemeinsam repariert,
- solidarische Landwirtschaft, wo Konsumenten Bauern zu einem Festpreis ihre Lebensmittel abnehmen,
- Car-Sharing – organisiert oder privat,
- Stadt- und Selbsterntegärten zum eigenen Gemüseanbau,
- verpackungsfreie Läden,
- Wohn- und Lebensgemeinschaften.

Die Transition-Town-Bewegung (in etwa: »Stadt-im-Wandel-Bewegung«) zum Beispiel, die in vielen Städten aktiv ist, beschäftigt sich mit der Frage, wie wir alle umweltfreundlicher, nachhaltiger und damit oft artgerechter leben können.

Artgerecht leben bedeutet also nicht nur, in der Gruppe zu leben – wie individuell das für den Einzelnen auch immer ausgestaltet sein mag –, es bedeutet ebenso, sich für eine Gruppe, eine Familie, eine Wahlverwandtschaft verantwortlich zu fühlen. Und sich für jeden einzelnen dieser Verwandtschaft verantwortlich zu fühlen, auch wenn es mir schwerfällt. Denn dem Clan geht es immer nur so gut, wie es jedem einzelnen Mitglied geht.

Grundsätzlich gilt für uns alle, Babys, Kinder und Familien: Gestillte Bedürfnisse verschwinden, unerfüllte Bedürfnisse tauchen ein Leben lang immer wieder auf. Wenn wir unser Bedürfnis nach Nähe, Zugehörigkeit und Achtung als Kind erfüllt bekommen, dann müssen wir es später nicht mit Konsum kompensieren. Jedes glückliche Kind und jede glückliche Familie ist damit auch gut für diesen Planeten – denn sie können mit seinen Ressourcen schonender umgehen.

Artgerecht alleinerziehend?

Artgerecht alleinerziehend – das klingt wie ein Widerspruch in sich. Allein zu leben ist absolut nicht artgerecht, keine Frage. Dennoch kann man natürlich auch solo – ob als Vater oder Mutter – ein Kind großziehen. Artgerecht kann das werden, wenn man einen Clan um sich herum hat. Das heißt konkret:

- verlässliche und gute Betreuung,
- gute Freunde,
- befreundete Eltern,
- Ruhepole für sich selbst zum Auftanken,
- falls irgend möglich, Teamwork oder Arbeitsteilung mit dem zweiten Elternteil,
- alternative Bezugspersonen für das Kind oder die Kinder, die neue Qualitäten mitbringen,
- Fachleute zur Entlastung und Beratung, etwa in Familienberatungsstellen, Schulsozialarbeit, Elternvereinen, Mediation,
- Vernetzung mit anderen getrennten Eltern, zum Beispiel in den sozialen Medien, bei Frühstücksangeboten in Familienbildungshäusern oder Ferienangeboten für Single-Eltern, sowie
- Notfallhilfen, die man spontan abrufen kann, wenn es mal wirklich nicht mehr geht (Krankheit, Erschöpfung, Zugverspätung).

Wir brauchen Freunde, Nachbarn, Verwandte und helfende Hände, auf die wir zählen können. Wenn es darum geht, wie artgerecht – also auch ohne Burn-out machbar – ein Familienleben mit getrennten Eltern ist, dürfen wir auch danach fragen, ob es noch oder wieder möglich sein kann, dass die Eltern an einem Strang ziehen. Mit einer guten Begleitung oder Mediation lässt sich möglicherweise eine belastete Elternbeziehung so weit stabilisieren, dass beide füreinander Unterstützung sein können oder sich zumindest nicht gegenseitig behindern.

Remo Largo[121] schreibt in seinem Buch über »Glückliche Scheidungskinder«, dass Kinder es durchaus verkraften, wenn die Eltern nicht mehr zusammenleben. Deutlich schwieriger zu verstehen und zu verarbeiten ist es für sie, wenn Kommunikation und emotionale Verbindung zwischen den Eltern völlig abreißen. Wenn Sie die Möglichkeit sehen, hier (wieder) anzuknüpfen, kann sich das für die ganze Familie lohnen. Manchmal braucht so ein Prozess Zeit – bis zu 24 Monate sind hier ganz normal.

Natürlich gibt es Situationen, wo bereits zu viele Verletzungen entstanden sind und auch das Kind mehr von einer völligen Trennung profitiert. Oder in denen die Elternkommunikation eine Quelle von Dauerstress geworden ist, der nur zusätzlich Energie zieht. Hier heißt es: sich helfen lassen, den Clan in Anspruch nehmen und vor allem gut für sich selbst sorgen.[122]

Sobald dies etabliert ist, erledigen sich viele Probleme – auch Erziehungsprobleme – von allein. Wenn andere Menschen neue Perspektiven in unser Leben bringen, sehen wir unsere Kinder oft mit anderen Augen. Eine Freundin etwa, die uns regelmäßig erinnert: »Du hast so entzückende Kinder! Der Junge ist so toll!«, kann uns helfen, über stressige Momente in der Erziehung hinwegzukommen.

Dies ist auch die beste Lebensversicherung für unsere Kinder: Sie lernen von klein auf soziale Fähigkeiten und fühlen sich geborgen in einem Kreis von Erwachsenen. Sie lernen, wie man eine Gemeinschaft aufbaut und erhält, was ihrem Leben wiederum eine stabile Basis gibt.

Pflegekinder artgerecht begleiten

Alle Kinder brauchen eine warme, innige und dauerhafte Beziehung zu mindestens einer Person, die für sie da ist – eine sichere Bindung. Auch Pflegekinder können eine solche Beziehung zu ihren Pflegefamilien aufbauen, wenn wir sie dabei unterstützen.

Wichtig zu wissen: In Studien zeigt sich, dass viele Pflegekinder sich wie ein gesunder kleiner Homo sapiens verhalten. Sie suchen aktiv die Nähe ihrer Bezugspersonen, wenden sich unter Stress an sie und lassen sich von ihnen trösten. Aber manchmal verhalten sie sich auch völlig konträr dazu: Einige von ihnen würden wahllos auch mit Fremden mitgehen oder sind ängstlich und wachsam gegenüber ihrer Pflegefamilie. Die gute

Nachricht ist: In Studien gingen diese Verhaltensweisen nach etwa einem Jahr in einer bindungsstarken Pflegefamilie deutlich zurück.[123]

Ist klar, dass ein Kind nicht in seiner Ursprungsfamilie aufwachsen kann, sollte es möglichst direkt zu Menschen kommen, bei denen es lange bleiben kann. Und dann gilt das, was für alle kleinen Menschenkinder gilt: Sie brauchen feinfühlige Erwachsene, die sofort auf sie reagieren, zuverlässig da sind und ihnen immer und immer wieder Liebe anbieten, egal wie unberechenbar oder unverständlich sie sich verhalten. Es heißt zwar oft, dass besonders Pflegekinder geregelte Tagesabläufe brauchen, um sich zu beruhigen. Aber dabei gilt trotzdem, dass sie zum Beispiel nach Bedarf gefüttert werden dürfen.

Wenn sie verletzt oder frustriert sind, stoßen manche Pflegekinder ihre Pflegeeltern von sich weg und tun so, als hätten sie gar keine Bindung und auch kein Interesse daran. Wir müssen also besonders diese Kinder lieben, »wenn sie es am wenigsten verdienen«, um genau zu sein: »wenn sie es rundheraus ablehnen« – denn dann brauchen sie es am meisten. Das kann schwer sein, wenn sich ein Baby nicht beruhigen lässt und ein Kleinkind tobt, obwohl wir doch alles »richtig« machen. Aber diese Kinder tragen einen unsichtbaren Rucksack, den sie nicht absetzen können. Wenn wir es schaffen, jetzt nicht persönlich gekränkt oder gar frustriert zu reagieren, dann können viele dieser Kinder schon im ersten Jahr der Unterbringung in eine sichere Bindung hineinwachsen.

Jedes Kind ist anders: Säuglingstemperamente

Fast jeder, der heute dieses Buch liest, ist der Nachfahre einer sehr kleinen Gruppe von Menschen, die vor etwa 100 000 Jahren aus Afrika ausgewandert ist. Wir können davon ausgehen, dass diese Wanderung kein Spaziergang war. Wir sind also die Nachkommen derer, die überlebt haben. Aber wer hat überlebt? Die Stärksten? Die Schnellsten? Vielleicht. Meine persönliche These: Wir sind sehr wahrscheinlich nicht die Nachfahren der Babys, die sich klaglos irgendwo haben ablegen lassen.

Was ich vorher gern gewusst hätte …

KATHARINA FRÜHWIRTH Dass es o.k. ist, auch mal überfordert zu sein … ratlos, weil das Baby oft weint, und auch mal wütend, weil man zu wenig Schlaf bekommt. Tipps helfen da oft nicht, sondern die Erkenntnis, dass es vielen Müttern geradeso geht …

Viele von uns hatten wohl eher Vorfahren, die aus heutiger Sicht »anstrengende Babys« waren. Denn diese schafften es, auch dann noch umsorgt, getragen und ausreichend gefüttert zu werden, wenn das Leben für die Erwachsenen schwierig wurde.

In den Siebzigerjahren führte der niederländisch-amerikanische Forscher Marten de Vries eine interessante Studie bei den Massai in Kenia durch.[124] Er teilte Säuglinge in verschiedene Temperamente ein: »leicht« und »schwierig«. »Leichte« Babys waren solche, die sich problemlos an neue Situationen anpassen konnten, schnell zu beruhigen waren und einen sehr festen Rhythmus beim Stillen und Schlafen an den Tag legten. »Schwierige« Babys waren weniger anpassungsfähig, sie zeigten in allem intensive Reaktionen und waren schwer zu beruhigen. Die zehn einfachsten und zehn schwierigsten Babys wurden identifiziert und die Eltern mit einem Standardfragebogen befragt. Zu dieser Zeit herrschte in Kenia schon länger eine schwere Dürreperiode, viele der Kinder waren unterernährt. Drei Monate später wollte de Vries die Eltern der Babys erneut befragen, um zu sehen, wie sie sich entwickelt hatten. Mittlerweile hatte sich die Ernährungssituation jedoch weiter verschärft. Sieben der Babys in der Gruppe waren verstorben – sechs »einfache«, aber »nur« ein »schwieriges« Baby!

De Vries schlussfolgerte aus diesem tragischen Geschehen, dass ein schwieriges Temperament ein evolutionärer Vorteil sein könnte. Laute, intensive und anhaltend schreiende Babys werden auch in Hungerzeiten gefüttert und getragen. In unserer Überflussgesellschaft gilt solches Verhalten als »schwierig«, in einer Mangelgesellschaft wäre das Attribut eher »stark« oder »überlebenswillig«.

Sogenannte »Schreibabys«

Säuglinge mit einem »schwierigen Temperament« sind nicht gleichzusetzen mit Schreibabys. Letztere sind Säuglinge, die sich auch durch artgerechten Umgang und alle anderen Versuche nicht beruhigen lassen und exzessiv schreien. Sie und ihre Eltern gehören in professionelle Hände, zum Beispiel zur »Emotionellen Ersten Hilfe« (www.zeppbremen.de/schrei-baby-ambulanz/). Grundsätzlich hat man sich in der Säuglingsforschung und Kinderheilkunde darauf geeinigt, dass wir ein Schreibaby haben, wenn es mindestens drei Wochen lang pro Woche über drei Tage hinweg drei Stunden am Tag schreit. Allerdings kann auch schon viel weniger Schreien Eltern an ihre Grenzen bringen. Daher gilt: Sollten Sie im Umgang mit Ihrem Baby das Gefühl haben, dass nichts hilft, und Sie stehen mit dem Rücken zur Wand, wenn Sie sich ausgebrannt und erschöpft fühlen und sogar Fantasien hegen, Ihrem Kind etwas anzutun oder es zu verlassen, dann sind Sie in den Schreibabyambulanzen oder Frühberatungsstellen gut aufgehoben.

Wie wir das Temperament unserer Kinder einschätzen, hat viel mit unserer persönlichen Erwartung zu tun. Wenn wir davon ausgehen, dass ein »normales« Baby sich gut ablegen lässt, still liegen bleibt, lange schläft, anpassungsfähig und gut gelaunt ist, empfinden wir jede Abweichung davon als »anstrengend«. Viele Eltern sind schnell genervt und überfordert, wenn sie ein forderndes Baby haben, weil sie niemand auf diesen Fall vorbereitet hat und sie zu wenig Hilfe erhalten.

Der berühmte Kinderarzt Dr. William Sears und seine Frau Martha sind genau diesem Irrtum selbst aufgesessen. Ihre ersten drei Kinder hatten voraussagbare Stillzeiten und schliefen gut. »Ihre Bedürfnisse waren leicht zu erkennen und zu befriedigen.«[125] Und sie fragten sich: Warum machen Eltern so einen Tanz um vermeintlich schwierige Babys? Dann kam Hayden, ihr viertes Kind. Sie stellte alles auf den Kopf: Sie ließ sich nicht ablegen, brauchte Stillen nicht nur, um satt zu werden, sondern auch zur Beruhigung, sie akzeptierte keine Schnuller, keine Flasche, überhaupt keine Muttterersatzmittel. Sie wollte konstant auf den Arm und an die Brust. Als die Eltern versuchten, ihre Bedürfnisse zu ignorieren, schrie sie. Und sie hörte nicht auf, bis sie gehört wurde. Sie schlief nicht im Babybett und schon gar nicht im Babyzimmer. Ihre Alarmsysteme gingen sofort an, wenn sie alleingelassen wurde. Sie brauchte nachts genauso viel Körperkontakt wie tagsüber – und zwar praktisch nonstop.

William und Martha Sears hatten nichts falsch gemacht. Hayden war einfach ein Säugling mit einem herausfordernden Temperament. Sie war ein Baby, das überlebt hätte, weil es sich nicht ablegen und hinhalten ließ, sondern ohne Kompromisse für seine Bedürfnisse einstand.

Wenn Sie realistischere Erwartungen haben, wie sich ein Säugling normal verhält, können Sie gelassener mit unruhigen Säuglingen umgehen. Die amerikanischen Temperamentsforscher Alexander Thomas und Stella Chess unterscheiden Säuglinge folgendermaßen:

- »Einfache Babys« (40 Prozent aller Babys): passen sich leicht an, sind schnell routiniert, gut gelaunt und leicht zu beruhigen.
- »Herausfordernde Babys« (10 Prozent aller Babys): passen sich langsam an, reagieren eher negativ und intensiv auf Stimuli, sind unruhig.

- »Langsame Anpasser« (15 Prozent aller Babys): sind zuerst herausfordernd, was mit der Zeit aber besser wird.
- Übrige: nicht einzuordnen, wechselnd.[126]

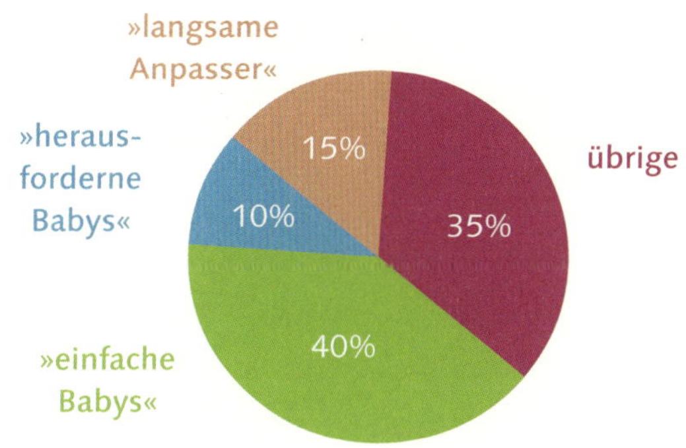

Letztlich sind sich die Forschenden aber leider höchst uneinig darüber, was eigentlich »Temperament« bedeutet und woher es kommt. Werden die Kinder so geboren oder machen wir etwas falsch? Ist eine stressige Schwangerschaft daran schuld oder eine schwere Geburt? Können wir überhaupt etwas daran ändern und, wenn ja, wie?

Sicher und für Eltern äußerst wichtig zu wissen ist: Temperament äußert sich emotional, nicht kognitiv. Das heißt: Wenn ein Auto schnell auf uns zugefahren kommt, reagieren wir je nach Temperament mit Starre oder Aktion. Aber wir entscheiden uns nicht für das eine oder das andere, es »passiert« einfach. So ist es auch bei den Babys. Sie wollen ihre Eltern nicht testen und nicht ärgern, sich nicht durchsetzen und nichts auskämpfen. Sie reagieren genauso automatisch wie wir bei der Situation im Straßenverkehr.

Das Problem, das daraus resultiert: Säuglinge, die sich nicht ablegen lassen, schlecht schlafen und intensiv auf Stimuli reagieren, waren unter evolutionären Gesichtspunkten zwar bisher im Vorteil, in unserer heutigen Gesellschaft scheint für sie jedoch auf den ersten Blick kein Platz zu sein. Wir bevorzugen die einfachen Babys, weil sie besser in unseren strukturierten, von Ordnung und Nahrungsüberfluss gekennzeichneten Alltag passen. Und dazu gibt es noch Nachbarn und Schwiegereltern, die uns mit Sätzen wie »Na, der hat euch aber im Griff!« verunsichern.

Die Babys werden missverstanden, die Bindung leidet, die Eltern sind gestresst und frustriert. Im schlimmsten Fall wird der Wille des Kindes gebrochen, weil das fordernde Baby sonst die Familie »tyrannisiert« – Schlafprogramme, Liebes- und Bindungsentzug sind die Standardantworten überforderter Eltern.

Dabei sind unsere lauten und besonders fordernden Babys genau die, die sich das artgerechte Luxusprogramm erkämpfen, und wir können die Energie, die sie da reinstecken, nur bewundern. Sie sind es, die beim Rückbildungskurs nicht einfach klaglos auf dem Rücken liegen und warten, sondern auf dem Arm der Hebamme sind und herumgetragen werden – und so motorisch, sozial und kognitiv weit mehr gefördert werden als die anderen. Aber sie bringen uns auch regelmäßig an unsere Grenzen.

»Herausfordernde Babys« – so geht's

Stillen während des Tragens

Fordernde, unruhige Babys verlangen fast alles, was sie brauchen, sehr deutlich: Sie wollen nach Bedarf – und das heißt bei den meisten: oft – gestillt werden. Sie wollen getragen und nicht abgelegt werden – und das am liebsten von ihrer Hauptbezugsperson. Hier kann ein erschöpfter Elternteil auf jeden Fall Hilfe bekommen. Denn zumindest das Tragen können auch Partner, Oma oder eine andere vertraute Person übernehmen.

Viele dieser Babys wollen außerdem nur im Tragen gestillt werden. Wenn dies anatomisch möglich ist, ist es eine sehr praktische Möglichkeit, um überhaupt etwas anderes zu tun, als sich um das Kleine zu kümmern: Also Babys ins Tuch, Brust in den Mund, gegebenenfalls einen Schal locker drüber, und los geht's zum Bioladen, zum Spaziergang, an den Schreibtisch, die Staffelei oder den Staubsauger.

Kuschelhelfer

Schwierige Babys schlafen in der Regel nicht allein, und viele lassen sich nicht einmal für einen kurzen Mittagsschlaf ablegen. Ihre Alarmsysteme sind superfein eingestellt. Es muss immer ein warmer atmender Körper in Reichweite sein.

Kein Problem! Auch diesen Job kann Papa oder Oma oder sonst eine vertraute Person übernehmen, die sich ebenso warm und wohlig an das Kind kuschelt wie die Mama.

Tanzen

Babys mit unruhigem Temperament sind oft extrem aufmerksam und saugen alles in sich auf. Sie lernen schnell – und neigen zur Überreizung. Diese müssen sie wieder abbauen, was sie wegen ihres unreifen Nervensystems nicht gut können. Einfach »nur« getragen zu werden ist da unter Umständen nicht genug.

Versuchen Sie es daher mal mit wildem Tanzen! Baby im engen Körperkontakt gut gehalten auf den Arm oder eng ins Tuch, und ab geht die Post – je wilder, desto besser. Wichtig: Das Kind muss auch an Armen und Beinen festen Halt haben. Tanzen Sie, bis Sie aus der Puste sind, drehen Sie sich mit dem Kind, laufen Sie in Schlangenlinien durch die Wohnung oder den Park. Erstaunlicherweise beruhigt sich so manches weinende Baby bei solch einer Einlage: Mama kommt in die Bauchatmung, ihre Konzentration richtet sich vom Kind weg, die schnelle Bewegung baut Stress im Babykörper ab.

Wenn das Kind sich beruhigt, gehen Sie vom Tango langsam Richtung Blues und genießen Sie die Ruhe, wenn es dann eingeschlafen ist.

In die Natur

Während viele dieser Babys völlig durchzudrehen scheinen, wenn sie Lärm und Licht von Straßen oder Einkaufspassagen ausgesetzt sind, beruhigen sich andere in der Natur. Wie gesagt: Die Farbe Grün besänftigt, und das leise Rascheln von Laub im Wind tut ein Übriges. Außerdem kann ein älteres Baby draußen alles mitnehmen, was ihm gefällt; Stöcke beziehungsweise abgefallene Zweige und Blätter gibt es in Hülle und Fülle, sodass hier keine zusätzlichen Konflikte zu erwarten sind. Es ist und bleibt unsere artgerechte Umgebung.

Vorbeugen

Wenn Sie wissen, dass Ihr Baby zu einer bestimmten Tageszeit vermehrt schreit, bauen Sie vor: Planen Sie einen ruhigen Spaziergang, ein gemeinsames Bad oder eine Babymassage ein, bevor es normalerweise losginge. Vielleicht können Sie so Spannungen im Vorhinein vermeiden, sodass das Kind sie nicht mehr hinausschreien muss.

Vorsicht: Manche der Babys mögen Hautkontakt, andere weinen dann noch mehr. Besonders Babys, die eine sehr schnelle Geburt hatten, sind häufig extrem berührungsempfindlich und wollen weder ausgezogen noch gestreichelt oder massiert werden. Finden Sie heraus, was zu Ihrem Baby passt.

Cool bleiben

Was ebenfalls hilft, auch wenn es wirklich schwierig sein kann: Gewöhnen Sie sich die Haltung eines englischen Butlers an.[127] Wenn ihre Lordschaft sich erregt, seien Sie präsent und liebevoll, aber bleiben Sie ruhig. Wenn Sie sich mit aufregen, hilft das Ihrem Baby nicht weiter – und Ihnen auch nicht. Nehmen Sie es hin und seien Sie sich bewusst: Es ist nicht Ihr Fehler, und oft können Sie nicht einmal etwas anderes tun, als bei Ihrem Kind zu bleiben und mit ihm »da durchzugehen«!

Nachdem die Familie Sears sich von der Angst verabschiedet hatte, dass sie mit einer konsequenten Bedürfniserfüllung ihre Tochter Hayden hoffnungslos verwöhnen würde, verwandelte sich die Familienhölle wieder zum Familienleben: »Hayden wusste, was sie brauchte. Wenn sie viel gestillt werden musste, stillte Martha sie viel. Wenn sie sich nicht ablegen lassen wollte, trugen wir sie viel.«[128] Hayden hat sich dem Vernehmen nach zu einem sehr gesunden, freundlichen Menschen entwickelt.

In einer artgerechten Umgebung wäre dies gleichzeitig schwieriger und einfacher als heute. Wir haben zwar so viel Wärme und Essen, wie unsere

Vorfahren sich das nur erträumen konnten. Aber wir sind auch viel mehr auf uns selbst gestellt und haben viel weniger Unterstützung, vor allem mit unseren Babys. Was wir bräuchten, wäre wie gesagt eine Welt, in der jeder »ein Dorf«, einen Clan und weise Menschen um sich hat, die ihm sein Kind erklären können. Eine Welt, in der fordernde Säuglinge nicht »anstrengend«, sondern »lebendig«, »stark« oder »lebenswillig« genannt werden. In der sie wieder friedlich sein können, weil ihre Bedürfnisse befriedigt werden. Eine Welt, in der jeder, der damit überfordert ist, Hilfe und Unterstützung bekommt. Daher ist es besonders für Eltern mit herausfordernden Babys wichtig, sich Rat und Hilfe zu holen. Wir müssen so früh und so verlässlich wie möglich eine zweite Bezugsperson etablieren, damit wir uns mit jemandem die anstrengende Arbeit teilen können.

»Aber wir müssen doch etwas tun!«

Eltern neigen unter dem Stress eines schreienden Babys dazu, alles Mögliche auszuprobieren, was dem Kind »helfen« könnte. Grundsätzlich ist das eine sehr gesunde Reaktion: Schreien ist ein Notsignal, und es setzt uns in Alarmbereitschaft.

Wenn wir allerdings ein exzessiv schreiendes Baby haben, gilt: Finden Sie heraus, ob es eine organische Ursache gibt (Reflux, Koliken, KiSS-Syndrom [kopfgelenkinduzierte Symmetriestörung] oder Ähnliches). Wenn das nicht der Fall ist, arbeiten Sie die Bedürfnisliste ab: Ist es zu warm oder zu kalt, will es kuscheln, spielen, getragen, gestillt, abgehalten oder gewickelt werden oder schlafen? Wenn nichts davon der Fall ist oder sein kann (das Baby wurde nach dem Aufwachen gerade abgehalten, ist gestillt worden und sitzt jetzt »wohltemperiert« im Tragetuch), stellen Sie weitere Versuche (baden, massieren, ausziehen, anziehen?) ein und gehen Sie mit Ihrem Baby im Arm, im Tuch oder in der Trage durch den Schreianfall hindurch. Atmen Sie gut aus und entspannt ein. Seien Sie präsent, aber nicht auf das Baby fixiert (die Energie, die Ihre fragenden, verzweifelten Blicke in das Baby setzen, muss es auch erst mal wieder loswerden). Saugen Sie Staub. Hängen Sie Wäsche ab. Tanzen Sie. Gehen Sie an die frische Luft, was immer Ihnen guttut. Aber bleiben Sie ruhig. Zeigen Sie

Ihrem Baby, dass Sie auch in Stresssituationen da sind und Sie diese gemeinsam überstehen, ohne dass die Welt untergeht.

Schreien nur unsere Babys?

Der kanadische Forscher Professor Ronald G. Barr untersuchte mit Kollegen Anfang der Neunzigerjahre, ob eigentlich auch Säuglinge in anderen Kulturen so weinen wie unsere.[129] Bei Säuglingen hatte man in mehreren Studien festgestellt, dass es einen Schreihöhepunkt in den ersten drei Monaten gibt, und zwar vor allem am späten Nachmittag und Abend. Dieser Schreihöhepunkt zeigte sich auch bei ganz unterschiedlichen Verhaltensweisen der Eltern, sodass sie sich fragten: Wie ist das bei einer Kultur, die mit ihren Säuglingen völlig anders umgeht als wir, viel artgerechter?

Barr und Kollegen, die 46 Kinder der !Kung San in Botswana beobachteten und minutiös notierten, wie viel sie schrien, quengelten oder gut gelaunt waren, beschreiben, dass auch bei diesen Kindern Schreien und Unruhe in den ersten drei Monaten vermehrt auftraten. Allerdings weinten die Kinder sehr viel kürzer als Kinder im westlichen Betreuungsmodell. Dies weist darauf hin, dass das frühe Schreien eher etwas mit Reifung und Entwicklung zu tun hat, allerdings können wir mit unserem Verhalten in dieser Zeit die Dauer und Intensität des Schreiens beeinflussen.

Welche Babys es noch gibt

»Einfache« Babys

Und die sogenannten einfachen Babys, von denen Alexander Thomas und Stella Chess sprachen? Bei den einfachen Babys heißt es natürlich auch, gut aufzupassen: Diese Babys werden nicht selten so häufig abgelegt, dass sie einen platten Hinterkopf bekommen können. Sie kämpfen nicht so sehr für ihre artgerechte Behandlung und werden deshalb gern an unseren Alltag angepasst. Die Kinder finden sich dann meist häufiger und länger als nötig in Babyschalen, Kinderwagen, Babybettchen oder auf Decken wieder, ohne dass sich jemand um sie kümmert.

Hier müssen wir besonders achtsam sein, dass wir es uns nicht zu leicht machen und dem vermeintlich »zufriedenen« Baby die soziale Interaktion vorenthalten, die es sehr wohl braucht, doch nicht einfordert.

»Langsame Anpasser«

Die langsamen Anpasser sind die Babys, deren Eltern uns mit Worten bedenken wie: »Ja, ja, so anstrengend war unsere auch mal, aber wir haben das mit Globuli, Massage und Bachblüten gut hingekriegt.« Sehr frustrierend ist es, wenn es dann bei uns trotz aller Maßnahmen doch nicht klappt – weil die Unruhe bei unserem Kind vielleicht eine andere Ursache hat.

Fakt ist: Es gibt Babys, die mit der Zeit rhythmischer und toleranter werden, aber ob das wirklich etwas mit den Eltern zu tun hat, ist zumindest ungeklärt. Wir dürfen also stets hoffen, dass es besser wird. Wenn unser Kind aber mit zwei Jahren immer noch massive Probleme mit Übergängen hat, leicht weint, schlecht schläft und viel auf den Arm will, dann haben wir nichts falsch gemacht. Dann ist das einfach so, und wir können nur weiterhin Geduld aufbringen, dem Kind geben, was es braucht, auch für uns sorgen und abwarten. Erfahrungsgemäß sind diese Kinder später nicht schwächer, sondern sogar eher stärker als andere Kinder, wenn ihre Bedürfnisse erfüllt worden sind.

Wechseltemperamente

Für Eltern ebenfalls schwierig einzuschätzen sind die Babys mit den wechselnden Stimmungslagen: Mal lassen sie sich einfach ablegen und sind völlig entspannt, ein andermal stört sie die Fliege an der Wand. Das kann sehr aufreibend sein, weil sie so unvorhersehbar sind. Gerade wenn wir glauben, den Dreh rauszuhaben, ist doch wieder alles anders.

Aber auch das ist kein böser Wille der Babys und keine Fehlleistung unsererseits. Es wächst sich irgendwann aus. Und ein weiteres Mal gilt: Wir können nur Geduld haben, dem Kind geben, was es braucht, auch für uns sorgen und abwarten …

»Herausfordernde« Babys

- sind intensiv und anstrengend,
- hyperaktiv,
- wollen ständig gestillt werden,
- wachen häufig auf,
- sind unzufrieden,
- verhalten sich unvorhersehbar und
- sind superempfindlich,
- lassen sich oft nicht ablegen,
- regen sich leicht auf und schwer ab,
- können sich nicht selbst beruhigen,
- können nicht warten,
- vertragen keine Trennungen und
- Veränderungen und
- haben oft eine empfindliche Haut (tolerieren kein An- und Ausziehen).

Hilfe für »herausfordernde« Kinder bringen

- Stillen nach Bedarf,
- Tragen (auch von anderen Familienmitgliedern!),
- Tragen *und* Stillen,
- Co-Sleeping (auch mit anderen Bezugspersonen!),
- Tanzen (Blues, Tango),
- raus in die Natur,
- Babymassage (vor dem Nachmittagstief!),
- »weißes Rauschen« (gleichmäßige Geräusche),
- Kuscheln/Spielen,
- Schlaf hat Priorität,
- zweite Bezugsperson!

»Eine Erdbeere, bitte!«: Babyzeichen

Nicht wenige Anderthalb- bis Zweijährige bekommen regelmäßig verzweifelte Wutanfälle, weil sie sich noch nicht verbal verständlich machen können. Es lohnt sich also, einmal völlig ohne Fördergedanken und Leistungsdruck über Zeichensprache nachzudenken.

Es gibt Kurse für Babyzeichen, in denen Eltern und Kinder »Babyzeichen«, »Zwergensprache« oder »Babysignal« lernen können. Es ist wie bei »Windelfrei« – manche Eltern machen es einfach oder lesen ein Buch, andere gehen lieber in einen Kurs, in dem sie Fragen stellen und sich austauschen können. Jeder, der es mal ausprobieren möchte, kann aber auch einfach selbst damit beginnen. Ein guter Anfang sind Zeichen für Dinge, die dem Kind wichtig sind und häufig zur Sprache kommen: »heiß«, »kalt«, »noch mal«, »Milch«, »Essen«, »Katze«, »Buch«. Wir haben damals mit dem Zeichen für »mehr« (mit dem Zeigefinger in die Handfläche tippen) angefangen in einer Situation, in der mein Kind garantiert »mehr« wollte. Starten Sie, wenn Sie zum Beispiel etwas gemacht haben, was Ihr Kind zum Lachen bringt. Fragen Sie: »Noch mal?«, und machen Sie das Zeichen. Wenn es gut läuft, wird Ihr Kind das Zeichen imitieren, um Sie von Neuem zu der witzigen Grimasse anzuregen.

Sobald Ihr Kind das Prinzip verstanden hat, können Sie weitere Zeichen einführen. Benennen Sie Dinge, die Ihr Kind ohnehin faszinieren: Tiere, Bagger, leckeres Essen, besondere Spiele (»Noch mal kitzeln!«). Gut gehen auch »heiß«, »kalt«, »zu laut«, und »Wo ist?«. Sie können die Zeichen entweder nach einem der auf dem Markt erhältlichen Babyzeichenbücher machen, sie abwandeln oder eigene erfinden. Für den einen ist es praktisch, dass das Kind in kindgerechten Ansätzen gleich die Deutsche Gebärdensprache (DGS) lernt, für die andere steht die Kreativität der Familie im Vordergrund – tun Sie, was zu Ihnen passt! Wenn für Sie die DGS wichtig ist, ahmen Sie ein »falsches« Zeichen mit dem richtigen Zeichen nach, so wie Sie es beim Sprechen auch tun würden: »Getti! Getti!« – »Ah, du willst Spaghetti? Gerne!«

Wenn Sie lieber selbst kreativ sind – seien Sie das! Wenn Sie etwa ein DGS-Zeichen machen und Ihr Kind das Zeichen ändert, können Sie seine Variante übernehmen. Zum Beispiel änderte mein Sohn unser Zeichen für »Hund« (Klopfen auf den Oberschenkel) in ein Zeichen, das er selbst gut machen konnte (Klopfen auf die Brust). Wenn Sie sich ein Zeichen ausdenken (zum Beispiel für »Ameise«), lehnen Sie es an Bewegungen an, die das Kind selbst im Umfeld des Wortes macht (zum Beispiel mit dem Finger auf dem Boden rumkratzen), und lassen Sie das Kind das Zeichen abwandeln, wenn es möchte (beispielsweise mit dem Zeigefinger auf der Brust kratzen).

Nutzen Sie Bilderbücher, in denen Sie auf Katzen oder Bagger zeigen, und machen Sie dann beim Vorlesen das Zeichen. Sie werden erstaunt sein, was Ihnen Ihr Kind beim nächsten Spaziergang erzählt!

Die Kommunikation über Zeichen hat die folgenden Vorteile für Ihr Kind:

- Es kann von Dingen erzählen, die es gern hätte, die aber nicht in seinem Blickfeld sind (etwa Erdbeeren).
- Es kann sich anderen besser mitteilen, die es weniger gut kennen.
- Es ist weniger frustriert, weil es noch nicht sprechen kann.
- Es versteht das Prinzip von Kommunikation auf einer neuen Ebene.
- Es ist in der Lage, seine Gedankenwelt mitzuteilen, bevor es sprechen kann (»Mama, hier war doch gestern noch der Bagger? Wo ist der denn?«).

Wenn dann die Augen der Oma leuchten und sie sagt: »Er hat das Zeichen für ›Erdbeere‹ gemacht!«, und Sie anschließend Ihren kleinen Zeichensprachler zufrieden strahlend auf der erbetenen Erdbeere kauen sehen – spätestens in diesem Moment wissen Sie einmal mehr: Kommunikation ist der Schlüssel.

FAQ

Ist das nicht zu viel Leistungsdruck?

Leistungsdruck oder nicht – das entscheiden wir immer selbst. Wir können genauso spielerisch Babyzeichen machen, wie wir im Sandkasten buddeln.

Babys kommunizieren doch auch ohne Zeichen!

Natürlich kommunizieren Kinder auch ohne erlernte Zeichen, und wir tun gut daran, ihre Gesichtsausdrücke, Körpersignale und Stimmungen intensiv lesen zu lernen. Babyzeichen sind nur ein weiterer Baustein, der dem Kind die Möglichkeit gibt, schon in der vorsprachlichen Phase über abstrakte Dinge zu kommunizieren oder nach etwas zu fragen, was gerade nicht da ist (statt vor der Banane zu sitzen und bitterlich zu weinen, weil keiner versteht, dass es doch so gern eine Erdbeere hätte).

Droht bei Gebärdensprache eine Sprachverzögerung?

Es gibt die Sorge, dass Gebärdensprache den Spracherwerb verzögern könnte. Das trifft aber nicht zu: »Kommunikation ist Kommunikation. Zeichen, Gesten, Tafeln oder andere Hilfsmethoden sind alle zulässig für das sehr junge Kind, das einfach verstanden werden möchte und zu verstehen versucht, was andere zu ihm sagen«, erklärt zum Beispiel Dr. Lynn Mowbray Wegner, Kinderärztin und Sprecherin für die Amerikanische Kinderärztevereinigung.[130]

Zuhören statt zuquatschen

Lange dachte man, Babys lernen dann umso besser sprechen, je mehr Sprache sie hören – was ja eher für viele Telefonate sprechen würde. Das allein reicht aber nicht. Sie lernen vor allem dann, wenn jemand auf ihre eigenen Lautäußerungen mit Interesse reagiert: »Babababaddadada!« – »Ach? Du meinst den Hund? Ja, ein Hund! Gefällt er dir?« – »Mamamamadada!« – »Ja, das finde ich auch. Wollen wir mal hingehen?« – »Da! Da!« – »Okay, dann los!« Hören Sie mal genau hin: Wenn Sie sich mit einem Baby im Brabbelalter auf diese Weise unterhalten, wird es noch während des Gespräches mehr und mehr unterschiedliche Laute machen, als wenn wir nur »Ach wie süß, es brabbelt!« sagen.

Steinzeitbabys im Internetzeitalter

Das Internet ist eine wunderbare »Informationsmaschine«, und unser Alltag ohne Netz ist kaum mehr vorstellbar. Es bietet einen sehr guten Anlaufpunkt, um Gleichgesinnte zu finden, sich an öffentlichen Diskussionen zu beteiligen und mit anderen Eltern auszutauschen und zu vernetzen.

Das Internet kann aber auch ein Zeitloch werden, das der Familie massiv schadet. Wenn eines oder mehrere Familienmitglieder mehr Zeit damit verbringen, Babyfotos am Rechner zu sortieren und zu posten, als damit, mit ihrem Baby zu kuscheln, läuft etwas falsch.

Wenn die Zeiten hart sind, neigen manche Menschen auch dazu, sich ins Internet zurückzuziehen, statt sich den Problemen des »echten« Familienlebens zu stellen. Achten Sie auf sich und Ihre Familie und erhalten Sie sich Ihre direkte Kommunikation. Die Flucht in die virtuelle Welt wird Ihre Probleme nicht lösen, sondern eher verstärken.

Wir sollten uns auch gut überlegen, ob wir Fotos unseres Kindes auf unsere Websites, Fotoseiten, in unseren Newsfeed oder unseren Blog stellen. Denn wir greifen damit in das Persönlichkeitsrecht des Kindes ein, ohne sein Einverständnis eingeholt zu haben. Dazu kommt, dass bei sozialen Netzwerken oft nicht klar ist, wer die Fotos sehen kann. Häufig sind die Bilder damit unserer Kontrolle entzogen, weil Internetarchive wie http://archive.org zum Beispiel auch längst von uns gelöschte Seiten noch gespeichert haben. Wenn Sie Ihre Fotos unbedingt in sozialen Medien zeigen wollen, richten Sie Ihre Profile so sorgfältig ein, dass Fremde keinen Zugriff haben. Auch per Mail verschickte Fotos können in falsche Hände geraten. Webmail- oder Freemail-Dienste speichern die Daten auf ihren Servern, werden die Zugangsdaten gehackt, können sich Fremde Ihre dort als Mailanhang hinterlegten Bilder herunterladen.

Kinder können depressiv werden, wenn ihre Bindungsperson ständig am Mobiltelefon hängt – laut einer Studie leidet in Schweden bereits jedes dritte Kind nachweislich darunter, dass Mama lieber über den Touchscreen Babyfotos verschickt, als ihrem Kind in die Augen zu sehen. Jeden fünften Sprössling haben Stockholmer Eltern wegen ihres Handys auf dem Spielplatz oder im Schwimmbad aus den Augen verloren, ergab eine Umfrage des Meinungsforschungsinstituts Yougov.[131] Bekommen Kinder in solchen Situationen das Gefühl, dass das Handy wichtiger ist als alles andere, kann dies zu Frust und Wut führen. Aber wütend sein auf die Eltern geht nicht. Damit steigt das Risiko für eine Depression, wenn das Kind diese unverarbeitete und unaussprechbare Wut gegen sich selbst richtet. Daher sollten Sie Handy- und Social-Media-Zeiten gegebenenfalls eingrenzen, zum Beispiel nur auf die Zeit während des Mittagsschlafs – wenn man nicht selbst mitschlafen will.[132]

Nachwort

Wer alles glaubt, was er liest,
sollte besser nicht lesen.

JAPANISCHES SPRICHWORT

Ein Kind großzuziehen war immer und ist auch heute eine knifflige Aufgabe. In diesem Buch sind Wege beschrieben, wie man das artgerechter gestalten kann, damit es für alle einfacher und entspannter wird. Das kann so funktionieren. Muss aber nicht.

Wir sind bis hierhin zwei von den drei Schritten gegangen, um das Leben artgerechter zu gestalten.

Schritt 1: Sie verstehen jetzt, wie unsere Steinzeitbabys ticken.

Schritt 2: Sie können ausprobieren, wie Sie das im Alltag praktisch umsetzen können. Der wichtigste Schritt ist nun

Schritt 3: Passen Sie das Konzept konsequent an Ihre persönliche Lebenssituation an.

Schauen Sie Ihr Baby an: Babys leben im Jetzt. Babys sagen immer die Wahrheit. Babys wissen genau, was sie wollen. Babys wissen ebenso genau, ob sich etwas richtig oder falsch anfühlt. Und Sie als Eltern wissen es auch.

Seien Sie daher bitte vollkommen respektlos gegenüber den Vorschlägen in diesem Buch. Und auch gegenüber allen anderen Vorschlägen, die Sie jemals hören oder lesen. Machen Sie nur das, was sich gut anfühlt. Vergessen Sie getrost den Rest. Wenn nötig: Finden Sie neue Wege! Und lassen Sie mich gern wissen, welche Erfahrungen Sie gemacht haben.

Ihre
Nicola Schmidt
nicola@artgerecht-projekt.de

Dank

Manchmal braucht es eine Kette von Zufällen: Danke an Andra, die Claudia das Buch von Julia gab – und damit den Samen für all das hier legte.

Danke an alle, die seitdem diesen Weg mit uns gehen. Mein Dank geht an die, die mir immer wieder Fragen stellten, Studien schickten, mich in ihren Wohnzimmern empfingen oder das *artgerecht*-Projekt voranbrachten: Julia Dibbern, Meredith Small, Laurie Boucke, James McKenna, Herbert Renz-Polster. Ich danke all den Menschen, die auf meinen Seminaren, in meinen Vorträgen, in Beratungen und in unseren Camps oder im Internet ihre Erfahrungen teilten.

Danke an meine Eltern, die wunderbarsten Großeltern der Welt, für all ihre Unterstützung.

Danke an die Wildnis-Familie – ihr habt mich aufgenommen, meine Marotten lächelnd ignoriert und mich gelehrt, eigene Antworten zu finden.

Ich danke den Coaches vom *artgerecht*-Projekt, die bundesweit Eltern durch PRIMA-Babykurse und Beratungen auf ihrem Weg in ein artgerechtes Leben unterstützen.

Ein dicker Dank geht an meine wunderbare Nachbarin, mein ganzes Bullerbü-bei-Bonn-Dorf und meine Clan-Familie, die auch die harten Zeiten mit einer Autorin klaglos durchstehen. Ihr hütet meine Kinder, kocht für uns und ertragt das Chaos, das mich umgibt, sowie mein Schweigen, wenn ich mich hinter Büchern und Mac verschanze und mit Zeichen und Fußnoten kämpfe. Danke für euren Langmut und eure Liebe!

Danke an Claudia Meitert, die auch nach der dritten Mail »Wir müssen das Baby noch mal 15 Grad südlich drehen« schnell und unkompliziert an den Illustrationen feilte. Danke an alle unsere Gastautoren für ihre unschätzbaren Beiträge zu diesem Buch. Danke an Doreen Reuchsel, die vor langer, langer Zeit neben Kind und Studium das erste Verlagsexposé dieses Buches layoutet hat.

Danke an Vincent für seine unermüdlichen Recherchen, Ideen, Korrekturlesungen und klugen Anmerkungen.

Danke an Vincent für seine unermüdlichen Recherchen, Ideen, Korrekturlesungen und klugen Anmerkungen.

Herzlicher Dank geht an Patricia von Hug-and-grow.de für ein wunderbares Hintergrundgespräch zu Tragehilfen-Kaufberatung.

Herzlicher Dank geht auch an Ilinca Sacarea aus Rostock, die uns auf einen Fehler im Geburtskapitel aufmerksam gemacht hat.

Ebenfalls danke an Klaudia Kadau für die Anregungen zum Thema Hebammen-Hilfe. Danke an Katharina Hartmann für ihre unglaubliche Arbeit bei Mother Hood e.V. und die vielen guten Gespräche über Geburt.

Alina Steinke danke ich für ein absolut erhellendes – und sehr amüsantes – Gespräch über Flaschenkinder.

Lisa Hoffmann hat mir geduldig ihre Studien erklärt und Michaela Lehner mir ihren Ausbildungskurs zu aktuellen Tragethemen geöffnet: danke dafür!

Silke Foos hat sich wieder als wunderbare Lektorin erwiesen – und war mein persönlicher »Klischeestaubsauger« für diese Neuausgabe. Ohne ihre kritischen, immer klugen Anmerkungen wäre das Thema »alleinerziehend« in diesem Buch immer noch nicht ausreichend präsent. Außerdem unersetzlich ihre »Das wird wirklich gut!«-Mails – sowie mein strenger erster Lektor Ralf Lay. Sie haben dem Buch die entscheidende Ordnung und den letzten sprachlichen Schliff gegeben.

Und besonderen Dank an Nadine Clemens, die sich auf den letzten Metern unter Zeitdruck noch so wunderbar ins Zeug gelegt hat, damit das Buch so schön wird, wie es jetzt ist!

Dieses Buch gäbe es nicht ohne meine Kinder. Danke, dass ihr leise das Laminat unter dem Schreibtisch angemalt, fröhlich das Badezimmer unter Wasser gesetzt, wild draußen gespielt oder friedlich geschlafen habt, während ich Seite um Seite in den Computer hackte. Ich weiß, dass ihr all das, was hier steht, längst wisst. Danke, dass ich es mit euch lernen und aufschreiben durfte.

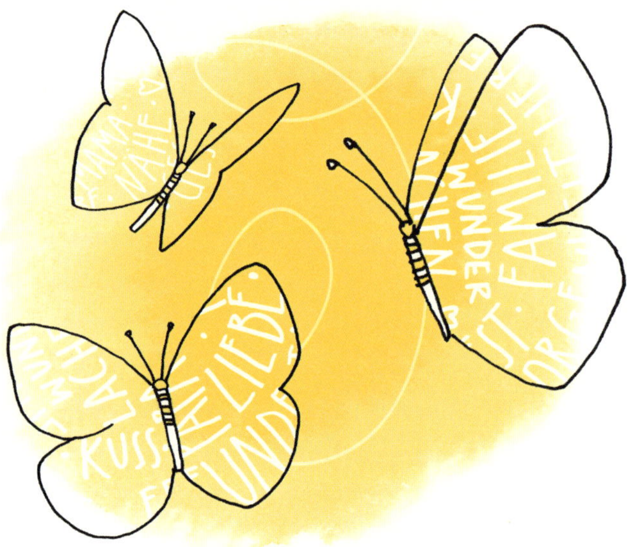
MAMA
NÄHE
WUNDER
LIEBE

Anhang

Nützliche Internetadressen und Rufnummern

- *artgerecht*-Projekt: www.artgerecht-projekt.de
- Arbeitsgemeinschaft Freier Stillgruppen: www.afs-stillen.de
- Stillberatung La Leche Liga: www.lalecheliga.de
- Wildnisschulen-Netzwerk Deutschland: www.wildnisschulen-netzwerk.de
- Jesper Juul – Familylab: www.familylab.de
- Herbert Renz-Polster – Kinder verstehen: www.kinder-verstehen.de
- Rabeneltern und Forum: www.rabeneltern.org
- Hebammensuche: www.hebammen.de
- Eltern für sichere Geburten: www.mother-hood.de
- Kaiserschnittkarte Deutschland: www.mother-hood.de/informieren/kaiserschnittrate-suche/

Erste Hilfe

- Hebammensuche: www.hebammenverband.de, www.ammely.de, www.hebammensuche.de
- Welche Medikamente sind in Schwangerschaft und Stillzeit erlaubt: www.embryotox.de/arzneimittel/
- Stillhotline AFS: Tel. 0228 92959999
- Stillbegleitung DAIS: www.ausbildung-stillbegleitung.de
- Praktische Hilfe nach der Geburt: https://www.wellcome-online.de/
- Rat und Austausch für Zwillingseltern gibt es hier: www.zwillingswelten.de, www.einskannjeder.at
- Bei postpartaler Depression, die in aller Regel wieder vollständig »ausheilt«: www.schatten-und-licht.de
- Schreibaby-Hilfe: www.zeppbremen.de/schrei-baby-ambulanz/
- Giftnotruf Charité Berlin: 030 1924–0
- Erste Hilfe bei Verschlucken: www.kindernotfall-bonn.de/elterninfo/kindernotfall-poster-2/
- Orientierung für Betreuung in den ersten drei Lebensjahren: www.fruehe-tagesbetreuung.de
- Mental Load erkennen und mindern: www.heuteistmusik.de, www.dasnuf.de
- Kurse und Fortbildungen bei *artgerecht:* https://www.artgerecht-projekt.de/ausbildung
- Elternangebot bei Nicola Schmidt: www.myablefy.com/s/artgerecht
- *artgerecht*-Beratung: www.artgerecht-verein.de/coaches
- Windelfrei-Beratung: www.artgerecht-verein.de/coaches

Anmerkungen

1. Siehe www.jugendzahnpflege.hzn.de/eltern/I00224BB0.0/Der%20Schnuller.pdf.
2. C.M. Super: »Environmental effects on motor development: the case of ›African infant precocity‹«, *Developmental Medicine & Child Neurology* 18 (5) 1976, S. 561–567.
3. Meret A. Keller und Wendy A. Goldberg: »Co-sleeping: Help or hindrance for young children's independence?«, *Infant and Child Development* 13 (5), 2004, S. 369–388.
4. A.E. Bialocerkowski, S.L. Vladusic und W.N. Choong: »Prevalence, risk factors, and natural history of positional plagiocephaly: a systematic review«, *Developmental Medicine & Child Neurology* 50 (8) 2008, S. 577–586.
5. *Eltern* 1/2002.
6. Sarah Blaffer Hrdy: *Mütter und andere. Wie die Evolution uns zu sozialen Wesen gemacht hat*, Berlin Verlag, Berlin 2009, S. 245 ff.
7. R. I. M. Dunbar: »Coevolution of neocortical size, group size and language in humans.«, *Behavioral and Brain Sciences*, 16, 1993, S. 681–735.
8. Jean Liedloff: *Auf der Suche nach dem verlorenen Glück. Gegen die Zerstörung unserer Glücksfähigkeit in der frühen Kindheit*, Beck, München 2005.
9. Caroline Lilliecreutz, Johanna Larén, Gunilla Sydsjö und Ann Josefsson: »Effect of maternal stress during pregnancy on the risk for preterm birth«, *BMC Pregnancy Childbirth* 16 (5), 2016, https://bmcpregnancychildbirth.biomedcentral.com/articles/10.1186/s12884-015-0775-x (Abruf 15.7.2020).
10. M. Enkin et al.: *Guide to Effective Care in Pregnancy and Childbirth*, Oxford University Press, Oxford 2000
11. G. Justus Hofmeyr et al.: *Pregnancy and Childbirth: A Cochrane Pocketbook*, Wiley Cochrane Series 2008, S. 10 ff.
12. Soo Downe, Gillian M. L. Gyte, Hannah G. Dahlen und Mandisa Singata: »Routine vaginal examinations for assessing progress of labour to improve outcomes for women and babies at term«, *Cochrane Database of Systematic Reviews* 7, 2013, https://pubmed.ncbi.nlm.nih.gov/23857468/ (Abruf 7.9.2020).
13. Siehe www.familienhandbuch.de.
14. Enkin et al., a.a.O., S. 44.
15. Eine Übersicht bietet www.compmed.umm.edu/cochrane/preg_supplements.asp.
16. L.M. De-Regil, A.C. Fernández-Gaxiola, T. Dowswell und J.P. Peña-Rosas: *Effects and safety of periconceptional folate supplementation for preventing birth defects*, Cochrane Library 10/2010, www.bibliotecacochrane.com/PDF/CD007950.pdf.
17. Clarissa M. Schwarz und Beate A. Schücking: »Adieu, normale Geburt?«, *Dr. med. Mabuse* 148 (3/4) 2004: »Im Jahr 1999 wurden in Niedersachsen bei 74 % aller schwangeren Frauen Schwangerschaftsrisiken im Mutterpass angegeben (der Risikokatalog besteht aus 52 möglichen Schwangerschaftsrisiken).«
18. Michel Odent: *Geburt und Stillen*, Beck, München 1994, S. 37.
19. Medizinische Leitlinien werden in vier Evidenzgrade eingeteilt: S1, S2k, S2e sowie S3. Die Einteilung geht auf die Arbeitsgemeinschaft der Wissenschaftlichen Medizinischen Fachgesellschaf-

ten e.V. (AWMF) zurück. Ein hoher Evidenzgrad S3 einer Leitlinie liegt vor, wenn sie die höchste methodische Qualität mit umfangreicher Recherche und Überprüfung wissenschaftlicher Studien aufweist. Leitlinien haben Empfehlungscharakter und sind rechtlich nicht bindend. https://www.awmf.org/uploads/tx_szleitlinien/015-083l_S3_Vaginale-Geburt-am-Termin_2021-03.pdf (Abruf 10.05.2021).

20. Julia Dibbern: *Verwöhn dein Baby nach Herzenslust*, Beltz, Weinheim 2014.
21. Soo Downe, Gillian M. L. Gyte, Hannah G. Dahlen, Mandisa Singata: »Routine vaginal examinations for assessing progress of labour to improve outcomes for women and babies at term«, *Cochrane Database of Systematic Reviews* 7, 2013, https://pubmed.ncbi.nlm.nih.gov/23857468/, (Abruf 7.9.2020).
22. Für genauere Belege s. Nicola Schmidt: *Der Elternkompass*, GU, München 2020.
23. T. Pahlitzsch, L. Hanne, W. Henrich & A. Weichert (2019). Influence of Foetal Macrosomia on the Neonatal and Maternal Birth Outcome. *Geburtshilfe und Frauenheilkunde*, 79 (11), S. 1191–1198.
24. Y. Brilli, B. J. Restrepo: »Birth weight, neonatal care, and infant mortality: Evidence from macrosomic babies.« *Economics and Human Biology* 2020 May; 37:100825.
25. X. Zhang, A. Decker, R. W. Platt, M. S. Kramer: »How big is too big? The perinatal consequences of fetal macrosomia.« *American Journal of Obstetrics and Gynecology* 2008 May; 198 (5), S. 517.
26. E. A. Friedmann: »The graphic analysis of labour.« *American Journal of Obstetrics an Gynecology* 68 (6), 1954, S. 1568–1575.
27. https://www.who.int/reproductive-health/publications/intrapartum-care-guidelines/en/(Abruf 28.4.2021).
28. https://www.faz.net/aktuell/wissen/medizin-ernaehrung/geburtshilfe-der-schein-der-schoenen-geburt-1607208.html (Abruf 28.4.2021).
29. L. Hoffmann, R. Banse: »Psychological aspects of childbirth: Evidence for a birth-related mindset.« *European Journal of Social Psychology* 2021; 51: S. 124–151.
30. L. Hoffmann, N. Hilger und R. Banse (2020). »The psychology of childbirth: mindset predicts birth outcomes, and the birth experience short- and long-term psychological well-being« [Manuscript submitted for publication]. Department of Psychology, University of Bonn.
31. Bastian Barucker: siehe www.bastian-barucker.de.
32. Tina Jung: Die »gute Geburt« – Ergebnis richtiger Entscheidungen? Zur Kritik des gegenwärtigen Selbstbestimmungsdiskurses vor dem Hintergrund der Ökonomisierung des Geburtshilfesystems. *GENDER – Zeitschrift für Geschlecht, Kultur und Gesellschaft*, 9 (2) 2017, S. 30–45.
33. Sarah Blaffer Hrdy: *Mutter Natur. Die weibliche Seite der Evolution*, Berliner Taschenbuch Verlag, Berlin 2002.
34. QUAG-Bericht 2019: http://www.quag.de/downloads/QUAG_Bericht2019.pdf.
35. Wolf Lütje: »Welche Faktoren beeinflussen die Zufriedenheit und das Erleben in der Geburtshilfe?«, *Die Hebamme* 20 (1) 2007, S. 44–51.
36. QUAG-Bericht 2019: www.quag.de/downloads/QUAG_Bericht2019.pdf.
37. Blaffer Hrdy, a. a .O., S. 156.
38. Siehe http://papa-online.com.
39. Kurt und Karin Kloeters haben ein Konzept »Kindererziehung durch

Selbsterziehung« als Elternkurs entwickelt, das man in Briefform bestellen kann: www.Kloetersbriefe.de.

40. Nike Heinen: »Mamas Wundercocktail«, *Süddeutsche Zeitung* vom 14. August 2012, www.sueddeutsche.de/gesundheit/vorzuege-der-muttermilch-mamas-wundercocktail-11042732.

41. Bundesinstitut für Risikobewertung, Nationale Stillkommission: Unterschiede in der Zusammensetzung von Muttermilch und industriell hergestellter Säuglingsanfangs- und Folgenahrung und Auswirkungen auf die Gesundheit von Säuglingen. Stellungnahme der Nationalen Stillkommission vom 16. Juli 2012, www.bfr.bund.de/cm/343/unterschiede-in-der-zusammensetzung-von-muttermilch-und-industriell-hergestellter-saeuglingsanfangs-und-folgenahrung.pdf.

42. Bundesinstitut für Risikobewertung, Nationale Stillkommission, a.a.O.

43. Ebenda.

44. Ebenda.

45. Linda Palmer: *Baby Matters*, Eigenverlag, 2007, S. 101.

46. B. L. Horta und C. G. Victoria: »Long-term effects of breastfeeding. A Systematic Review«, WHO 2013, https://apps.who.int/iris/bitstream/handle/10665/79198/9789241505307_eng.pdf;jsessionid=70A1D56116D8C0CAC-4C394B06419D308? sequence=1 (Zugriff 19.7.2020).
C. G. Colen und D. M. Ramey: »Is breast truly best? Estimating the effects of breastfeeding on long-term child health and wellbeing in the United States using sibling comparisons«, *Social Science & Medicine* 109, 2014, S. 55–65.

47. M. Iacovou und A. Sevilla: »Infant feeding: The effects of scheduled vs. on-demand feeding on mothers' wellbeing and children's cognitive development«, *European Journal of Public Health* 23(1), 2013, S. 13–19.

48. Siehe www.spiegel.de/wissenschaft/mensch/saeuglingsernaehrung-experten-streiten-ueber-stillzeit-a-739537.html.

49. Siehe www.askdrsears.com.

50. Elizabeth Pantley: *The No-Cry Sleep Solution. Gentle Ways to Help Your Baby Sleep Through the Night*, McGraw Hill, New York u.a. 2002, S. 44; deutsch: *Schlafen statt schreien*, Trias 2009.

51. www.askdrsears.com/topics/health-concerns/sleep-problems/co-sleeping-yes-no-sometimes.

52. Meredith F. Small: *Our Babies, Ourselves. How Biology and Culture Shape the Way We Parent*, Anchor Books, New York 1999, S. 117.

53. Pantley, a.a.O., S. 78.

54. Keller/Goldberg, a.a.O.

55. Small, a.a.O., S. 112.

56. James J. McKenna: *Sleeping with Your Baby. A Parent's Guide to Cosleeping*, Platypus Media, Washington, D.C., 2007, S. 43.

57. Ebenda, S. 42.

58. Ebenda, S. 40.

59. M. Vial-Courmont: »The Kangaroo Ward«, *Medycyna Wieku Rozwojowego* 4 (2 Suppl. 3) 2000, S. 105–117.

60. Zitiert nach Joachim Bensel: *Frühe Säuglingsunruhe*, VWB, Aachen 2003, S. 133.

61. J. McKenna und T. McDade: »Why babies should never sleep alone: a review of the co-sleeping controversy in relation to SIDS, bedsharing and breast feeding«, *Paediatric Respiratory Reviews* 6 (2) 2005, S. 134–152.

62. Ebenda.

63. D. Obertz und F. Kirchhoff: *Aktuelle*

Kinderschlafmedizin 2011, Kleanthes, Dresden 2011, S.11.

64. Wenda Trevathan: *Ancient Bodys, Modern Lives. How Evolution has shaped Women's Health*, Oxford University Press, Oxford 2010, S.146.
65. Evelin Kirkilionis: *Ein Baby will getragen sein*, Kösel, München 1999, S.22.
66. Ebenda.
67. R. Tessier et al.: »Kangaroo Mother Care, home environment and father involvement in the first year of life: a randomized controlled study«, *Acta Paediatrica* 98 (9) 2009, S.1444–1450.
68. Ruth Feldman et al.: »Comparison of Skin-to-Skin (Kangaroo) and Traditional Care: Parenting Outcomes and Preterm Infant Development«, *Pediatrics* 110 (1 Pt 1) 2002, S.16–26.
69. Marjorie Shostak: *Nisa erzählt: Das Leben einer Nomadenfrau in Afrika*, Rowohlt, Reinbek 2001, S.25.
70. Kirkilionis, a.a.O., S.69.
71. Ebenda, S.45.
72. Siehe www.orthinform.de/new/fachartikel/artikel.php?id=236.
73. Randall T. Loder und Elaine N. Skopelja: »The Epidemiology and Demographics of Hip Dysplasia«, *International Scholarly Research Network*, ISRN Orthopedics, Vol. 2011, www.researchgate.net/publication/258402836_The_Epidemiology_and_Demographics_of_Hip_Dysplasia.
74. Urs A. Hunziker und Ronald G. Barr: »Increased Carrying Reduces Infant Crying: A Randomized Controlled Trial«, *Pediatrics* 77 (5) 1986, S.641–648.
75. T. Field et al.: »Tactile/kinesthetic stimulation effects on preterm neonates«, *Pediatrics* 77 (5) 1986, S.654–658.
76. Studienliste dazu: Kirkilionis, a.a.O., S.165.
77. P.A. Ferchmin, V.A. Eterović und L. Levin: »Genetic learning deficiency does not hinder environment-dependent brain growth«, *Physiology and behavior* 24 (1) 1980, S.45–50.
78. F. Gonzalez-Lima, P.A. Ferchmin, V.A. Eterović und E.M. Gonzalez-Lima: »Metabolic activation of the brain of young rats after exposure to environmental complexity«, *Developmental Psychobiology* 27 (6) 1994, S.343–351.
79. E. Anisfeld, V. Casper et al.: »Does infant carrying promote attachment? An experimental study of the effects of increased physical contact on the development of attachment«, *Child Development* 61 (5) 1990, S.1617–1627.
80. Loder/Skopelja, a.a.O.
81. K. Christensson et al.: »Temperature, metabolic adaptation and crying in healthy full-term newborns cared for skin-to-skin or in a cot«, *Acta Paediatrica* 81 (6–7) 1992, S.488–49.
82. Ebenda, S.73.
83. Vgl. auch Joseph Chilton Pearce: *Die magische Welt des Kindes*, Diederichs, Düsseldorf 1978, S.59.
84. Laurie Boucke: *TopfFit! Der natürliche Weg mit oder ohne Windeln*, Tologo, Leipzig 2010.
85. Wir orientieren uns im *artgerecht*-Projekt am amerikanischen Konzept von Laurie Boucke. Daneben existieren weitere Ansätze, z.B. von Rita Messmer und Ingrid Bauer.
86. Boucke, a.a.O.
87. Thi Hoa Duong, Ulla-Britt Jansson und Anna-Lena Hellström: »Vietnamese mothers' experiences with potty training procedure for children from birth to 2 years of age«, *Journal of Pediatric Urology* 9 (6) 2012, S.808–814.
88. S. Rugolotto et al.: »Toilet training startet during the first year of life: a report

on elimination signals, stool toileting refusal and completion age«, *Minerva Pediatrica* 60 (1) 2008, S. 27–35.

89. Siehe http://nifbe.de/fachbeitraege/themenstruktur/67-lebenswelten-und-erfahrungsfelder/gesundheit/118-sauberkeitserziehung-bei-kindern-unter-drei.
90. Marten W. und M. Rachel de Vries: »Cultural Relativity of Toilet Training Readiness: A Perspective From East Africa«, *Pediatrics* 60 (2) 1977, S. 170.
91. R. Largo und W. Stutzle: »Longitudinal study of bowel and bladder control by day and at night in the first six years of life. I: Epidemiology and interrelations between bowel and bladder control«, *Developmental Medicine & Child Neurology* 19 (5) 1977, S. 598–606.
92. P. Smeets, G. Lancioni, T. Ball und D. Oliva: »Shaping self-initiated toileting in infants«, *Journal of Applied Behavior Analysis* 18 (4) 1985, S. 303–308.
93. C. Yeung et al.: »Some new insights into bladder function in infancy«, *British Journal of Urology* 76 (2) 1995, S. 235–240.
94. G. Gladh, D. Persson, S. Mattsson und S. Lindström: »Voiding pattern in healthy newborns«, *Neurourology and Urodynamics* 19 (2) 2000, S. 177–184.
95. S. Rugolotto und M. Sun: »Assisted infant toilet training in a Western family setting«, *Journal of Developmental & Behavioral Pediatrics* 25 (2) 2004, S. 99–101.
96. Duong et al., a. a. O., S. 808–814.
97. W. Cole, J. Lingeman und K. E. Adolph: »Go naked: diapers affect infant walking«, *Developmental Science* 15 (6) 2012, S. 783–790.
98. Gabriele Haug-Schnabel, Joachim Bensel und Evelin Kirkilionis: *Mein Kind in guten Händen*, Herder, Freiburg 1997, S. 15.
99. Julia Dibbern: *Verwöhn dein Baby nach Herzenslust*, Beltz Verlag, Weinheim und Basel 2014, S. 245.
100. Blaffer Hrdy: *Mütter und andere*, a. a. O., S. 245 ff.
101. Nach Karin Grossman, Universität Regensburg.
102. Siehe http://liga-kind.de/downloads/krippe.pdf.
103. R. G. Barr, M. Konner, R. Bakeman und L. Adamson: »Crying in !Kung San infants: a test of the cultural specificity hypothesis«, *Developmental Medicine & Child Neurology* 33 (7) 1991, S. 601–610.
104. Palmer, a. a. O., S. 103.
105. Herbert Renz-Polster: *Kinder verstehen*, Kösel, München 2009, S. 364.
106. Siehe http://liga-kind.de/fruehe/111_datler.php.
107. Siehe https://www.nichd.nih.gov/publications/pubs/documents/seccyd_06.pdf.
108. Fabienne Becker-Stoll und Martin R. Textor: *Die Erzieherin-Kind-Beziehung*, Cornelsen Verlag Scriptor, Berlin, Düsseldorf, Mannheim 2007.
109. Fabienne Becker-Stoll, Renate Niesel und Monika Wertfein: *Handbuch Kinderkrippe. So gelingt Qualität in der Tagesbetreuung*, Herder, Freiburg 2014.
110. Siehe www.unerzogen.de.
111. Interview »Kita erst mit 18 Monaten«, www.taz.de/1/archiv/?dig=2007/02/21/a0148.
112. Fabienne Becker-Stoll, Kathrin Beckh, Julia Berkic: *Bindung – Eine sichere Basis fürs Leben. Das große Elternbuch für die ersten 6 Jahre*, Kösel-Verlag, München 2018, S. 298–301.
113. Siehe www.rabeneltern.org/index.php/wissenswertes/job-und-kind-wissenswertes/1281-familien-

ergaenzende-betreuung-von-babys-und-kleinkindern-unter-2-jahren.

114. Mehr unter www.draussenkinder.info.

115. Astrid Lindgren: Interview mit der *Münchner Abendzeitung*, 1979, siehe auch www.kinderhaus-astrid-lindgren.de/html/astrid-lindgren.html oder https://www.oebib.de/fileadmin/redaktion/lesefoerderung/Materialien/Aktionen/them_veranst/them_orient_astrid_lindgren.pdf.

116. Haug-Schnabel, Bensel, Kirkilionis: *Mein Kind in guten Händen*, a.a.O., S.175.

117. Doris Klepp: *Lebenssituation und subjektive Lebensqualität von Frauen mit Kindern im Alter von 0 bis 6 Jahren: Eine empirische psychologische Studie zur Mutterschaft*, erschienen in *Familienforschung in Österreich: Markierungen – Ergebnisse – Perspektiven* des Österreichischen Instituts für Familienforschung (Hrsg. Brigitte Cizek, Schriftenreihe des ÖIF Nr.12, Wien 2004); bezogen auf die Studie Henning Borchert und Jürgen Collatz: »Zu Belastungssituation und Bewältigungsstrategien von Frauen mit Kindern«, *Zeitschrift für Medizinische Psychologie* 3 (3) 1994, S.109–118.

118. M. Yogman, D. Kindlon und F. Earls: »Father involvement and cognitive/behavioral outcomes of preterm infants«, *Journal of the American Academy of Child & Adolescent Psychiatry* 34 (1) 1995, S.58–66.

119. A. Sarkadi et al.: »Fathers' involvement and children's developmental outcomes: a systematic review of longitudinal studies«, *Acta Paediatrica* 97 (2) 2008, S.153–158.

120. Susanne Garsoffky und Britta Sembach: *Die Alles ist möglich-Lüge. Wieso Familie und Beruf nicht zu vereinbaren sind*, Pantheon, München 2014, S.94

121. Remo Largo: *Glückliche Scheidungskinder. Was Kinder nach der Trennung brauchen*, Piper Verlag, München 2015.

122. Gute Anregungen und Vernetzungsmöglichkeiten gibt es zum Beispiel über www.starkundalleinerziehend.de.

123. S. Gabler et al. »Predictors of foster parents' stress and associations to sensitivity in the first year after placement«, *Child Abuse & Neglect* 79, 2018, S.325–338.

124. Marten de Vries: »Temperament and infant mortality among the Masai of East Africa«, *The American Journal of Psychiatry* 141 (10) 1984, S.1189–1194.

125. William und Martha Sears: *The Fussy Baby Book*, Little, Brown and Company, New York 1996.

126. Alexander Thomas, Stella Chess und Herbert G. Birch: »The Origin of Personality«, *Scientific American* 223 (2) 1970, S.102–109.

127. Das wunderschöne Bild stammt von Ekkehard von Braunmühl, gefunden bei Barbara Sichtermann: *Leben mit einem Neugeborenen*, Fischer, Frankfurt am Main 1989.

128. Siehe www.askdrsears.com/topics/health-concerns/fussy-baby/high-need-baby/high-needs-baby.

129. Barr et al., a.a.O.

130. Siehe www.virginia.edu/psychology/childdevelopmentlabs/media/baby-sign-msnbc.pdf.

131. Siehe zum Beispiel www.20min.ch/schweiz/news/story/19817440.

132. Siehe www.welt.de/vermischtes/article122038998/Wenn-das-Handy-wichtiger-wird-als-das-Kind.html.

Register

»Klug recherchiert, humorvoll und erfrischend undogmatisch«

Hebammenforum

Lust auf noch mehr artgerecht?
Infos, Material, Austausch, Coach-Suche
und vieles mehr unter
www.artgerecht-projekt.de

Komm ins Dorf!

MIX
Papier | Fördert gute Waldnutzung
FSC® C010328

Penguin Random House Verlagsgruppe FSC® N001967

6. Auflage 2025

in der Penguin Random House Verlagsgruppe GmbH,
Neumarkter Straße 28, 81673 München
produktsicherheit@penguinrandomhouse.de
(Vorstehende Angaben sind zugleich Pflichtinformationen nach GPSR.)
Umschlag: Weiss Werkstatt München
Umschlagmotiv: © Nina Steul / plainpicture.com
Illustrationen: Claudia Meitert
Lektorat: Silke Foos, München, und Ralf Lay
Layout und Satz: Nadine Clemens, München
Druck und Bindung: Alföldi Nyomda Zrt., Debrecen
Printed in Hungary
ISBN 978-3-466-31169-9
www.koesel.de